公用企业信息公开研究

RESEARCH ON DISCLOSURE OF PUBLIC UTILITIES INFORMATION

郭泰和／著

中国政法大学出版社

2015·北京

序 Preface

随着信息时代的来临，公民、企业对政府信息知情权的实现与保障不仅具有监督政府依法行政的民主功能，还能最大限度发挥政府信息的使用价值，进而推动社会开放发展。2008 年 5 月 1 日开始实施的《政府信息公开条例》宣示政府信息应为民所知、可为民所用。高校、医院、自来水公司等公共企事业单位尽管性质上不是行政机关，但是作为公共服务机构，其在提供社会公共服务过程中制作、获取的信息也应让公众周知。对此，《政府信息公开条例》第 37 条规定："教育、医疗卫生、计划生育、供水、供电、供气、供热、环保、公共交通等与人民群众利益密切相关的公共企事业单位在提供社会公共服务过程中制作、获取的信息的公开，参照本条例执行，具体办法由国务院有关主管部门或者机构制定。"迄今，仅有教育部等少数部门制定了具体的公开办法。未来既需要相关主管部门改变观念、重视公开立法，也需要在理论上对公共企事业单位如何参照条例公开信息进行深入思考，有必要就我国公用企业信息公开存在的问题及如何推进其发展、完善其制度进行专门的探讨与研究。我的博士研究生郭泰和呈现给大家的《公用企业信息公开研究》一书，是他在博士学位论文的基础上，根据论文评阅老师、答辩老师提出的修改意见，结合最新发展，作了修改完善而形成的作品。

郭泰和博士的《公用企业信息公开研究》对公用企业信息公开领域的理论、制度建构等问题进行了系统研究，是第一部专门研究公用企业信息公开问题的著作，该书对部分问题的论述填补了相关研究空白。这部专著从公用企业的特殊性出发，以公用企业信息公开与政府信息公开的比较为起点，对公用企业信息公开的正当性基础、公用企业信息公开原则、公用企业信息公开的制度框架和结构体系等问题进行了系统、深入研究，为理论界研究公用企业信息公开提供了新的思维模式和理论视角，提出了一些富有新意的学术见解。如作者认为公用企业信息公开应当遵循立法和实践互动的指导理念，需要明确公用企业在信息公开中的义务主体身份，以公用企业为中心来展开制度的建构；通过对典型案例的分析，对我国公用企业信息公开现状进行解析，提出制度建设的初步方案和基本思路；在主动公开和依申请公开之外，创设强制公开这一公开方式，以理清政府和公用企业在信息公开中的关系；将公用企业的意志自治和公共利益紧密结合，保障和维系公用企业的本质属性及信息自主权等，观点新颖，在国内研究成果中具有首创性。该专著的诸多建议和设想对我国公用企业信息公开制度建设和信息公开立法具有重要的指引效用，对完善公用企业信息公开立法有较高的参考价值。

泰和性格温和，不苟言辞，做事计划性很强。他攻读博士学位期间，虽工作任务繁重，但能够合理安排好时间，学习十分刻苦，顺利完成学业，十分辛苦，非常不易。现在他的专著即将与读者见面，作为导师，很是替他高兴，借为他的新书作序之机，希望他以此为起点，做善思的学人，学术取得更大成就。

王万华

2015年初春于蓟门桥

内容摘要 Abstract

现代信息社会不仅需要政府机构公开其收集、制作并掌握的信息，也需要担负公共服务职能的公用企业公开其拥有的对公民权利有影响的信息。此问题在我国现有制度背景下，因公用企业承担公共行政职能而需要遵循政府信息公开制度的精神、履行其染指公共职责拥有的信息公开义务，也因《政府信息公开条例》对其参照政府信息公开执行的笼统规定而需要理论研究，以便推进有关公用企业信息公开制度的建构。

本书由引论和正文两部分构成。在引论部分，主要介绍了研究动因与研究意义，检视国内外研究状况，并提出整体研究思路和基本方法。本部分提出对公用企业信息公开加以研究，有利于推动信息公开制度研究的深化，促进其理论研究的触角得以延伸并更加深刻；有利于我国在《信息公开法》的制定中考虑一些特殊情况，为立法的科学性提供一些建议，旨在保障信息公开制度实施的质量；同时也有利于保障公民的知情权、监督权的理性行使以及公用企业维护其应有的合法权益。

正文部分共分七章。第一章剖析了我国公用企业的内涵、特征和法律定位，并在对公用企业民营化和信息公开的关联性进行探析的基础上，针对公用企业信息公开与政府、事业单位、一般企业信息公开的概念、内涵进行分析和比较，为展开公用企业信息公开制度研究奠定理论基础。第二章对公用企业信息公开的正当性加以探讨，从知情权、信息监管和政府职能社会化三个维度提出公用企业信息公开的合理性基础；结合对域外改进型信息公开和重构型信息公开的制度范式的研究和梳理，以及我国公用企业信息公开制度“参照执行”路径的分析，提出我国公用企业信息公开应当依托公用企业的特殊性，遵循立法和实践互动的指导理念，从实践需求上架构信息公开制度。第三章从研究公用企业信息公开的价值出发，结合对政府信息公开原则的解读，剖析了公用企业信息公开与政府信息公开的原则间的共性和特殊性，提出并论述公用企业信息公开的四项原则：尊重自主基础上的公开原则、利益平衡原则、及时便民原则和循序渐进原则。第四章研究公用企业信息公开的主体问题。在论证公用企业权利主体和义务主体内涵、范围等命题的基础上，就权利和义务出现竞合情况进行分析，旨在扶正公用企业信息公开中公用企业义务主体身份，明确风险社会背景下行政机关公开公用企业信息的特殊义务。第五章讨论公用企业信息公开的范围。结合域外信息公开实践，从制约公开范围因素、应公开信息范围、豁免公开范围等方面对公用企业信息公开范围进行剖析，重点探讨国家秘密、个人信息、商业自主权与豁免公开的关系。第六章分析公用企业信息公开的方式和程序，提出主动公开、依申请公开和强制公开三种公开方式，并以此构建不同的信息公开程序，以及公开费用的确立标准和减免等问题。第七章探讨公用企业信息公开的责任和救济问题。结合域外信息公开的救济机制，考察公用企业信息公开责任追究形式，并在探析我国现有的救济模式及其面临的困境的基础上，构建出我国公用企业信息公开的救济机制。

目 录
Contents

引 论

一、研究缘起

随着人类社会的不断进步与科学技术的飞速发展，全球信息化潮流势不可挡，人类文明正在跨入以信息活动为基础的信息时代。[1] 在信息时代，“信息在经济、政治、文化、法治等方面的作用越来越明显，成为人类文明发展和进步的核心资源。”[2] 而信息爆炸所带来的信息洪流，不仅改变了传统的社会结构，而且还在塑造着新的社会结构形式，同时也为公法领域的制度创新和再造增添了新的课题。由于近代法没有在其体系中对“信息”这个概念作出适当的定位和评价，信息自由这一被西方学界奉为“民主的生命

〔1〕 美国未来学家阿尔温·托夫勒（Alvin Toffler）把人类文明的发展视为三个浪潮：第一次浪潮为农业时代；第二次浪潮为工业时代；第三次浪潮为信息时代。随着农业时代和工业时代的衰落，人类社会正向第三次浪潮的信息文明过渡。信息时代与第一次浪潮、第二次浪潮的最大区别在于，其不再以劳动者体能和机械化程度来维系社会发展，而是以现代化信息技术影响并改变人类价值观念和社会生产方式。参见［美］阿尔温·托夫勒：《第三次浪潮》，朱志焱、潘琪、张焱译，生活·读书·新知三联书店 1983 年版，第 55 ~ 60 页。

〔2〕 齐爱民：《信息法原论——信息法的产生与体系化》，武汉大学出版社 2010 年版，第 19 页。

线”（lifeblood）[1]的凸显还是相当晚近的事情，由于与信息相关的理论研究匮乏以及相应的社会实践未能及时跟进，致使各国政府在处理以信息为核心的法律问题上承受着巨大的压力和面临着严峻的挑战。正是在这样的时代背景下，各国围绕信息保密和公开这一公法领域的核心问题，开展了一场深入持久的信息公开立法运动，旨在借助于信息公开立法来冰释现实的尴尬与满足社会的诉求。

从信息公开法制化的历史脉络来看，第一个赋予公众获取政府文件自由的国家是瑞典。早在1766年，瑞典率先制定了《出版自由法》，开启了信息公开立法的先河。[2]信息公开以法律形式呈现，具有重要的制度价值和实用功效。它既能够确保公众知悉公共政策、生产生活信息，又能够促进信息服务个人及保障经济社会发展效用的发挥，还有助于实现公众对公共行政的监督，确保政府部门所实施的行为符合公共利益。[3]继瑞典之后，信息公开法律、法规犹如雨后春笋，不断在世界各地开枝散叶，信息公开俨然成为一种发展趋势与潮流。从18世纪到21世纪的二百多年里，有近八十个国家和地区颁布了信息公开法。这些国家不仅包括美国、荷兰、加拿大、英国、法国、澳大利亚、日本、南非等发达国家，也包括印度、尼日利亚、加纳、肯尼亚、安哥拉、秘鲁等一些发展中

---

〔1〕 Andrew Nicol QC, Gavin Millar QC, Andrew Sharland, *Media Law and Human Rights*, London: Blackstone Press Limited, 2001, p. 4.

〔2〕 瑞典1766年的《出版自由法》虽然在国会和王权的斗争中几经反复和更迭，但其所撒下的信息自由的种子已在欧洲乃至世界落地生根，给后世留下了深远影响，尤其是规定任何人经申请都有权获得依法应当公开的官方文件，且该官方文件的查阅是免费的，公共机关在审查和批准查阅官方文件的申请时不得对申请人的身份及动机进行调查，除非这种调查是必需的。这些规定在当今看来仍不失启发与借鉴意义。

〔3〕 See Fred H. Cate, D. Annette Fields, James K. McBain, “The Right to Privacy and The Public's Right to Know: the Central Purpose of the Freedom of Information Act”, *Administrative Law Review*, 46 (1994), 42.

国家，可以说，信息公开制度在世界上开始绽放出灿烂花朵。[1]不过，遍地盛开的“公开之花”却没有我们想象中的那样绚丽、完美与诱人。从某种程度上来说，无论是欧美发达国家的信息公开立法，还是亚非拉发展中国家颁行的信息公开规范，都存在着一定的不足甚至还残留一些遗漏与缺陷。其主要问题在于，许多国家在制定信息公开法时，只是重视和强调对传统意义上“政府部门”的信息规制，往往忽视了现代社会的社会行政、私人行政中所谓“私人主体”的问题，致使在政府职能社会化背景下担负公共服务职能的公用企业遭遇信息公开困境，甚至陷入无章可循的“阿喀琉斯之踵”。

自20世纪80年代开始，世界范围掀起了信息公开法是否适用于公用企业的讨论。[2]晚近以来，随着信息公开理论研究不断深入，其不仅呈现出争论持续不断而未有缓和的迹象，而且支持公用企业适用信息公开法的声音和反对将信息公开法适用于公用企业的意见之间的斗争愈演愈烈，一直弥漫于信息公开理论研究之中。在信息公开实践领域，实务者同样面临着如何选择的难题。显然，面对错综复杂的信息公开法实施环境，作为执行和适用法律的实务者无法选择退缩和回避，均需要在“适用”与“不适用”间做出抉择，尽管这种抉择是艰难的，也是带有风险的。

从信息公开发展的立法实践来看，许多实施信息公开的国家选择了支持公用企业适用信息公开法的做法，它们通过个案司法裁判，抑或采用补充式立法的方式逐渐将担负公共职能的公用企业纳入信息公开义务主体的范围。例如，美国除了修正《联邦信息公开法》（Freedom of Information Act）将行政机关的定义扩展到政府企

〔1〕 参见杨伟东：《政府信息公开主要问题研究》，法律出版社2013年版，第10～18页。

〔2〕 参见高秦伟：“对公众获取公用企业信息的法律分析”，载《行政法学研究》2010年第4期。

业或政府控制的企业（如全国铁路客运公司、全国邮政公司等）之外，还通过联邦法院对《联邦信息公开法》中“行政机关”的个案表述来确认公用企业在信息公开中的义务主体资格问题；[1] 而日本则是遵照《行政机关拥有信息公开法》（行政机关の保有する情报の公开に関する法律）“额外条款第2条”的要求，另行制定《独立行政法人等拥有信息公开法》（独立行政法人等の保有する情报の公开に関する法律）来设置并管理公用企业的信息公开义务。[2]

国外在政府信息公开法律制度建立后，为什么还要对担负公共职能的公用企业的信息公开进行相应的立法以及借助于判例来确立并规范公用企业在信息公开中的义务？国外这些做法的价值何在？这些做法对我国的公用企业的信息公开存在何种启示？我国有关公用企业信息公开对此有无借鉴的必要？如果存在借鉴的必要性，如何借鉴才能有益于我国公用企业信息公开法律制度的建构呢？这些问题不仅需要对国外有关公用企业信息公开制度的产生背景、功能以及在实践中的运行效果等问题进行考察后得到启示，也需要从不同的研究视角对其加以分析与评价以获得答案，因为这些启示与答案是架构我国公用企业信息公开理论体系和制度框架的必要性参考与评价我国建立公用企业信息公开制度的参照性依据。

我国信息公开的制度建设相对其他国家而言起步较晚，最早可追溯到20世纪90年代初期的公共经济信息公开。[3] 此后，我国陆

〔1〕 有关美国在此方面的判例，参见高秦伟：“私人主体的信息公开义务：美国法上的观察”，载《中外法学》2010年第1期；王军：“美国信息自由法上‘行政机关’之认定标准——基于判例的视角”，载《行政法学研究》2013年第2期。

〔2〕［加］托比·曼德尔：《信息自由：多国法律比较》，龚文庠等译，社会科学文献出版社2011年版，第93页。

〔3〕 参见周伟：“中国公共信息公开法律制度的特点、问题与发展”，载《行政法学研究》2002年第4期。

续推出了村务公开、警务公开、政务公开等诸多公开形式。[1] 从严格意义上来说，这些公开形式或者实践做法还不能算是信息公开制度，但其促发信息公开制度建设的价值是不可低估的。经过二十多年的发展和探索，“民可使由之，不可使知之”的思想开始解冻，信息公开的观念逐渐被政府和公众所接受，政府主导的以开放服务型政府建设为重要内容的管理模式革新运动也取得了诸多成绩，这为我国信息公开制度向纵深发展奠定了实践基础。经过多年的努力和筹备，《中华人民共和国政府信息公开条例》（以下简称《政府信息公开条例》）于2007年1月17日经国务院第165次常务会议审议通过，2007年4月5日以国务院令第492号公布，2008年5月1日开始施行。[2] 尽管《政府信息公开条例》还不是全国人大及其常委会制定的法律，但其颁布实施，在我国信息公开发展史上仍不乏里程碑的意义，标志着我国信息公开全面迈入了法制化的轨道。作为目前我国最高层级的信息公开立法，《政府信息公开条例》不仅详细规定了行政机关在信息公开中的责任和义务，还以法的形式要求公用企业也应参照其规定实行信息公开，尤其是《政府信息公开条例》第37条中“教育、医疗卫生、计划生育、供水、供电、供气、供热、环保、公共交通等与人民群众利益密切相关的公共企

---

〔1〕 1998年4月18日，中央办公厅、国务院办公厅联合发布了《关于在农村普遍实行村务公开和民主管理制度的通知》，要求在全国范围内全面推行村务公开。1999年6月10日，公安部发出了《关于在全国公安机关普遍实行警务公开制度的通知》，决定从1999年10月1日起，在全国公安机关普遍实行警务公开。2000年12月6日，中央办公厅、国务院办公厅又发出了《关于在全国乡镇政权机关全面推行政务公开制度的通知》，政务公开在全国乡镇政权机关和派驻乡镇的站所全面推行。不难发现，多样化的公开形式成为我国信息公开实践的一大特色。

〔2〕《政府信息公开条例》的制定始于2000年。据周汉华教授介绍，中国社会科学院法学研究所于2000年年初设立“信息社会与中国政府信息公开制度研究课题组”，共有三项研究目标，其中一项是提出中国政府信息公开法草案（专家建议稿）。研究过程中，课题组受托起草政府信息公开条例草案、说明、理由及立法例。参见周汉华：“起草《政府信息公开条例》（专家建议稿）的基本考虑”，载《法学研究》2002年第6期。

事业单位在提供社会公共服务过程中制作、获取的信息的公开，参照本条例执行，具体办法由国务院有关主管部门或者机构制定”的规定，被理论界誉为我国信息公开立法的一大亮点。“本条规定扩大了信息公开范围及信息义务主体的范围，顺应了公共管理社会化趋势，但也为我国理论与法律实践提出了难题。”〔1〕其中的“参照执行”如何在制度层面进行操作？“国务院有关主管部门或者机构”如何制定以及制定何种公用企业信息公开“具体办法”才能保证《政府信息公开条例》不折不扣地得到执行，其“具体办法”规定又如何能够保障与《政府信息公开条例》的基本精神保持一致以及满足社会公众的正当性需要？这些问题颇具研究价值与探讨意义。发现、寻求甚至“制造”对上述问题的解答和回应构成了笔者对公用企业信息公开展开探索的内在动因与外在推力。

首先，公用企业信息公开实践的效果不佳，需要理论研究加以关注。《政府信息公开条例》是继我国《行政诉讼法》、《行政许可法》之后行政法制领域的“第三次革命”。〔2〕伴随着“第三次革命”的启动，理论界对政府信息公开和知情权、政府信息公开诉讼等问题进行了较为深入、持续的研究，理论成果颇为丰富。在理论研究领域不断推出新的成果的同时，我国政府信息公开工作实践也实现了全面发展，呈现出政府信息公开管理体系建设卓有成效、政府网上公开信息初具规模、政府信息公开内容日益丰富、政府信息公开的形式日益多样的生动景象。〔3〕而与繁荣的政府信息公开实践相比，公用企业信息公开似乎仍处于休眠或者沉睡之中，即使偶

〔1〕王万华主编：《知情权与政府信息公开制度研究》，中国政法大学出版社2013年版，第264～265页。

〔2〕参见江必新、李广宇：“政府信息公开行政诉讼若干问题探讨”，载《政治与法律》2009年第3期。

〔3〕参见乔立娜、李鹏编著：《政府信息公开工作制度与实施》，中国人事出版社2011年版，第15～26页。

尔出现公民申请公开公用企业信息的个案，也被司法实践所放逐，最终不了了之。例如，北京市民刘巍曾两度依照《政府信息公开条例》的规定向北京市政交通一卡通有限公司提交信息公开申请,[1] 要求公开一卡通成本明细及巨额押金利息去向等信息，而北京市政交通一卡通有限公司并没有对此作出答复。之后，刘巍又分别提起了行政复议和行政诉讼，但至今仍未得到解决。由此暴露出了公用企业信息公开实践领域的一系列问题。[2] 除刘巍申请公开一卡通相关信息之外，曾引起社会广泛关注的北京大学三教授申请公开高速公路收费信息[3]、南京市民申请公开自来水水质信息[4]等事件，

---

〔1〕 2012年3月20日，刘巍曾向北京市政交通一卡通有限公司邮寄了一份信息公开申请表。此后北京市政交通一卡通有限公司向媒体表示，未收到这份申请。3月28日，刘巍委托其代理人向北京市政交通一卡通有限公司和北京市政府、北京市发改委、北京市财政局、北京市审计局等部门递交申请表，再次提出公开一卡通相关信息的要求。详细内容见余瀛波："北京一市民申请公开交通一卡通押金信息"，载《法制日报》2012年3月21日；魏铭言、温薷："市民再递申请，十问'一卡通'"，载《新京报》2012年3月29日。

〔2〕 现实中，公用企业常以信息不存在为由拒绝公开，但从实践看，企业资金来源、去向等信息不可能不存在。如果公用企业真的存在相应信息，则说明政府部门在监管方面存在问题。参见徐隽、吴天添："信息公开，公共企事业单位须照办"，载《人民日报》2013年8月21日。

〔3〕 北京大学教授王锡锌、沈岿、陈端洪针对我国部分高速公路早已偿还完贷款却仍收费不止的问题，在《政府信息公开条例》实施首日，向北京市发改委、北京市交通委和首都高速公路发展有限公司分别提交了信息公开申请，要求了解机场高速公路收费数额、流向等信息。北京市发改委和北京市交通委在答复中，只是明确表述了机场高速的投资总额及4年来的通行费收入，未对"贷款总额和收费资金去向"这一核心问题给予直接答复，而首都高速公路发展有限公司则一直未给予任何回复。参见郭爱娣："三教授不满意答复内容"，载《京华时报》2008年6月25日。

〔4〕 2012年7月1日我国强制执行最新饮用水标准《生活饮用水卫生标准》(GB5749—2006) 之日，江苏南京市民程渊和李春华向全国35家自来水公司提交信息公开申请，要求公布7月1日的自来水检测项目及各项检测数据。两市民在法定期间内只收到了6家自来水公司的回复。而给予回复的自来水公司中，仅北京和福州2家给出了部分水质情况数据，其余4家则是答非所问。参见万静："南京市民申请水质信息公开频频遇阻"，载《法制日报》2012年7月26日。

较为直观地暴露出了公用企业信息公开义务实际履行不到位，监督和维权救济机制不完善的问题。由于公用企业承担着一定的公共管理和服务职能，甚至垄断着大量市场资源，在经济领域扮演了“政府”的角色，并且公用企业在提供公共服务过程中制作或者获取的信息与公众利益息息相关，这种公共属性要求公用企业履行信息公开的义务。而公用企业在很多情况下并未意识到自身担当这一重要的角色，相反还认为自己无需承担“政府”信息公开的义务，以至于对于应当公开的信息不愿意公开甚至避而不公开，其信息公开的情况始终处于不佳的状况。以上实践中的问题需要行政法学界予以特别关注并给予足够的重视，从中发现制约与影响其信息公开的因素与障碍，这些因素激发了笔者对如何开辟公用企业信息公开的渠道以及应当如何公开的问题的趣旨与思索。

其次，公用企业信息公开的立法或者规范进展缓慢，需要理论研究加以促进。从立法状况来看，我国公用企业信息公开的相关法律法规很不完善。我国没有专门规范公用企业信息公开的法律法规，公用企业的信息公开义务主要规定在《政府信息公开条例》第37条中。虽然国务院有关主管部门根据各自主管公共服务领域或者行业的特点对《政府信息公开条例》第37条作出了变通规定，国务院有关主管部门和各级地方政府也制定了相关规范性文件，例如，住房和城乡建设部《供水、供气、供热等公用事业单位信息公开实施办法》《四川省公共企事业单位办事公开实施办法（试行）》《鞍山市公共企事业单位办事公开暂行办法》等，但是，这些法律规范多为指导性的意见，内容规定较为模糊，缺乏具体的程序步骤和操作指引，使得公用企业信息公开在一定程度上仍处于无法可依状态，公用企业信息公开实践因此陷入了“纸面上的法”难以转化为“行动中的法”的困局。要想冲破这一困局，不仅需要实践的改革尝试，也需要借助理论研究的力量予以推进。理论作为实践的先导，现有的公用企业信息公开立法难以指导、规范公用企业的问

题，在一定层面上也折射出理论研究脱节于立法实践的问题。因此，从理论上探讨公用企业信息公开立法问题，回应实践遭遇的困局，必然成为行政法学亟待研究的课题之一。这不仅触发了笔者对公用企业信息公开的好奇，也引起笔者对信息公开立法和规范问题进行探索的冲动与意愿。

最后，政府服务职能社会化和公用事业民营化带来的信息公开问题，迫使理论研究予以探讨。随着全面推进依法治国总目标的确立，建设中国特色社会主义法治体系与建设社会主义法治国家不仅是完善国家治理体系的制度设计，更是全面推进依法治国各项工作的实践要求，社会治理模式必将由政府主导型逐渐向多元参与型转变，供水、供电、供气、供热、公共交通等原来只能由国有企业经营的领域逐步向市场开放，开始推行民营化模式运营。民营化改革模式必然会提升公用企业服务质量与经营效益，同时，民营化也给脱胎于《政府信息公开条例》的公用企业信息公开带来了巨大的冲击和挑战。"私人主体"是否也要承担信息公开义务问题，更是引发了学界激烈讨论[1]。对于民营化后的公用企业有哪些信息应当公开，如果不公开承担何种法律后果等问题不仅值得追问，更值得在制度建设层面进行探索。2013 年 7 月 1 日，国务院办公厅发布的《关于印发当前政府信息公开重点工作安排的通知》要求，"逐步扩展公共企事业单位信息公开范围。重点做好推进医疗卫生机构、科研机构、文化机构和国有企业信息公开的研究工作。"这一工作安排，不仅会引起社会各界对于公用企业信息公开的关注，也促发了行政法学界对公用企业信息公开制度问题的重新思考。公用企业信息公开在制度上需要探讨的主要问题是，民营化的公用企业是否受

---

〔1〕 关于私人主体信息公开义务的探讨，参见高秦伟："私人主体的行政法义务?"，载《中国法学》2011 年第 1 期；卢超："民营化时代下的信息公开义务——基于公用事业民营化的解读"，载《行政法学研究》2011 年第 2 期。

公法拘束？若基于公用企业具有行政职权性、公益服务性等特殊属性而适用公法规范，其在商业自主权与信息公开中的关系如何协调？公用企业是否因经营主体或者性质的不同而受公法拘束程度不同？公用企业信息公开主体、公开范围、公开程序与救济方式等规则又如何架构？面对接踵而至的问题，仅凭现有的信息公开理论是难以解答的。正因如此，笔者才将公用企业信息公开作为一项课题展开专门研究，旨在从理论上以及预设的规范上满足实践的需要。

二、研究意义

在现代民主法治国家，政府机构需要公开其收集、制作并掌握的信息。因为“公民通过选举控制立法机关，选举出来的代表进而控制着行政官员的行为。行政官员只是由立法程序协调而成的民意的最终实施者”[1]。政府部门向公众公开其行动信息具有天然正当性。而公用企业向公众公开信息是否也具有正当性呢？公用企业所担负职能在本质上具有“公务”的性质，将与公众利益有直接关联性的公用企业信息予以公开既有合法性，也有合理性。没有任何逻辑理由证明公共服务必须依靠政府机构来提供，摆脱困境的出路是打破政府机构的垄断地位，建立公私部门之间的竞争。[2] 在此背景下，公共行政不再被认为是国家的专属性活动。[3] 以公共利益

---

〔1〕［美］杰瑞·L. 马肖：《行政国的正当程序》，沈岿译，高等教育出版社2005年版，第17页。

〔2〕参见周志忍：《当代国外行政改革比较研究》，国家行政学院出版社1999年版，第23页。

〔3〕国家活动是国家法律制度确立的，其必须遵循固有活动方式，并受法律严格约束。在奥托·迈耶看来，行政从一开始就是典型的国家活动，其具有绝对专属性。参见［德］奥托·迈耶：《德国行政法》，刘飞译，商务印书馆2002年版，第9～10页。随着新公共管理运动的兴起，国家行政逐步由干预行政向服务行政过渡，行政权扩张的领域和深度取得了进一步发展，这无疑给不堪重负的传统国家一元行政模式最后一击，使得国家和政府向社会分权成为必然。

为导向，“把信息公开主体的范围，从单一的政府机构扩大到一些非政府的公共机构、公共服务组织和政府资助机构，这已成一种趋势。”〔1〕 这一发展趋势以及未来的走向必然要求包括公用企业在内承担公共行政职能的非政府组织按照政府信息公开的要求履行其染指公共职责所收集、制作并掌握的信息。这种价值取向与实践诉求必然促进以担负公共服务职能的公用企业履行信息公开义务为核心制度的法律化，这种法律化的浪潮也将会席卷全球。

然而，公用企业毕竟不同于行政机关，其信息公开也不能也不应当与政府信息公开等同或者同日而语。例如，2010 年修改的《北京市公路条例》第 45 条第 3 款规定：“收费公路经营管理者应当按照规定及时向市公路管理机构提供收费、还贷、路况、交通流量、养护和管理等有关信息资料。信息资料涉及商业秘密的，市公路管理机构应当予以保密。”据此看来，基于保护企业所涉及的一些商业秘密的要求，公用企业履行的信息公开义务在一定程度与行政机关存在差异，对一些与社会公众关联性不紧密而属于企业商业秘密的信息不应强制公用企业公开。那么，如何处理好保护部分涉及公用企业经济利益或竞争优势的信息与公众的知情权之间关系，尤其是其中的利益平衡如何维护，这就需要结合公用企业的特点和特殊职能，对公用企业信息公开适用主体、公开范围、公开程序及救济途径进行论证和研究，解决公众以知情权为由要求公用企业公开其拥有信息的诉求与公用企业以涉及商业秘密为由不予公开之间的冲突，保障《政府信息公开条例》第 37 条的规定得到有效实施。因此，对公用企业信息公开进行系统性研究，不仅具有重要的理论意义与学术价值，而且还具有重要的现实意义与实践价值。

---

〔1〕 莫于川：“政府信息公开法的基本理念、立法目的和指导原则再检讨——兼从年度报告看政府信息公开法的基本理念、立法目的和指导原则的实现情形”，载《河南省政法管理干部学院学报》2009 年第 6 期。

首先，研究公用企业信息公开的基础理论体系，有利于行政法学理论研究的深化。近年来，实践中不断涌现的申请公用企业公开相关信息的事件，并没有引起理论界的足够重视和特别关注，针对公用企业信息公开程序不规范、救济渠道不畅通等现象的成因分析与理论归纳存在明显不足，信息公开理论与实践存在一定的紧张关系。由于长期受传统行政主体理论的影响，我国行政法学界对于信息公开的研究多是停留在政府信息公开所辐射的范围内，而较少将公用企业信息公开作为一项独立的制度或者单独的课题予以探讨。应该说，目前我国行政法学界对公用企业信息公开的研究还处于起步阶段，很多制度性问题尚未触及，例如，在公用企业信息申请公开领域，如何申请、公开的范围、公开的方式及救济问题均属于探讨课题。[1] 笔者结合本土资源和我国信息公开现状，通过考察和借鉴域外公用企业信息公开的理论研究成果，尝试构建与我国行政模式相匹配的公用企业信息公开制度体系，以便弥补我国公用企业信息公开理论研究的不足，在一定程度上也有助于拓宽行政法学的研究疆域，使得行政法学研究的触角延伸到更为广阔的领域，更富于现代气息。

其次，研究公用企业信息公开的法律制度，有利于推动行政法治建设。从立法层面来看，尽管《政府信息公开条例》第37条规定了公用企业“在提供社会公共服务过程中制作、获取的信息的公开，参照本条例执行，具体办法由国务院有关主管部门或者机构制定”，而且国务院办公厅《关于施行〈中华人民共和国政府信息公开条例〉若干问题的意见》也要求“国务院有关主管部门（单位）要按照条例的要求，把公共企事业单位的信息公开纳入本部门（单位）信息公开工作的总体部署，在2008年10月底前制定具体的实

〔1〕 参见高秦伟：“对公众获取公用企业信息的法律分析”，载《行政法学研究》2010年第4期。

施办法”，但是，从目前来看，“国务院有关主管部门或者机构制定”的“具体办法”还是凤毛麟角甚至微不足道，这使得《政府信息公开条例》中“参照执行”的规定显得苍白无力。因此，从理论上对公用企业与政府信息公开之间的关系、公用企业如何“参照执行”等问题加以厘清，不仅有利于加深对《政府信息公开条例》第37条的认知和理解，保障整部法律的实施质量，而且在一定程度上也可为“具体办法”的制定提供建设性意见和规范化思路。对公用企业信息公开法律制度的研究，尤其是对其制度建构的探讨，有利于我国在《信息公开法》的制定中考虑一些需要并亟待考虑的特殊情况，为立法的科学性提供一些建议，同时也为完善信息公开法律制度体系，推进行政法治实践发展提供学理上的智识。

再次，研究公用企业信息公开的制度架构，有利于保障公众的知情权和监督权的有效行使。随着公共行政向服务给付、福利行政的扩展，公众与供给公共服务的公用企业之间的关系日益密切。这一密切关系主要体现在两方面：一是公众需要从公用企业获取公共产品和普遍服务，以满足和实现自身生存发展的需求；二是公众需要知悉与切身利益相关的企业信息，以监督公用企业职能履行情况，保障自身的合法权益。《政府信息公开条例》第37条将如此众多的公共服务性的企事业单位的社会公共服务信息纳入公开范畴，具有重大的现实法治发展意义，更有利于间接、高效地发挥公共服务职能。[1] 而要求公用企业向社会公众尤其是消费者公开信息，是对企业进行监督的前提，也是保证企业提供高质量产品或服务的基础性措施。因此，展开公用企业信息公开的制度构建研究，探索合理的公用企业信息公开制度，为公众与公用企业的信息交流提供

---

〔1〕 参见莫于川：“政府信息公开法的基本理念、立法目的和指导原则再检讨——兼从年度报告看政府信息公开法的基本理念、立法目的和指导原则的实现情形”，载《河南省政法管理干部学院学报》2009年第6期。

平台，既有利于增进公众对公用企业的信任，促进社会与公用企业之间形成良性互动关系，也有助于为公众的知情权、监督权的有效行使提供必要条件与行使思路。

最后，研究公用企业信息公开的实践问题，尤其是对一些事例、案件的理论分析与价值探讨，可借助于活生生的案例促进公用企业不断提升服务质量和经济效益。在供水、供电、供气、供热、公共交通等诸多领域中，公用企业担负着为社会提供公共产品和普遍服务职能，这种职能与公众生产生活息息相关。正是因为如此，在现代经济社会发展环境下，不断提升服务质量、促进经济效益被作为公用企业的重要任务和主要职责。而对公用企业信息公开的实践问题展开研究，探究制度的应然状态，从中发现现存的一些问题，不仅可以避免公用企业趋利避害，刻意利用信息不对称或者信息流通机制的缺失隐藏、回避甚至虚假公开诸如产品和服务价格、质量及公共设施建造情况等对其自身发展不利的信息，也可以防止因信息不畅而导致市场主体的盲动、经营风险增高所产生的公共资源浪费的现象。即便公用企业信息公开领域是“以偶发性事件为动力，步步为营，向前推动”，其动机和效果在一定程度上值得肯定，更值得深一步的研究。[1] 从一定意义上来说，通过关注具体的事件、案件来引发政府和公用企业对公共服务中存在问题的思考，有利于促进经营市场秩序的稳定和公用企业经济效益的提升，更有利于促进国家法治、政府法治和社会法治的一体建设。

三、研究现状

公用企业信息公开不仅仅是一个立法问题，更是一个关乎行政行为、司法实践的法律问题，需要理论先行。公用企业制度作为法

---

〔1〕 参见蔡定剑主编：《公众参与：风险社会的制度建设》，法律出版社 2009 年版，第 187 页。

学、经济学、政治学和公共管理学等多个学科共同关注的课题，因每个学科各有侧重、研究重点不同，需要经济学、政治学、公共管理学等学科结合公用企业的特点针对公用企业的运行、规制及公众参与等领域展开制度性研究。尽管相关研究成果体现出这一制度研究的特点，其成果的价值不可低估，但是，从行政法学的角度对公用企业信息公开展开研究却是其他学科不可替代的。因为信息公开是行政规制和公众参与得以实现的前提和基础，只有公用企业信息公开的法律制度的理论足够完备、制度足够先进，其他与公用企业相关的制度才会发挥最大效用，才能在依法治国的背景下有所发展与创新。因此，公用企业信息公开的法律制度相对其他相关制度的研究至关重要。

（一）我国公用企业信息公开的探索

自2008年5月1日《政府信息公开条例》实施以来，基于第37条“参照执行”的规定将信息公开义务主体的范围予以扩大，公用企业应当公开其制作、收集并掌握的信息已基本形成理论共识。行政法学界对公用企业如何进行信息公开的命题也投入了较多的理论关注，但是相关研究成果与政府信息公开相比仍相形见绌，显得微不足道。学界对公用企业信息公开的探讨多数还停留于可行性与必然性分析上，在提及公用企业信息公开制度构建时，或者是宏观有余而微观不足，表现出缺乏可操作或者存在泛理论化的倾向，或者仅从公用企业的义务认定、信息获取方式等角度窥探公用企业信息公开模式，缺乏对公用企业信息公开制度的系统性论证与总体性设计。不难发现，在理论上对公用企业信息公开制度研究的不足已是捉襟见肘。具体而言，我国行政法学界对公用企业信息公开的研究，主要体现以下两个特征：

（1）将公用企业的信息公开制度作为政府信息公开制度的衍生品，其研究在一定意义上也具有附带性。这种研究方式大多以政府信息公开制度研究为基础，探讨公用企业信息公开与政府信息公开制度的关联性。学者们多热衷于在探讨以行政机关为主体的政府信息公开制度时，附带论及公用企业信息公开问题。如江必新、梁凤云在《政府信息公开与行政诉讼》一文中认为，承担公共服务职能的公用企业具有“类似”行政机关的行政主体资格。[1] 齐爱民、张万洪在《电子化政府与政府信息公开法研究》中认为，公用企业不属于“政府”的范畴，也不是政府信息公开法律关系的义务主体。[2] 李广宇法官的《政府信息公开诉讼：理念、方法与案例》对公用企业是否纳入行政诉讼范围问题有所探讨。[3] 这些论著尽管不同程度地阐释了公用企业信息公开与政府信息公开的差异，为理论探讨提供了一些有益的启示，但因其对公用企业信息公开的研究主要集中在主体资格层面，研究视角相对较为单一，涉及更深层面的探讨甚少。

（2）将公用企业的信息公开制度作为一项制度专门进行研究，体现出独立性研究的特征。该研究路径在一定程度上将公用企业与政府信息公开制度剥离，专门针对公用企业信息公开问题进行研究。例如，朱芒教授的《公共企事业单位应如何信息公开》以《政府信息公开条例》第 37 条“参照”定位为切入，从体系性法律解释的视角，探析了包括公用企业在内的公共企事业单位信息公开的基本适用规范。[4] 高秦伟教授的《对公众获取公用企业信息的法律分析》结合公用企业民营化的背景，就公用企业信息公开义

---

〔1〕 参见江必新、梁凤云：“政府信息公开与行政诉讼”，载《法学研究》2007 年第 5 期。

〔2〕 参见齐爱民、张万洪主编：《电子化政府与政府信息公开法研究》，武汉大学出版社 2008 年版，第 172 页。

〔3〕 参见李广宇：《政府信息公开诉讼：理念、方法与案例》，法制出版社 2009 年版，第 41 ~ 44 页。

〔4〕 参见朱芒：“公共企事业单位应如何信息公开”，载《中国法学》2013 年第 2 期。

务、公众获取公用企业信息等问题进行了探讨。[1] 卢超博士的《民营化时代下的信息公开义务》从公用事业民营化的视角出发，针对承担公共职能的私人主体直接适用信息公开立法的可能性进行了探讨。[2] 黄兰的硕士学位论文《公用企业信息公开的法律分析》从公用企业信息公开的必要性、特殊性出发，分析了法律依据及其存在问题，并提出了完善制度的建议。[3] 朱麒达的硕士学位论文《论公用企业的信息公开》重点运用实证分析的手法对我国公用企业信息公开的状况进行了评析，并提出了完善公用企业信息公开法律制度，强化公用企业信息公开义务履行中的规制监督，完善法律救济机制的对策。[4] 王冰的硕士学位论文《论公用企业的信息公开》对信息公开主体的认定标准、公用企业信息公开的范围、程序及法律适用问题进行了研究。[5] 此外，蔡定剑教授主编的《公众参与：风险社会的制度建设》一书的第七章“公共事业管理中的公众参与”，从公众参与的视角对铁路运输、民航运输、出租车运输、公交收费等领域的信息公开实践现状进行了介评。[6] 还有研究者从某地区信息公开的实际情况出发，对公用企业信息范围、程序等进行了富有建设意义的设计，如《四川省公共企事业单位办事公开

---

〔1〕 参见高秦伟：“对公众获取公用企业信息的法律分析”，载《行政法学研究》2010 年第 4 期。

〔2〕 参见卢超：“民营化时代下的信息公开义务——基于公用事业民营化的解读”，载《行政法学研究》2011 年第 2 期。

〔3〕 参见黄兰：《公用企业信息公开的法律分析》，暨南大学 2011 年硕士学位论文。

〔4〕 参见朱麒达：《论公用企业的信息公开》，南京师范大学 2013 年硕士学位论文。

〔5〕 参见王冰：《论公用企业的信息公开——〈政府信息公开条例〉第 37 条评述》，浙江工商大学 2013 年硕士学位论文。

〔6〕 参见蔡定剑主编：《公众参与：风险社会的制度建设》，法律出版社 2009 年版，第 180 ~218 页。

调研报告》[1]、《成都市公共企事业单位办事网上公开实践与研究》[2]等。尽管这种研究已经展开，但就目前而言，专门研究公用企业公开的深度论文相对稀缺，学术专著也是微乎其微。

除了基于上述两种研究方式而产生的理论成果之外，我国学界还存在一些其他研究成果。尽管这些成果对我国公用企业信息公开制度建构具有一定的启示意义，但总体上讲，其研究成果存在重复研究的嫌疑，缺乏对整体制度的创见设计，更为主要的是，缺少对公用企业信息公开制度的全面性研究，其研究的深刻性明显不足，与我国大量公用企业的存在及其在企业中的“垄断地位”不相称。概而言之，我国公用企业信息公开的研究较为薄弱，仍处于起步和探索阶段，有诸多方面不仅有进一步研究的空间，还存在大量值得深一步探讨的余地。

（二）域外公用企业信息公开的研究

与对研究我国公用企业信息公开制度相比，理论界对域外公用企业信息公开的研究较多，理论成果颇丰且初具规模，这与我国行政法学的学术传统不无关系。“作为纯粹意义上的舶来品，行政法学的出现在中国缺乏根基和传统，它没有本土的研究对象、方法、概念和体系。从晚清至20世纪80年代初，我国行政法学先师效日德，后又照搬苏联模式。”[3] 20世纪80年代末以来，尤其是在我国行政法学“砌砖墙、建主楼”及“搞粉刷、内装修”过程中，大量外国法、案例汇编及译著的问世，推动我国行政法学研究上了

〔1〕 曹代学等：“四川省公共企事业单位办事公开调研报告”，载《中共四川省委省级机关党校学报》2010年第2期。

〔2〕 李金兆、徐忠波、董亮：“成都市公共企事业单位办事网上公开实践与研究”，载《中国信息界》2011年第2期。

〔3〕 包万超：《行政法与社会科学》，商务印书馆2011年版，第25页。

一个新的台阶,[1] 其意义是不可低估的。

就域外公用企业信息公开法律制度而言，我国学者的研究领域主要集中在对立法规范介绍、判例分析等方面。例如，刘杰教授的《日本信息公开法研究》对日本《独立行政法人等拥有信息公开法》进行了较为全面的评介;[2] 高秦伟教授的《私人主体的信息公开义务》结合美国信息公开领域的相关判例，从私人主体面向对美国信息公开义务主体形成脉络和过程进行了探讨;[3] 石龙潭教授在《日本的信息公开制度：回顾、现状与展望》一文中对日本信息公开制度的产生、历史演进、发展现状及问题点和近期有关制度改革的新动向进行了分析;[4] 王军博士的《美国信息自由法上"行政机关"之认定标准》围绕美国信息公开法中"行政机关"概念的演化，就私人主体的信息公开义务认定标准进行了分析。[5] 从目前研究状况来看，学者们对美国、日本私人主体的信息公开制度投入了较多关注，而专门针对域外公用企业信息公开的研究相对匮乏。

域外学者对公用企业信息公开的研究早于我国，特别是目前域外对于公用企业民营化、信息公开等课题已有广泛讨论，有价值的研究资料甚为多见。例如，Craig D. Feiser 以实务中的民营化为中

---

〔1〕 参见骆梅英、朱新力："前行没有路障——比较行政法学与中国当代行政法学发展的一个概览"，载杨建顺主编：《比较行政法——方法、规制与程序》，中国人民大学出版社 2007 年版，第 10 ~ 13 页。

〔2〕 参见刘杰：《日本信息公开法研究》，中国检察出版社 2008 年版，第 112 ~ 128 页。

〔3〕 参见高秦伟："私人主体的信息公开义务：美国法上的观察"，载《中外法学》2010 年第 1 期。

〔4〕 参见石龙潭："日本的信息公开制度：回顾、现状与展望"，载王贵松主编：《宪政与行政法治评论》（第 6 卷），中国人民大学出版社 2012 年版，第 62 ~ 90 页。

〔5〕 参见王军："美国信息自由法上'行政机关'之认定标准——基于判例的视角"，载《行政法学研究》2013 年第 2 期。

心，对民营化后的企业在运营中的相关信息公开问题进行了研讨；[1] Ronald A. Class、John M. Ackerman 与 Irma E. Sandoval - Ballesteros 针对民营化背景下的公用企业信息公开模式提出了诸多富有建设性的见解；[2] Daphne Barak - Erez 运用“政府行为理论”展开对信息公开的研究，并认为在私人主体实施行为与政府行为等同的情况下，应把私人主体纳入信息公开义务主体范围。[3] 此外，还有些学者从民营化视角研究公用企业规制制度，并将信息公开作为与公众参与、司法救济等并列的一项规制手段，如 Ramanadham[4]、Cosmo Graham[5] 等学者的相关论著就致力于此领域研究。

“行政法学学术质量的提升，不外三种路径：输入外来学说，进行比较研究；弘扬优秀文化遗产；完成外来思想学说与本土法文化的结合与创新。”[6] 域外纯熟的信息公开的研究成果能够为我国公用企业信息公开提供诸多宝贵经验、相对详细的资料与解决问题的启示，对于推动我国公用企业信息公开制度建设有巨大的促进作用。不过，域外众多研究成果在解决我国公用企业信息公开制度建构中的实际问题方面也具有一定局限性。“由于种种文化和语言的原因，任何学者尽管试图客观传述外国法治经验却又都不可避免地

---

〔1〕 See Craig D. Feiser, “Privatization and the Freedom of Information Act: An Analysis of Public Access to Private Entities Under Federal Law”, *Federal Communications Law Journal*, 52 (1999), 21.

〔2〕 See John M. Ackerman, Irma E. Sandoval - Ballesteros, “The Global Explosion of Freedom of Information Laws”, *Administrative Law Review*, 58 (2006), 85.

〔3〕 See Daphne Barak - Erez, “A State Action Doctrine for an Age of Privatization”, *Syracuse Law Review*, 45 (1995), 1169.

〔4〕 See V. V. Ramanadham, *Privatisation: A Global Perspective*, London: Routledge, 1993.

〔5〕 See Cosmo Graham, *Regulating Public Utilities: A Legal and Constitutional Approach*, Oxford: Hart Publishing, 2000.

〔6〕 王学辉：“对行政法学基础理论的思考”，载《西南政法大学学报》2002 年第 3 期。

有意无意扭曲了其试图真实描述的现象……无论我们如何细致描述、界定、概括外国的法治，都必须切记这些都不等于外国法治经验的本身。"[1] 况且域外学者大多倾向于从本国制度出发对信息公开展开探讨，无疑增大了法律制度和学术转化的难度，他国之植物能否在我国土壤中开花呢？"一国行政法治的实现是一个渐进的过程。在这一过程中，对外国法的了解、借鉴与吸收必须立足于本国所处的特定历史阶段。否则，任何盲目的削足适履之举都会导致法律制度实践的受挫。"[2] 因此，域外研究成果能否完全适用我国法治实践、能否契合我国本土资源仍是有待考虑并需要深入探讨的重要课题。

四、研究思路

随着行政法学研究的发展，行政主体理论、行政行为理论、行政程序和救济理论都发生了重大变革。行政法学作为曾经一度"被人们遗忘或误解的学科"[3]，其疆域的扩张速度是难以想象的。有学者甚至为之感叹道："行政法唯一不变的是变化。"[4] 如果仅仅照搬现有的研究成果或者一味遵循固有研究进路，不对既存的行政法学理论进行深度盘点和反思，不但会使研究成果的理论性和实践性大打折扣，而且极有可能导致研究结果变成毫无意义的玄虚或者空洞之说。

对公用企业信息公开的研究首先坚持了问题意识。诚如何海波

---

〔1〕 苏力：《法治及其本土资源》，中国政法大学出版社2004年版，第19~20页。

〔2〕 章志远："比较行政法学的历史使命和方法论"，载杨建顺主编：《比较行政法——方法、规制与程序》，中国人民大学出版社2007年版，第26页。

〔3〕 张尚鷟主编：《走出低谷的中国行政法学——中国行政法学综述与评价》，中国政法大学出版社1991年版，第13页。

〔4〕 Bernard Schwartz, "Some Crucial Issues in Administrative Law", *Tulsa Law Journal*, 28 (1993), 793.

教授所言："（准备进行研究活动的）作者必须发现现实中存在的问题（problem），从中提炼出一个学术上的话题（question），然后给出自身的命题（thesis）并加以论证。"[1] 问题是一切科学研究的逻辑起点。法学研究只有有高质量的问题意识，才可能站在学术和实践的前沿，推动法学理论的创新。就信息公开而言，现代信息社会不仅需要政府机构公开其收集、制作并掌握的信息，也需要担负公共服务职能的公用企业公开其拥有的对公民权利有影响的信息。此问题在我国现有制度背景下，因公用企业承担公共行政职能而需要遵循政府信息公开制度的精神、履行其染指公共职责拥有的信息公开义务，也因《政府信息公开条例》对其参照政府信息公开执行的笼统规定而需要理论解读和实践探索。从这一层面上来讲，公用企业信息公开所蕴藏的问题，不仅是信息公开实践中的操作性问题，同时还是相关信息公开法律规范认知过程中的理论性问题。本书正是立足于公用企业信息公开中的操作性问题和理论性问题，以汲取现有研究模式中的有益成分为基础，致力于研究思路的拓宽和理论的革新，希冀通过探索能为我国的公用企业信息公开法律制度的构建提供一些有益的参考建议。

本书的主体部分由引论和正文构成。引论部分，主要介绍研究动因与研究的意义，检视域内外公用企业信息公开研究的状况，并提出整体研究思路和基本研究方法。正文部分分为七章，着重围绕公用企业信息公开的基础理论展开研究。第一、二章根据知情权保障和信息公开的基本原理，对公用企业信息公开的基础性概念、制度正当性及其实现路径问题进行探讨，旨在为展开公用企业信息公开制度构建研究提供理论支撑。后五章围绕公用企业的性质和特征，就公用企业信息公开的适用原则、相关主体、公开范围、公开方式、公开程序、违法责任和救济机制等内容展开系统研究。全书

---

〔1〕 何海波：《法学论文写作》，北京大学出版社2014年版，第20~21页。

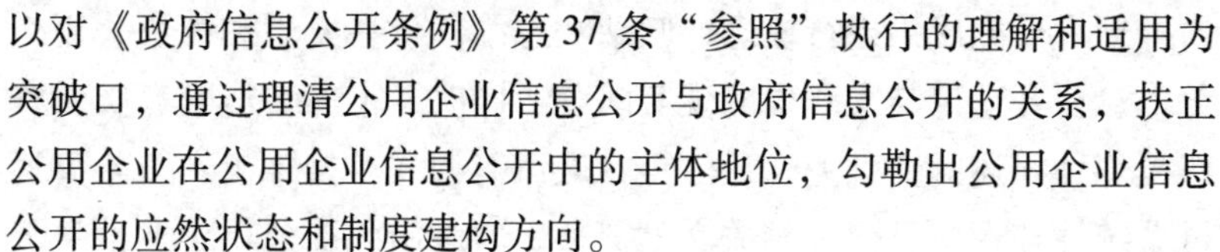

以对《政府信息公开条例》第37条“参照”执行的理解和适用为突破口，通过理清公用企业信息公开与政府信息公开的关系，扶正公用企业在公用企业信息公开中的主体地位，勾勒出公用企业信息公开的应然状态和制度建构方向。

五、研究方法

理论研究需要遵循一定的方法，没有科学的方法就不会有科学的理论。一般认为，科学的研究方法是新观点、新理论产生的源泉。反之，如果运用了不合理的研究方法，往往会导致研究结果与实际情况产生偏差。因此，在研究公用企业信息公开过程中，本书为避免一种或者两种研究方法的局限性，综合运用了文献研究、比较研究、系统分析、实证研究等多种方法，力求理论研究更接近实践实际、归纳描述更契合研究思想及探讨内容更富有制度意义。

（一）文献研究法

“站得高才能看得远”。要想看得更远绝非易事，不仅需要站在巨人的肩膀上，还需要借助于科学的研究方法，理论研究也是如此。任何一块学术领域的“新大陆”都是在既有研究成果的基础上开辟的，创新的研究方法是突破固有理论和定式思维的基础。“没有必要的文献根据，满嘴跑火车，哪怕说得再动听，也不叫论文；没有阅读相关文献，一个人自说自话，可能说得很有道理，却不一定有什么创新。”〔1〕只有阅读了大量文献，掌握学术研究的大量材料和发展动向以后，才可能将行政法学理论研究推向深入。

公用企业信息公开在目前我国行政法学界属于一个较新的研究领域，对该领域展开研究需要借鉴行政法学界甚至其他学科的相关理论研究成果。本书立足于现有的研究成果，以考察和剖析国内外有关公用企业、公用企业信息公开等方面的文献资料为基点，对国

〔1〕何海波：《法学论文写作》，北京大学出版社2014年版，第55页。

内外现有研究成果进行梳理、归纳和总结，旨在发现和解决公用企业信息公开理论与实践中的现实问题。同时，本书在对既有文献资料提炼和评述的基础上，还注重打破旧有模式，推陈出新，希冀通过系统性整理信息公开相关文献资料，勾画出我国公用企业信息公开的现实图景与未来愿景，对未来我国建立公用企业信息公开制度及制定统一的《信息公开法》提出建议性的意见。

（二）比较研究法

比较研究法是社科领域较常用的一种分析方法。它是指对两个或者两个以上有联系的事物予以对比研究，寻求其相似性和差异性，揭示普遍规律与特殊规律的一种分析方法。在行政法学领域，一般最常见的是对不同国家的法学理论、法律制度的分析和梳理。本书在研究公用企业信息公开过程中始终贯彻了这一分析方法。尽管在信息全球化背景下，世界各国信息公开法律体系、信息公开文化和制度存在诸多不同，但是各国公用企业信息公开实践中面对问题的相同性和问题解决路径的相通性，使得对各国法律体系、法律文化和法律制度进行比较具有了意义。例如，美国认定“行政机关”内涵的“行为等同”和“实质控制”标准、英国规制立法等理论对其他国家的信息公开制度的形成和发展产生了重大而深远影响。不难发现，各国法律在一定程度上具有进化的普适性。“每一位追求高质量的立法者都认为，从比较法学方面拟就一般报告或者特别地以专家鉴定的方法提供资料，乃是不可缺少的工作手段。”[1] 因此，构建我国公用企业信息公开法律制度，不仅不能闭门造车，更不得缺失对“他山之石”的比较和借鉴。唯有透过对各国信息公开法律制度的检视和比较，才有可能发现公用企业信息公开制度发展的规律，才能探寻到适合我国法律体系和实践的信息公

〔1〕［德］K. 茨威格特、H. 克茨：《比较法总论》，潘汉典等译，法律出版社2003年版，第23页。

开道路。

此外，本书除了大量运用比较法学的分析方法之外，还对与公用企业相关的不同制度进行了对比研究。由于公用企业与行政机关、事业单位、一般企业有较大不同，通过比较公用企业与行政机关、事业单位、一般企业的法律地位和信息公开义务，在差异中寻求共同之处，有利于全面检视隐藏在不同信息公开制度背后的问题，为构建我国的公用企业信息公开制度提供正确的导向。

（三）系统分析法

系统分析法是将需要探讨和解决的问题看作为一个系统，从整体角度对相关内容加以综合分析，从而找出解决问题的具体方案。就《政府信息公开条例》而言，规定公用企业信息公开义务的第37条并非是相对独立一个条款，其是前36条在信息公开行为活动方面的延伸，只有在整体上将《政府信息公开条例》中所有条款作为一个系统看待，才能正确理解第37条关于“参照本条例执行”的含义。[1] 而梳理规定公用企业信息公开内容的相关法律法规和规范性文件，并将这些不同层级的信息公开法律规范及依据纳入同一体系或语境内加以分析，实属深入研究公用企业信息公开的必然要求。从行政程序的视角，对公用企业信息公开正当程序进行探讨，并在整个信息公开法律体系中，提炼各类信息公开的共性及特殊性，对于公用企业信息公开制度整体性、系统化构建具有特别重要的意义。

（四）实证研究法

行政法学是一个实践性和实证性较强的学科。行政法学理论的生命力，在于它与现实行政法律实践的结合。任何学者提出的理论学说如果不能应用于法律实践或者为法治改革提供指导，最终难逃

〔1〕 参见朱芒：“公共企事业单位应如何信息公开”，载《中国法学》2013年第2期。

石沉大海、形同“弃儿”的命运。实证研究是拉近理论和实践的一条有效途径，是发现问题的最好路径。因此，实证研究方法是理论研究不可或缺的重要方法之一。

脱离实践的理论要么成为天方夜谭式的自说自话，要么成为误导实践的乌托邦式幻想，无法经受现实的拷问，更不能经受得起历史的检验。“近年来，在行政法学者群中，对最高人民法院公报等官方刊载的权威性案例、对媒体热炒的争议性案件的个案研究热情也日益高涨……这种趣味的改变，恐怕会成为我们迈向部门行政法、探寻中国特色的行政法的一个重要契机与起点。”[1] 实证研究是探讨和检视公用企业信息公开的一种不可或缺的工具。以实践中出现的典型案例为范本展开研究，不仅能够发现现实立法与实践应对的不足，还能为研究汲取翔实资料，更可为公用企业信息公开制度寻求现实基础和实践依据。本书围绕公用企业信息公开中的一系列重大理论问题，收集了一些被媒体追踪报道的热点事例和案例，并分析了公用企业信息公开实践中存在的诸多问题，旨在通过个案研究探析公用企业信息公开不畅背后的理论根源和制度成因，为完善公用企业信息公开制度及少走弯路提供前车之鉴。

---

〔1〕 余凌云：“对行政法案例研究方法的思考”，载《浙江学刊》2008年第6期。

第一章 公用企业与信息公开

对公用企业术语、理论与相关问题进行界分是研究公用企业信息公开的基础和前提。因为公用企业是公用企业信息公开的重要实施主体，如果对公用企业术语的内涵与外延及其制度的基础理论问题不能厘清或者不能清晰地解析，就会造成公用企业信息公开研究出现术语使用上的混乱与逻辑建构上的断裂，甚至有可能出现学术上的不自洽。基于以上思路，本章首先对公用企业的基本内涵予以界定，然后探析公用企业民营化及其对信息公开的影响，最后研究公用企业信息公开与政府、事业单位、一般企业信息公开之间的关系，旨在为展开公用企业信息公开相关法律制度研究奠定理论基础。

一、公用企业的概述

“在现代社会里，我们的生活几乎全部依赖于他人所提供的服务。此时，这些服务，特别是生活所必需的服务由谁提供的问题，在法律上并不是当然地决定了的。稍微具体地说，某种服务，是应该由国家提供，或是应该由地方公共团体提供，还是应该由私人企业提供，并没有当然地决定。"[1] 公用企业亦属于这类组织，它代替或协助政府为社会提供公共产品和服务，在政府和社会公众之间起到重要的中介或者桥梁作用。那么，从行政法的视角来看，公用企业所实施的公共服务行为是否属于行政的范畴？行政法是否应将公用企业纳入调整范围？它又应站在何种立场上对公用企业及其行为进行规范和约束？要解决上述问题，就必须对公用企业的内涵及其法律地位进行探析。

（一）公用企业的界定

对公用企业的研究首先要明确界定研究对象。检视公用企业相关文献，却发现"公用企业"一词的定义及用法相当含混，致使相关法律法规和域内外学者对公用企业的认识、理解与解读存在一定差异。那么，对于公用企业界定也就成为理论研究不得不厘清的命题。

1. 不同语境下公用企业的涵义

公用企业在我国属于舶来品，最早由孙中山先生之子孙科引入。[2] 从词源的角度来看，中文"公用企业"一词由英语中的"public utilities"翻译而来。[3] 根据韦氏大词典的释义，"public utilities"是指"在政府部门监督下提供某种公共产品和服务的企业"[4]。《元照英美法词典》使用了与韦氏大辞典相类似的定义，

---

〔1〕［日］盐野宏：《行政组织法》，杨建顺译，北京大学出版社 2008 年版，第 63 页。

〔2〕 辛亥革命之后的 1917 年，曾在美国留学时候学习市政并有市政规划论著的孙科在就任当时广州市政厅厅长时拟定《广州市组织条例》，明定广州市政厅下设"公用局"，该局主要包括公车、交通、电灯、自来水等职能，后为全国各地沿用。参见周林军：《美国公用事业管制法律制度改革及对我国的启迪》，西南政法大学 2003 年博士学位论文，第 9 页。

〔3〕 亦有学者将"public utilities"译为"公用事业"、"公共部门"、"公共行业"或"公共服务行业"。

〔4〕 Webster's Unabridged Dictionary，New York：Radom House，1998，p. 1563.

将“public utilities”解释为，以实现实质性的公共服务为目的并且业务受政府监管的企业。因此，美国联邦及各州也普遍制定了以公用企业为规范对象的法律。在美国法中，公用企业通常是指负责维护公共服务基础设施的企业主体。[1] 美国联邦最高法院法官温森（Vinson）在1943年对“公用企业”进行了法律解释，认为公用企业有四方面特征：①与社会公共利益紧密相关；②业务性质与输配过程有着直接的联系；③具有根据市场需求和依据合理价格向社会公众提供产品或服务的强制性义务；④独立于一般的市场竞争企业，享有合法的垄断地位或者在政府的特许下享有这一垄断地位。[2] 演变至今，“公用企业”成为域外理论界和实务部门耳熟能详的术语，同时也频繁出现在理论研究和立法实践领域，但其内涵并非像其术语那样清晰可辨。

在我国，“公用企业”这一称谓最早出现在20世纪80年代，源于财政部1981年制定的《关于国营工交企业实行有偿占用固定资金的补充规定》。[3] 该补充规定规定：“不实行利润留成制度试点的工交企业、城市公用企业、劳改工业、建筑企业、物资企业以及各部所属供销企业暂不实行有偿占用固定资金的办法。”1984年国务院颁布的《国营企业第二步利改税试行办法》[4]，天津市政府批转市公安局、公用局、财政局《关于建立市公安局公共交通治安

[1] 参见邢鸿飞、徐金海：《公用事业法原论》，中国方正出版社2009年版，第16页。

[2] 参见周林军：《美国公用事业管制法律制度改革及对我国的启迪》，西南政法大学2003年博士学位论文，第10页。

[3] 财政部在1993年12月13日发布《关于公布废止和失效的财政规章目录（第五批）的通知》废止《关于国营工交企业实行有偿占用固定资金的补充规定》。

[4] 国务院在2001年10月6日颁布《关于废止2000年底以前发布的部分行政法规的决定》废止《国营企业第二步利改税试行办法》。

分局的请示》，都涉及“公用企业”这一提法。[1] 我国1986年颁布的《邮政法》[2] 和《企业破产法（试行）》[3] 从国家法规范的层面对“公用企业”这一术语进行明确；1993年《反不正当竞争法》、1996年《戒严法》继续沿用了“公用企业”概念。至此，“公用企业”正式升格为一个法定概念与法律术语。

尽管“公用企业”一词早已存在于我国法律体系之中，但我国权威工具书《现代汉语词典》却不存在“公用企业”这一词汇，而是将“城市和乡镇中供居民使用的通讯、电力、自来水、天然气和煤气、公共交通等企业的统称”与“公用事业”相对应。[4] 也鲜见任何权威组织对其进行定义。在国家立法层面上，仅有国家工商行政管理局在1993年颁布的《关于禁止公用企业限制竞争行为的若干规定》中对“公用企业”有过列举式的说明，即“涉及公用事业的经营者，包括供水、供电、供热、供气、邮政、电讯、交通运输等行业的经营者”。显然，《现代汉语词典》和国家工商行政管理局仅仅解释了公用企业的范围，并没有说明何谓公用企业。

2. 公用企业与公用事业

在我国，公用企业作为一个法律概念，并没有在法律体系中保持一定的连续性和稳定性。原建设部（现住房和城乡建设部）分别在2002年、2004年出台的《关于加快市政公用行业市场化进程的意见》、《市政公用事业特许经营管理办法》以及国务院在2005年2月19日印发的《关于鼓励支持和引导个体私营等非公有制经济发展的若干意见》等部门规章和规范性文件中使用了“公用事

[1] 参见曹阳：《网络型公用企业竞争的法律规制》，法律出版社2007年版，第16页。

[2] 1986年《邮政法》于2009年4月24日被修订。

[3] 《企业破产法》于2007年6月1日施行，《企业破产法（试行）》同时废止。

[4] 中国社会科学院语言研究所词典编辑室编：《现代汉语词典》，商务印书馆2005年版，第474页。

业”、“市政公用事业”等概念，但对“公用企业”只字未提。2008 年 11 月 12 日，住房和城乡建设部制定的《供水、供气、供热等公用事业单位信息公开实施办法》将“公用企业”与“公用事业单位”列为同一类主体进行规范。[1] 尽管公用企业与公用事业在名称表述上不尽一致，但从实务部门对两者的态度可以看出，公用企业与公用事业被赋予了相同的内涵和外延，例如，孔祥俊法官认为，公用企业与公用事业是同义词，概念可不加区分，[2] 致使该概念在实践中存在混同使用的情况，也会制造出一些纠纷。例如，在“电信企业是否属于信息公开单位范围争议一案”中，原告刘某诉称：自己作为某电信公司的在网用户，有权获得计量正确等公平交易条件。根据国家《关于调整中华人民共和国强制检定的工作计量器具明细目录》的通知中包括交换机电子计时系统的核定规程，电信公司对其经营的电信计时计费系统应当向有关检测机构进行周期检测，并获得相应的检定证书报告。于是，刘某向某电信公司的办公室邮寄了一份政府信息公开申请，要求某电信公司公开计费系统 2011 至 2012 年度相关计时计费的检定证书报告，但电信公司对刘某的申请至今没有作出答复。为督促电信公司依法作为，刘某向法院提起诉讼，请求法院依法判令某电信公司对刘某提出的政府信息公开申请限期作出答复。同时引发了电信企业是否属于《政府信息公开条例》第 37 条规定的与人民群众利益密切相关的公共

---

〔1〕 从字面上来看，《供水、供气、供热等公用事业单位信息公开实施办法》中的“供水、供气、供热等公用事业单位（企业）”，既可理解为公用事业单位，也可解读为公用企业。

〔2〕 参见孔祥俊：《反垄断法原理》，中国法制出版社 2001 年版，第 757 页。

企事业单位的范围争议。[1]

在理论研究领域，学者们更多偏向于使用“公用事业”概念，而非采用“公用企业”。[2]晚近以来，随着国家工商行政管理局《关于禁止公用企业限制竞争行为的若干规定》首次详细具体地对公用企业的界定、限制竞争行为的具体类型及相应法律责任等作出规定，有关公用企业相关问题的研究才方兴未艾，“公用企业”逐步取代“公用事业”的统治地位。[3]由于受传统实践做法与立法态度的影响，“公用企业等同于公用事业”思想在理论界依然盛行，在实践中亦经常出现“公用企业”与“公用事业”概念的交替使用。例如，郭朋博士认为，可以从企业主体的角度来反推公用事业

〔1〕 该争议存在两种不同的观点。一种观点认为，随着信息社会的来临，电信业在拉动国民经济增长、促进经济结构转型、推进信息化进程、增进社会福利、提高国民素质方面发挥着越来越重要的作用。改革开放以来，中国电信业发展十分迅速，中国电信业也在改革中不断发展。由于现在的电信企业已出现多家经营竞争局面，而非多年前独家垄断经营的公共企事业单位，客户也拥有了充分的选择权，因此，自2008年5月1日起施行的《政府信息公开条例》并未把电信企业列入参照条例执行的公共企事业单位的范围内。另一种观点认为，电信企业作为国有大型通信企业、中国大型的基础网络运营商，拥有覆盖全国城乡、通达世界各地的通信网络，其业务范围与广大人民群众的生产生活息息相关，其从事电讯经营，为广大人民群众提供公共服务，应属与人民群众利益密切相关的公共企事业单位的范围。根据《政府信息公开条例》第37条规定，教育、医疗卫生、计划生育、供水、供电、供气、供热、环保、公共交通等与人民群众利益密切相关的公共企事业单位在提供社会公共服务过程中制作、获取的信息的公开，参照本条例执行，具体办法由国务院有关主管部门或者机构制定。故电信企业在提供社会公共服务过程中制作、获取的信息的公开，应当参照《政府信息公开条例》执行。参见华峰：“电信企业属于信息公开单位范围”，载《河南法制报》2013年3月8日。

〔2〕 如马树才、袁国敏、韩云虹：“公用事业改革的方向与对策”，载《辽宁大学学报（哲学社会科学版）》2000年第5期；史际春：“公用事业引入竞争机制与‘反垄断法’”，载《法学家》2002年第6期；史际春、肖竹：“公用事业民营化及其相关法律问题研究”，载《北京大学学报（哲学社会科学版）》2004年第4期；周林军：《公用事业管理要论》，人民法院出版社2004年版；刘戒骄等：《公用事业：竞争、民营与监管》，经济管理出版社2007年版；等等。

〔3〕 参见曹阳：《网络型公用企业竞争的法律规制》，法律出版社2007年版，第17页。

的概念，“公用事业特指公用企业，其与公有企业、公营企业存在概念上的种属关系。”[1] 显然，理论界对公用企业与公用事业普遍采取了概念等值的态度与立场。

那么，公用企业是否应当等同于公用事业？公用企业与公用事业概念之间的等值是否科学？理论界为什么将其等值？有必要对此进行简单阐述。之所以理论界和实务部门将两者简单予以等同，原因在于没有从历史的角度对公用企业演进过程进行考察。“历史是至关重要的，它的重要性不仅仅在于我们可以向过去取经，而且还因为现在和未来是通过一个社会制度的连续性与过去连接起来的。”[2] 相反，唯有将公用企业放置在产生与发展的历史背景下进行分析，并从我国特定传统和历史环境中予以探讨，才有可能得出正确的结论。

我国公用企业孕育于计划经济时代，发展于市场经济时期。在新中国成立初期，中央政府为了加快推进城市化、工业化建设，集中全国的财政税收、人力和物力来发展事业单位和国营企业，由此也催生了高度集中的社会经济管理模式。在这种管理模式下，国营企业和事业单位完全由政府控制，其在存续方式、身份地位、职责职能上都没有任何差别。应该说，无论作为公用企业前身的国营企业还是事业单位，都是在政府计划的调配和主导下，履行社会福利供给、公共产品和公共服务生产经营职责的组织。改革开放以来，随着观念的转变、技术的变革、制度的创新，公用企业逐渐摆脱计划经济体制的桎梏，在公共服务领域取得了飞速的发展。不过，不容否认的事实是，传统计划式的管理运营方式在公用企业领域仍存在诸多残余。虽然我国已推行市场经济体制近四十年，但是在计划

---

〔1〕 郭朋：《民营化背景下公用事业规制研究》，苏州大学2006年博士学位论文，第11页。

〔2〕［美］道格拉斯·诺斯：《制度、制度变迁与经济绩效》，刘守英译，上海三联书店1994年版，第1页。

经济体制政企不分的惯性下，我国公共产品和公共服务供给主体在市场经济条件下未能实现充分市场化，实践中仍保留了大量事业单位性质的"公用企业"。这些"公用企业"通常兼有政府行政管理和公用企业经营的双重职能，处于"企业由政府建，企业领导由政府派，资金由政府拨，价格由政府定，盈亏由政府统一负责"的传统运营模式中，[1] 并且还垄断经营着某个公共服务领域或行业，更为重要的是，它们却不以企业名称冠名，更不以企业的形式存在。这类现象模糊了我们对公用企业和公用事业的认识，甚至使我们产生了对两者概念加以严格区分并无实质意义的错觉。

实质上，公用企业与公用事业属于不同的概念范畴。尽管公用事业通常与公用企业或者其他非营利性组织存在密切联系，但公用事业只是针对公共服务行业或领域而言的同类概念，并非是出于一定营利目的，为社会提供商品或服务的市场交易主体。公用事业承载着向社会提供公共产品和普遍服务的公共使命，而公用企业是公用事业产品或服务的生产商和供应商。[2] 实务部门对此也作出了类似解读。譬如，《关于禁止公用企业限制竞争行为的若干规定》第2条将"公用企业"界定为"涉及公用事业的经营者"。全国人大常委会法制工作委员会的释义亦将公用企业解释为"包括自来水公司、煤气公司、供电公司等从事公用事业的企业"。[3] 鉴于此，"公用企业"与"公用事业"的关系属于主体和客体的范畴。由此可以发现，公用企业是在市场经济体制下经营公用事业的基础设施或经济实体，而公用事业属于提供公共产品和普遍服务的行业或者

〔1〕 王俊豪主笔：《中国政府管制体制改革研究》，经济科学出版社1999年版，第1页。

〔2〕 参见邢鸿飞、徐金海：《公用事业法原论》，中国方正出版社2009年版，第18～20页。

〔3〕 参见全国人大常委会法制工作委员会民法室编著：《〈中华人民共和国反不正当竞争法〉释义》，法律出版社1994年版，第18页。

产业，是公用企业供给产品和服务内容的总称。

3. 公用企业的界定标准

在公用企业产生初期，通常采用列举外延的方式来解释公用企业。例如，在美国，公用企业在20世纪20年代首次出现时仅指电力企业这一类企业。美国1935年颁布的《公用事业控股公司法》(Public Utility Holding Company Act) 将公用企业分为电力企业和煤气企业两类。[1] 美国各州制定的公用事业法典或公用事业法也大多沿用了这一方式。加利福尼亚州《公用事业法典》(California Public Utilities Code) 第216条规定，公用企业包括了所有为公众或公众的一部分提供服务或商品的电力公司、燃气公司、自来水公司、电话公司、电报公司、运输公司、石油管道公司、污水处理公司、供热公司和桥梁通行费征收公司。[2] 显然，在早期公用企业的内涵极为有限的情况下，以列举外延的方式解释公用企业是相对科学合理的。列举外延也由此成为最常见、最直观和最便利的一种解释方法。

随着服务行政、福利行政的发展，公用企业的内涵存在逐渐扩大的趋势，仅凭简单列举的途径来界定公用企业的内涵和外延并非易事。我国台湾地区的学者根据经营公用事业的范围，以列举的方式将公用企业归纳为狭义、广义和最广义三类。狭义的公用企业仅指经营电能、热能、给水、电信等事业的企业。广义的公用企业除了包括狭义的公用企业之外，还包括公共运输，如铁路、公路、航空、邮政等企业。最广义的公用企业的范围扩张至卫生、水利等企业。[3] 尽管在学理上公用企业存在明确的范围界分，但是我国台

---

〔1〕 United State Code, Title 15, Chapter 2C, Section 79b (a) (5).

〔2〕 参见曹炳洲："美国公用事业价格管制与借鉴"，载《中国物价》1999年第4期。

〔3〕 参见王文宇："公用事业管制与竞争理念之变革——以电信与电业法制为例"，载《台大法学论丛》2000年第4期。

湾地区的立法选择却不相统一。“民营公用事业监督条例”第2条采用了广义的公用企业说，而“奖励投资条例”第3条第10款则采用了最广义的公用企业说。正是由于列举方式自身存在不周延性及其对公用企业本质属性解读的缺乏，导致这种列举公用企业外延的界定方法难以实现与实践的完美对接。

因此，理论界纷纷寻求更为有效的方式来定义公用企业，由此也产生了以阐释公用企业内涵为路径的界定方式。主要分为以下两种界定标准：

（1）以资金来源和与政府间的关系为界定标准。自公用企业出现以来，公用企业与政府间就存在着藕断丝连的联系。公用企业在机构和人员组成等方面有政府的隶属性，设立通常由政府审批，主要人员通常由政府任免，就连一些基础性设施也是由政府投资。从某种程度上来说，政府把公用企业当成进行行政管理或者提供公共服务的一项工具。因此，一些国家和地区把企业的资本来源、政府对企业的控制情况作为界定企业属性的标准。譬如，美国宾夕法尼亚州《公用事业法典》（Public Utility Code in Pennsylvania）把公用企业解读为承担政府机构管理的任何商业活动的企业，而公用企业提供的服务是指由公用企业在其履行职责义务时所完成的所有行为，以及提供的所有产品。在日本，公用企业一般指由中央和地方政府直接经营或控制的国有企业、地方企业及依据公法规范设立的企业法人。[1] 由此看来，依据私法规范或者由私人主体投资成立的企业都不属于公用企业的范畴。这种界定方式尽管淡化了企业性质，从而塑造公用企业的公法属性，但是以资金来源和与政府间的关系为辨别标准却模糊了公共行政主体和市场经营主体的界限，同

---

〔1〕 日本公用企业属于独立行政法人范畴。对于独立行政法人，国家在组织、人事、财务、业务等方面拥有广泛的干预权。参见［日］盐野宏：《行政组织法》，杨建顺译，北京大学出版社2008年版，第67～68页。

时还导致了公用企业与国有企业概念的混同。

（2）以存续状态和服务供给形式为界定标准。有学者将公用企业分为两种类型：一类是在供应厂商与消费者之间通过某种永久性基础设施，直接或者间接提供持续性服务或能源供应的企业，例如，城市自来水、供电、天然气等能源供应企业和电话、邮政等通信服务企业；另一类是跨地区或在某特定区域内提供交通运输及配送服务的企业，例如，公交货运企业、铁路运输企业、航空企业和水运企业。[1] 也有学者以提供公共产品和服务的内容为标准，将公用企业分为三类：一是交通运输型企业，例如，公路运输企业、铁路运输企业、航空企业和航运企业等；二是资源性产品和服务供给型企业，例如，供电企业、天然气企业、供热企业和自来水企业等；三是以网络设施提供产品或服务的企业，例如，广播电台、有线电视台和电信企业等。[2] 还有学者依托经济学理论中的“网络型公用事业”概念[3]，提出公用企业是通过网络提供公共服务的企业，具体包括全国网络型和区域网络型两种形态。[4] 全国网络型公用企业通常由中央或者全国性的组织负责运营，其经营的范围主要包括供电、通信、公路和铁路运输等内容。区域网络型公用企业是在市、县、乡镇一级行政区域内从事公用事业经营活动的企业，主要涉及供水、供热和污水处理企业以及有线电视、垃圾处理等企业。此类界定标准的优点在于，其从企业的自身属性出发，能够指明企业形式、产品和服务类型等内容。尽管以公用企业的主体

---

〔1〕 See James C. Bonbright, *Principles of Public Utility Rates*, New York: Columbia University Press, 1961, p. 4.

〔2〕 郑艳馨：“论公用企业滥用垄断力行为”，载《河北法学》2011年第11期。

〔3〕 网络型公用事业是一种需要以固定网络来传输服务的基础设施产业，如煤气、电力、自来水、铁路和固定电话等。参见［英］戴维·M. 纽伯里：《网络产业的重组与规制》，何玉梅译，人民邮电出版社2002年版，第3页。

〔4〕 参见刘戒骄等：《公用事业：竞争、民营与监管》，经济管理出版社2007年版，第1页。

地位为中心有其固有优势，但由于此种界定方法在一定程度上脱离了公用企业“公用”的本质属性，难免会挂一漏万，出现一些企业或特殊类型的主体遗漏于公用企业范围之外。

结合以上对公用企业界定标准来分析，笔者认为，对公用企业内涵的理解和认定，并不能仅仅强调企业资本归属、组织架构及其与政府之间的关系等因素，也不可简单地将运行模式或者存续形态作为标准。在认定某一主体是否属于公用企业时，需要对其功能属性、存续实质和追求目标进行综合考察。究其实质，就是要看公用企业是否存在社会公共性、是否染指公共服务职责。因为“公用企业以服务社会公共利益为目标而设立，必须满足公共需求”[1]，只有某一企业或者组织在某特定领域内具有公共性，并且承担公共产品和普遍服务的生产经营职能，才能被称之为公用企业。

4. 公用企业的基本内涵

基于对公用企业概念的认识和公共性界定标准，公用企业可定义为，以实现社会公共利益和满足公众需求为目标，在国家法规范和政府活动的规制下，通过从事公用事业生产经营行为向公众提供公共产品和普遍服务的具有一定垄断性的经济实体。具体而言，公用企业具有以下内涵：

（1）公用企业是以实现社会公共利益和满足公众需求为目标而设立的经济实体。作为以企业形态存在的经济实体，公用企业为了维系自身运作和实现发展依然需要一定的营利性，但其却“构成了一个重要的国家领域，这一国家领域与私人领域相对，并且至少在部分上排斥了私人领域”[2]。公用企业由此具有了公法的属性，其必须以尽可能低的价格为社会公众提供高质量的产品或服务。显

〔1〕曹阳：《网络型公用企业竞争的法律规制》，法律出版社2007年版，第18页。

〔2〕［德］罗尔夫·施托贝尔：《经济宪法与经济行政法》，谢立斌译，商务印书馆2008年版，第262页。

然，公用企业追求公共目标和社会公共利益的要求是排斥利润最大化的。正是这种排斥属性构成了公用企业与一般性企业的根本差别。

（2）公用企业具有一定的垄断属性，其生产经营行为不仅应受到国家法规范的严格拘束，还应当接受政府的合理规制。“由于公共产品或服务关系公共利益，且公共产品或服务的生产或提供缺乏竞争机制而增加了社会成本，因此需要政府制定监督政策以保证公益的信守和竞争下的效率。”[1] 譬如，公路建设企业的企业资格除符合我国《公司法》要求外，还需要“由交通部和省级交通主管部门按分级管理的原则审批”。[2] 公用企业行业不存在或较少存在竞争，这一特征成为政府及其反垄断机构对公用企业的设立、定价和产品质量等行为进行监管的正当性理由。

（3）公用企业染指向公众提供公共产品和普遍服务的公共性职责。公用企业最大的特征在于其为社会供给公共产品和服务，而且其提供的这些产品和服务是公众不可或缺的生活物品。这无疑是公用企业公共性职责最重要的体现。而就我国实践现状来看，以公共性作为定义标准对于我国行政改革和市场经济背景下公用企业范围的界定具有极其重要的意义。由于在计划经济条件下，我国大多数提供公用产品和普遍服务的单位或组织是由政府直接管理或经营的，存在着经营主体身份不明晰的问题。尽管在市场经济和公共行政改革潮流的影响下，不少单位和组织已经通过改制转换为企业，但毋庸否认的是，我国“去行政化”改造进行得并不够彻底，目前尚存在着大量从事公用事业生产经营活动的非企业性组织。这些承担经营职能的单位或组织尽管在形式上不以企业形态存续，但与公

〔1〕 邢鸿飞、徐金海：《公用事业法原论》，中国方正出版社2009年版，第18页。

〔2〕 参见原交通部《公路建设市场准入规定》第11条。该规定自2000年10月1日实施，并已于2004年7月15日被《交通部关于废止8件交通规章的决定》废止。

用企业的属性与功能并无本质差异，将其视为公用企业却是恰如其分的，这也是本书以公共性界定公用企业的意义与理由之所在。

（二）公用企业的特征

公用企业作为承担公用事业生产经营职责的特殊主体，在属性、地位等诸多方面有别于一般性企业。公用企业特殊性为经济学、政治学和公共管理学等学科所共同关注，各学科也依据自身逻辑，从不同研究领域和视角出发，对公用企业的本质特性进行归纳与阐释。从行政法的角度来看，公用企业主要体现出公益性、垄断性和政府规制性三个基本特征。

1. 公用企业具有公益性

在现代法治国家，利益同权利、义务、责任一起构成法律制度的核心要素。任何具有正当性的法律都必须出于公共利益目的而制定，而并不是为了任何特定私人的利益。公共利益在公法领域尤其是行政法中占有非常重要的地位，它是公共行政的目的，构成了现代行政法存在的基础。“公共利益是所有行政活动的理由和界限所在，也是行政机关追求的大众福祉与私人追求的与大众福祉有关的利益的区别所在。”[1] 任何政府组织产生、存在的基础和目的都是为了公共利益、公共目标、公共服务以及创造具有公益精神的意识形态。[2] 公用企业亦不例外。作为行政法规制下的一类特定主体，公用企业无不渗透着强烈的公益性色彩。具体而言，公用企业的公益性体现在以下方面：

（1）公用企业存续的基础在于公益性。从字面的意思来看，“公用”就是为了满足需要而公共使用或共同使用。检视公用企业产生的历史，不难发现，公用企业的公益性恰如其字面含义所示。

〔1〕［德］汉斯·J. 沃尔夫、奥托·巴霍夫、罗尔夫·施托贝尔：《行政法》，高家伟译，商务印书馆2003年版，第323~324页。

〔2〕参见夏铸九：《公共空间》，台北艺术家出版社1994年版，第14页。

现代的公用企业从一开始就是作为政府经营管理公用事业的一种工具而出现的，是为了向社会提供符合公众需求的公共产品和普遍服务而建立的企业。[1] 在国家发展到福利国家后，政府将原属于社会任务的诸如通讯、水电、煤气等公用事业交由公用企业经营管理，公用企业成为公共行政的承受主体，负责提供公共产品和普遍服务，追求大众福祉。由此可见，公用企业设立目的和存续基础具有鲜明的公益性，它不仅为社会提供基本民生保障，以满足公众日常生活的需求，同时也以公共行政目标的实现为价值，承担着保障国计民生与增进社会福利的社会职责。

（2）公用企业的服务对象是全体社会公众。社会公众是公用事业的使用者或消费者，而公用企业是向社会输出满足民生基本需求的公共产品和普遍服务的特殊主体。与一般性企业只面向特定对象不同，公用企业的服务对象通常涵盖了整个社会。“公用企业应当在任何地方向每一个潜在的消费者提供必需的产品或服务，不能因自身的喜好或者个别客户的要求而损害大多数消费者的利益。”[2] 处于法定存续状态下的公用企业必须按照法律或者协议规定的质量、数量和价格等标准为社会公众提供基本服务。这也就是所谓的普遍服务的义务。我国《行政许可法》第 67 条首次明确提出了普遍服务的义务，2009 年 4 月 24 日，十一届全国人大常委会第八次会议修订的《邮政法》第 2 条对邮政企业的普遍服务义务进行了解释。据此，诸如邮政、电信等与社会公众生活息息相关的企业须按

---

〔1〕 1908 年，英国成立了伦敦港务局，这是世界上最早的公用企业。继伦敦港务局之后，英国在 1926 年建立英国广播公司和中央电力局，1933 年建立统管市区铁路、公共汽车、地下地铁和有轨电车等交通事业的伦敦旅客运输局，1939 年建立英国海外空运公司。显然，英国早期建立的公用企业全部属于公路、铁路、机场、电力等涉及国计民生的重要基础设施。参见钱家骏：“英国对公用事业的管制”，载《中国工业经济》1995 年第 9 期。

〔2〕 张莉莉、王建文：“公用企业基本法立法的逻辑证成与基本结构”，载《南京社会科学》2011 年第 10 期。

照国家规定的业务范围、服务标准和资费标准，向用户持续提供产品或服务。尽管有些公用企业（如交通运输企业、能源输送企业等）具有区域性特征，但这并不意味着其为特定区域内的全部用户或临时进入该区域的消费者提供基本服务之义务的免除。无论是何种类型的公用企业，全体社会公众对其均具有禁止差别性服务或者差别性定价的权利。任何人都可以在不减损或者妨碍他人权益的前提下，获取并使用公用企业所提供的产品或服务。倘若公用企业拒绝任一主体的服务要求，其将失去存续的条件而变更为一般营利性企业。因此，服务对象的广泛性构成了公用企业最主要的、最基本的特征。

（3）公用企业追求的根本目标具有公共性。公用企业虽然担负着一定的公共行政职能，究其本质而言仍属于经济实体，需要遵循市场经济规律。“公用企业既然在市场的架构下从事企业活动，其经营的管理与私营企业间难免会有某种程度的同质性。公用企业亦需要导入成本概念，甚至被赋予追求利润的任务。”[1] 公用企业作为经济实体，只有通过追求合理的利润，才可能保障其自身存续和持续性发展。不过，公用企业不能仅从自身盈利出发而置社会公众切身利益和社会发展于不顾。公用企业所经营的产品或服务与社会公众的生产生活息息相关，这些产品供应的好坏关系到千家万户的利益，也关系到福利行政的最终效果。正是因为如此，公用企业无论是作为类似于政府及相关机构提供公共服务的企业，还是在市场化模式下提供产业化服务的企业，都需要考虑众多消费者利益和公共利益，而不得以盲目追求利润最大化作为终极目标。此外，我国官方文件中对公用企业经营目标的公益性也有明确规定。如原建设部《关于加快市政公用行业市场化进程的意见》第 4 条指出：“市政公用企业通过合法经营获得的合理回报应予保障。若为满足社会

〔1〕 翁岳生编：《行政法》，中国法制出版社 2009 年版，第 463 页。

公众利益需要，企业的产品和服务定价低于成本或企业为完成政府公益性目标而承担政府指令性任务，政府应给予相应的补贴。”可见，公用企业追求的根本目标及其法律定位在于促进公用事业的发展、提升社会公益水平。

2. 公用企业拥有垄断力

自然垄断理论源于西方经济学。“古典经济学理论认为，公用企业是一种典型的自然垄断，以效率价值观之，不宜将其列为垄断规制的对象。”[1] 自然垄断是单个企业向整个市场供给特定产品或服务的成本小于两个或更多企业分别供给的成本而出现的一种情形。自然垄断理论的形成应归功于英国古典经济学家约翰·斯图尔特·穆勒（John Stuart Mill）。穆勒在其代表作《政治经济学原理》（Principles of Political Economy）中考察了伦敦的一些公用事业，并提出煤气、自来水不适合多家企业竞争性经营，如果这些行业由一家煤气公司和一家自来水公司垄断经营，会取得巨大的成本节约。[2] 因为公用事业由过多竞争性企业经营可能引起特定基础设施的高成本、低效率及重复性投资，只有在市场竞争中形成供应商垄断经营模式，才能最有效地利用公共资源，避免资源浪费。

公用企业的这种自然垄断特性源于它的网络属性。对于能源、通信、铁路运输及供水排水等以网络设施为存在基础的公用企业而言，建设一个输送和网络设施的固定成本不会随需求量的波动而变化，它需要通过分散到更多用户的使用上而获得相应收益。因为公用企业为了建设其赖以生产经营的输送和网络设施，必须对特定市场进行实质性的、不可回收的固定成本投资。“在电信、电力、铁路、石油和天然气管道、水务等领域，输送和网络设施与特定的地理位置联系在一起。这些设施在物理上不能被转移到另一个市场

[1] 鲁篱：“公用企业垄断问题研究”，载《中国法学》2000年第5期。

[2] 参见谢地主编：《政府规制经济学》，高等教育出版社2003年版，第31页。

中，除非发现这些设备在原地有其他用途，否则它们除了报废之外几乎没有任何其他价值。"[1] 出于效率和正当化的考虑，"世界各国从事公用事业的公用企业都或多或少地居于垄断地位，而且很多细分行业的公用企业还居于自然垄断地位。"[2] 各国法律通过行政审批或特别许可经营等方式，对公用企业的市场准入和交易行为加以限制，通过设置一定的自由竞争壁垒来保障现有公用企业能够收回投资成本，这使公用企业拥有了其他市场主体无法获得的优势地位，也使其更容易获取包括人力、原材料、资金、技术等在内的社会资源，从而强化其独特的市场地位和较强的垄断能力。

然而，随着技术革新和社会经济的发展，学界对自然垄断理论进行了一定的反思，公用企业的独占经营地位也受到质疑。20 世纪 70 年代中叶，以美国为首的一些西方国家在全球范围内掀起了公用企业的改革运动。美国借助于法院和行政部门的力量首先解禁电信市场。为打破电话器材市场的垄断，法院通过判例判决美国电话电报公司不得干涉用户使用电话的方式。随后，美国司法部通过指控美国电话电报公司违反《谢尔曼法》(Sherman Antitrust Act)[3] 促成该公司自行解体，分离成几个独立的法人实体，从而为美国长途电话以及嗣后短途电话的开放和竞争创造了条件。[4] 英国公用企业改革启动于 1984 年。此次改革是以公用事业规制立法为先导，英国通过立法引入和保障部分公用事业领域之竞争的途径，先后对

〔1〕［美］J. 格里高利·西达克、丹尼尔·F. 史普博：《美国公用事业的竞争转型：放松管制与管制契约》，宋华琳等译，世纪出版集团、上海人民出版社 2012 年版，第 23 ~ 24 页。

〔2〕冯果、辛易龙："公用企业社会责任论纲——基于法学的维度"，载《社会科学》2010 年第 2 期。

〔3〕该法 1890 年颁布，其全称为《保护贸易和商业不受非法限制和垄断之害法》(An Act to Protect Trade and Commerce against Unlawful Restraints and Monopolies)。

〔4〕参见鲁篱："公用企业垄断问题研究"，载《中国法学》2000 年第 5 期。

煤气、供电、供水和铁路运输等公用事业进行了改革。[1] 不过，改革运动只是在一定程度上弱化了公用企业的自然垄断性，并没有构成动摇公用企业垄断性地位的决定性力量。这是因为，即便是在公用事业领域导入了竞争机制，也未必能实现开放市场中的完全竞争，市场仍为几大经营寡头垄断，消费者对公用企业的产品和服务的可选择性依然受到限制。公用企业与其他企业相比拥有着无与伦比的市场控制能力。

在我国，公用企业的自然垄断属性和市场控制能力更为显著。长期以来，公用企业大多由中央或者地方政府垄断经营。在涉及电力、电信、铁路和民航等行业或领域的公用企业中，除了电信企业之外，大部分公用企业在市场中甚至不存在象征意义上的自由竞争对象。基于传统的行政化经营管理体制，“企业的市场经营与行业管理相结合，有着双重的法律地位。一方面，它们是供应自来水、煤气、电力，承担铁路、航空客货运输，从事邮电和电话业务的民事主体，另一方面在管理机构的设置和职能上，它们又处于行业管理地位，是行政主体。”[2] 公用企业经营者和规则制定者身份的重合，使其更易于在自身利益的驱使下对涉足领域进行操控，进而强化垄断优势地位及其在该领域形成的较强垄断力。

3. 公用企业应受政府规制

政府规制在多数场合又被称为政府管制或行政控制，其是指具有法律地位的、相对独立的政府管制机构，依照一定的法规对被管制者所采取的一系列行政管理与监督行为。[3] 政府规制大体可以

---

〔1〕 参见郑艳馨：“英国公用企业管制制度及其借鉴”，载《宁夏社会科学》2012年第2期。

〔2〕 王晓晔：“公用企业滥用优势地位行为的法律管制”，载《法学杂志》2005年第1期。

〔3〕 参见王俊豪：《政府管制经济学导论：基本理论及其在政府管制实践中的应用》，商务印书馆2001年版，第2页。

划分为经济性规制和社会性规制两大类。公用企业的政府规制一般属于经济性规制，是政府通过行政手段对公用企业的准入和退出、定价、产量及服务质量等行为进行干预或管理的行为。[1]

政府规制产生于西方市场经济国家，是政府为了调节市场失灵而对市场进行干预才出现的。1887 年，美国通过《州际商务法》(Interstate Commerce Act) 并设立世界首个现代意义上的规制机构，即州际贸易委员会 (Interstate Commerce Commission)。在成立初期，州际贸易委员会的权力是极为有限的，其主要任务是对铁路行业进行规制。受自由市场观念影响，州际贸易委员会一出现便遭到了联邦最高法院的强烈抵制，其权力直到 19 世纪 90 年代仅限于收集相关企业的信息。为了解决州际贸易委员会与法院之间的权力冲突及管辖问题，美国国会在 1903 年通过立法确立了州际贸易委员会发布禁止价格折扣命令的实体权力，1906 年、1920 年又分别授权赋予州际贸易委员会规定铁路的最高费率和州际铁路运输的最低费率、监督与铁路有关的证券发行、批准铁路企业合并及规划全国性铁路网等权力。[2] 进入 20 世纪 30 年代，经济危机的爆发，引发了人们对自由市场经济的追问和反思，人们开始意识到规制机构在应付市场失灵方面独特的作用和优势。与此同时，政府规制得到全面扩张，干预的范围扩大到电力、贸易、通讯、民航等诸多领域，规制机构的发展也步入了全新的阶段。[3] 而同时期的欧洲国家则选择了另一种政府规制路径。譬如，在英国，自来水、电力等公用事

---

〔1〕 参见邢鸿飞、徐金海：《公用事业法原论》，中国方正出版社 2009 年版，第 24 ~25 页。

〔2〕 See Thomas K. McCraw, *Prophets of Regulation*, Cambridge: Harvard University Press, 1984, p. 17.

〔3〕 自州际贸易委员会设立后，美国又先后建立了多个联邦一级的规制机构，如 1914 年成立的联邦贸易委员会、1920 年成立的联邦电力委员会、1934 年成立的证券交易委员会和联邦通讯委员会、1935 年成立的全国劳动关系理事会、1938 年成立的民航理事会等。

业早期通常是由私人企业经营的。在1831年霍乱疫情暴发后，英国政府转变了对公用企业的看法，并认为自来水、电力和煤气等公用企业不能单纯由私人直接运营，政府应当加强监督、引导和建设。[1] 19世纪中后期，以英国为代表的欧洲国家在众多领域赋予政府对公用企业的控制权，甚至出现了要求政府全面接管公用企业的呼声与诉求。

市场失灵成为政府对公用企业进行规制的最直接原因。基于公用企业的垄断属性，市场规律这只“看不见的手”无法完全驾驭公用企业，尤其是在自由市场经济环境下，公用企业生产经营的盲目性和片面追求经济利益最大化的弊端日益显露。为了弥补市场失灵和维护公共利益目标，必然需要政府介入自由市场经济。这种介入活动的实质，就是在几乎不存在竞争或竞争很弱的产业中，政府通过一定的规制政策和措施，建立一种类似于竞争机制的刺激机制，以指导垄断性企业的经济决策和市场行为，取得较好的社会经济效益。[2] 政府规制是应对市场失灵的重要工具，只要发生市场失灵，必然产生政府规制的需求，引发政府对此的规制。

不过，政府规制并非是一劳永逸的。有些学者对政府规制模式提出了质疑。其中，最具代表性的要数美国著名经济学家乔治·J. 斯蒂格勒（George J. Stigler）。斯蒂格勒在1971年发表的《经济管制理论》（The Theory of Economic regulation）一文中首次提出了“规制俘虏”理论。[3] 实际上，受规制的公用企业为了维持自身垄

---

〔1〕 1831年，霍乱随德国汉堡的船只首次登陆英国本土森德兰，随即迅速传遍了英国全国，并最终致使2.6万人丧生的惨剧。后来，人们认识到霍乱蔓延与自来水水源污染有直接关系，由此推动了政府对私人供水公司的直接介入和干预，从而引发了公众对卫生安全问题的关注和遍及整个欧洲的公共卫生运动。

〔2〕 参见王俊豪：《英国政府管制体制改革研究》，上海三联书店1998年版，第3页。

〔3〕 See Keith M. Howe, *Public Utility Economics and Finance*, NewJersey: Prentice Hall, 1982, p. 169.

断地位和谋求高额利润，总会想方设法通过各种途径来影响政府规制的方式和态度。“管制的行政决策过程通常会被产业界所左右，致使管制不仅无法有效约束垄断定价行为，相反还会通过政府干预来支持垄断行为，从而出现管制过度和管制滥用的问题，因为管制决定了不同利益主体的利益，并影响其参与管制决策的激励。由于管制行政决策的结构和不同利益群体的组织成本差异，往往那些组织较好的产业利益集团对决策的影响更大，而消费者等群体的影响力则相对较小。在缺乏有效制衡体制的情况下，产业集团的利益会得到强化，消费者等的利益则得不到保障……因此，管制并不是一个维护公共利益的体制，管制也并不总是维护和体现公共利益。”[1]作为一项行政权力，政府规制存在着被滥用的危险。

尽管存在政府在权力寻租中为公用企业所控制，变成满足公用企业垄断经营的工具的可能，但这并不意味着据此应当消除政府的规制权，也不能因此否定公用企业具有受政府规制的属性。20世纪70年代以后，世界各国开始调整自己的规制模式，把监督的重点从对公用企业的全方位规制转移至对市场结构、参与主体、市场行为及规制活动的公平、透明的调控，通过推行新公共管理改革，打破市场壁垒，导入竞争机制，逐渐放弃了对公用企业加以全方位规制的立场。这种规制转变主要体现在三个方面：一是弱化对公用企业行业准入的规制，允许私人主体进入公共服务领域；二是更多强调宪法、法律和市场规则的程序性制约；三是突出了信息规制的重要性。信息规制是弱化行业准入和强化程序性制约的基础和前提。因为对公用企业缺少足够与规制相关的信息，不仅将会导致公用企业生产效能和服务质量降低，还可能造成政府制定决策、做出准入许可的失误，因此，许多国家在不同程度上规定了公用企业信

〔1〕 唐要家：“试析政府管制的行政过程与控制机制”，载《天津社会科学》2008年第4期。

息报送和公开义务，以此消除政府与被规制的公用企业之间的信息不对称。

当然，这些调整并不意味着政府在公用企业监督管理方面的归隐或者规制行动的消失，仅仅是政府根据行政法治原则及市场条件的变化对规制方式或者模式的调整，其规制方式从台前走向幕后，其身份也由“划桨人”转变为“掌舵人”。正如美国学者丹尼尔·F. 史普博（Daniel F. Spulber）所言：“规制的历史是不断变换政府行为的重点和焦点的过程”。[1] 无论是针对“市场失灵”的政府直接介入，还是架构宪法、法律和市场规则的程序管控，制定公用企业信息公开或者报送信息制度都是实现对公用企业的有效规制的基础，只是不同时期的规制重点和焦点存在差别或者规制方式有所调整而已。总而言之，政府没有放松对公用企业的规制，即使是现代社会，公用企业无时无刻不与政府的规制活动相伴。

（三）公用企业的法律地位

“法律地位是法律人格的属性之一，尤指自然人的人格。特指一个人在法律上所处的地位，而这又决定其在特定法律关系中的权利和义务。”[2] 公用企业的法律地位问题，实质上就是公用企业的“公”、“私”法律身份问题。

对于公用企业的法律身份问题，理论界众说纷纭，存在较大的争议。有学者认为，公用企业作为公用事业的经营者，应与私法人处于同样的法律地位。“公用事业立法需要确立起公用企业的主体价值和最大程度激励主体理性的私法自治，即便是公法强制下的公共秩序，也需要立足于公用企业的主体理性及其私法自治理念。片面强化公权管制而弱化公用企业的主体地位，只会导致公用事业对

〔1〕［美］丹尼尔·F. 史普博：《管制与市场》，余辉等译，上海三联书店、上海人民出版社 1999 年版，第 15 页。

〔2〕参见薛波主编：《元照英美法词典》，法律出版社 2003 年版，第 1288 页。

国家民生和公共利益的背离甚至背弃。"[1] 也有学者认为，公用企业私法人身份不能成为其排除公法适用的理由，"应承认公法对公用企业契约自由的限制，尤其在市场准入和退出、价格、标准、持续不间断的服务、普遍服务等领域，应当充分体现出公用企业的'生存保障'的角色，而不能完全适用私法自治。承认公法对公用企业契约自由的限制，可以有效防止因片面强调公用企业的私法人身份而忽略其所承担的公益性任务，致使社会公共利益遭受损害的情况发生。"[2] 还有学者认为，公用企业所从事的行为属于典型的行政私法活动。虽然公用企业的行政私法活动执行的是行政任务，但并不能认为可以当然适用行政程序法，行政私法领域纠纷也不应由行政法院管辖。[3] 显然，理论界争议的焦点在于，公用企业是主要受公法约束，还是更多地受到私法上的规范。

实际上，大陆法系国家关于公法与私法、公法关系与私法关系的划分由来已久。"至于公法私法的特殊性，历来的通说，或以公法关系为权力服从的关系，为国家站于权力者的地位去对付服从者的关系，而主张公法关系在这点和对等者相互间的私法关系不同性质；或以公法关系为以公益为主张目的的关系，而主张其在此点与以私益为主要目的的私法关系目的各异，学者们都在此诸点寻求两者的特殊性。"[4] 正因为如此，公法关系与私法关系属于一种客观存在，除此之外就不会存在其他类型的法律关系。各国对公用企业法律地位的界定也是建立在公法与私法明确划分的基础之上。

---

〔1〕 邢鸿飞、徐金海："论公用事业的法律调整：法域归属与理念定位"，载《法学杂志》2009 年第 8 期。

〔2〕 黄学贤、吴志红："对公用企业公、私法人法律身份的思考"，载《江海学刊》2013 年第 2 期。

〔3〕 参见［德］汉斯·J. 沃尔夫、奥托·巴霍夫、罗尔夫·施托贝尔：《行政法》，高家伟译，商务印书馆 2003 年版，第 234 页。

〔4〕 ［日］美浓部达吉：《公法与私法》，黄冯明译，商务印书馆 1937 年版，第 104 页。

公用企业所提供的产品或服务是一种公共产品，具有民生必需性和弱市场替代性的特征，通常情况下会被认为应由政府提供。大陆法系国家的法律制度由此赋予承担公共产品和普遍服务供给任务的公用企业以公法人地位。例如，德国行政法把公用企业界定为“事实上或者法律上独立的、隶属于政府的经济组织”。[1] 英美法系国家虽然在行政法理论中不存在公法与私法的区分，但是在多数具有英美法系传统的国家，早期的公用企业是政府对公用事业进行规制的一项工具，例如，英国的公用企业就属于享有一定独立性并承担某种特定公共事务的行政机构。[2] 与多数大陆法系和英美法系国家相似，在传统上，我国公用企业的生产经营行为具有浓厚的行政色彩，尤其是我国计划经济时代的公用企业无论在组织形式、管理模式还是资金来源、产品生产或分配上，都完全依附并受制于政府。作为政府及其部门的代理和延伸，公用企业理应归入公法人之列。由此可见，政府属性和公益性成为确立公用企业公法人地位的核心标准。公用事业的公益性需要通过公用企业的公法人地位来保证，而公法人身份则是公用企业承担公法上责任的重要依据。

不过，传统行政法理论对行政权行使主体范围、行政法规范领域等问题的界定相对较窄。“以往的行政法学以行政和私人两面关系为前提展开讨论，以追究行政主体的责任为重心。而目前民营化带来了行政主体、私人主体与公民之间的三面关系，因此有必要探讨承担行政任务的私人主体是否承担行政法上的义务以及如何承担的问题。”[3] 随着西方新公共管理运动的兴起，“一个普遍趋向是，在实施法技术性理由和限度内，公法与私法正从绝对区别变为相对

〔1〕［德］罗尔夫·施托贝尔：《经济宪法与经济行政法》，谢立斌译，商务印书馆2008年版，第261页。

〔2〕参见王名扬：《英国行政法》，北京大学出版社2007年版，第67页。

〔3〕高秦伟：“私人主体的行政法义务?”，载《中国法学》2011年第1期。

区别。"[1] 我国邮政体制沿革变迁的历史就是很好的例证。根据我国1986年《邮政法》及有关实施细则的规定，邮政局依法享有在邮政事务方面的行政管理权，[2] 这使得邮政局不单单是作为一个企业而存在，同时还具有一个行政管理主体的身份。在2009年对《邮政法》进行修订时，我国将“邮政局”这一名称予以删除，并收回了1986年《邮政法》赋予的行政管理权，致使邮政企业无论从称谓上还是组织形式上都脱离行政性公司这一属性，成为国有全资或者控股并参与市场经营的私法人。为此，理论界开始对公用企业的传统法律地位进行反思，并在认识上发生了变化。人们不再认为公益属性必然与公用企业的公法人地位保持一致，公共产品和公共服务的供给不仅可以由公法人完成，亦可以由私人主体完成。

公用企业的法律地位并非具有单一性。公用企业既可以基于法律法规的授权而具有行政主体资格，又可以成为享有民事权利、承担民事责任的私人主体，还可以是介于行政主体与私人主体之间的公共性组织。有学者将公用企业归类于“非行政机关的行政主体”，并认为这类主体“在组织上不属于政府系列，不受政府组织法的调整，而是根据其自身的性质接受不同法律规范的制约；在活动范围上，除了因授权而行使部分行政管理权的行政活动外，它们都有自己的活动项目，受私法的调整，它们只有在授权前提下行使公共权力、管理公共事务时，才受行政法规范调整，这类组织在行使行政权时，是行政主体身份，并因此而自行承担行政法律责任"[3]。显然，公用企业的法律地位并非是变幻莫测的，公用企业在满足一定条件时完全可以具备行政主体资格。只有公用企业在行使公共服务

[1] [日] 和田英夫：《现代行政法》，倪健民、潘世圣译，中国广播电视出版社1993年版，第52页。

[2] 如我国《邮政法实施细则》第3条规定，市、县邮电局（含邮政局）是全民所有制的经营邮政业务的公用企业，经邮电管理局授权，管理该地区的邮政工作。

[3] 黎军：《行业组织的行政法问题研究》，北京大学出版社2002年版，第77页。

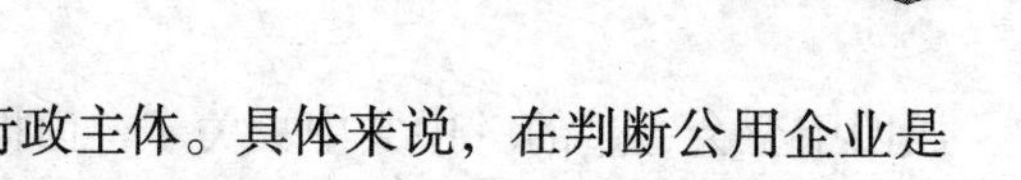

或管理权力时，才能成为行政主体。具体来说，在判断公用企业是否属于行政主体时，需要明确以下辨别标准：①公用企业所行使的公共服务或管理权力是法律法规明文规定的；②公用企业所行使的公共服务或管理权力属于特别法规范明确授权的；③公用企业所行使的公共服务或管理权力是除行政机关之外的其他社会组织所不具备的权力。唯有在具备明确、具体的授权依据和行为要求，且明显存在权力行政性质时，公用企业才能被认定为具有行政主体资格。

需要特别指出的是，在各国逐步推行公用企业产权改革的背景之下，要实现公用企业的社会公益属性，不仅需要依靠公用企业借助于公法的拘束作用防范并化解社会风险，为满足社会公众需要而源源不断地提供基本民生保障，更需要公用企业发挥市场主体优势和潜能，提升生产效益和服务效能，实现政府职能的社会化和服务供给的多元化。也正是基于公用企业法律地位的多面性，对公用企业信息公开研究不宜以概况性的方式进行，分析公用企业的法律地位时，也不能固守传统的公法与私法的二元论的非此即彼的简单划分。这不仅需要理顺公用企业作为行政主体及“与人民群众利益密切相关”的商业组织的公法地位与私法自治的关系，同时还要关注公用企业作为承载公用事业的市场私人主体时与社会公益性之间的关系。但是，也不能完全撇开公法与私法的价值分析，因为公法强制下的公共秩序并不必然与公用企业的市场主体价值和私法自治理念相左，私法自治亦不一定阻碍社会公共利益的实现。

二、公用企业民营化与信息公开

2013 年 11 月，党的十八届三中全会通过的《中共中央关于全面深化改革若干重大问题的决定》指出，“公有制经济和非公有制经济都是社会主义市场经济的重要组成部分，都是我国经济社会发展的重要基础。”“必须毫不动摇鼓励、支持、引导非公有制经济发展，激发非公有制经济活力和创造力。”2014 年 10 月，党的十八届四中全会通过的《中共中央关于全面推进依法治国若干重大问题的决定》又进一步指出："创新适应公有制多种实现形式的产权保护制度，加强对国有、集体资产所有权、经营权和各类企业法人财产权的保护。国家保护企业以法人财产权依法自主经营、自负盈亏，企业有权拒绝任何组织和个人无法律依据的要求。加强企业社会责任立法。"非公有制经济快速的发展也引发了公用企业民营化，尤其是导致"加强企业社会责任立法"必然成为公用企业改革的一个重要方向。因此，研究公用企业与民营化的关系以及民营化对当前行政法律关系和行政行为的影响就显得特别重要。

（一）民营化对行政法的影响

民营化（privatization）是一个难以被描述和定义的概念。从理论视角来看，"民营化并不是一个严密的术语。学者们用它来描述迥异的现象，从出售政府资产，到放松规制，再到商品和服务供应的合同外包。"[1] 诚如美国学者萨瓦斯（E. S. Savas）所言："民营化可以通过许多不同的技术和方法来实现。因此，不同国家和不同情境中讨论民营化会产生混淆和争论。人们使用许多概念来表述民营化，如非国有化、非政府化、非国家化、股份化、政府撤资等。这些都是民营化的同义词。其他词如公司化、商业化、市场化等既可以用来指民营化，也可以泛指使政府企业在市场环境下运营的一切努力。"[2] 尽管不能将民营化简单等同于公司化、商业化或市场化，但有一点是确信无疑的，就是民营化打破政府对公共行政的垄断，成为了实现行政任务的一股新力量。"对于大量的公用事业，如供水、供气、供热、公共交通、污水处理、垃圾等经营性市政公用设施和园林绿化、环境卫生等非经营性设施以及电讯、邮政、民

---

〔1〕 Jody Freeman, "Private Parties, Public Functions and the New Administrative Law", *Administrative Law Review*, 52 (2000), 822.

〔2〕［美］E. S. 萨瓦斯：《民营化与公私部门的伙伴关系》，周志忍等译，中国人民大学出版社 2002 年版，第 127 页。

航运输等行业，则完全可以借助于私人部门的力量去执行”[1]，而且私人主体的介入能够为公共服务领域带来相当的效率和效益。

与此同时，民营化给传统行政法学理论带来了巨大冲击。“在私人主体不断行使传统的公共职能，却又摆脱了通常与公权力行使相伴的严格审查的情况下，私人的参与的确会引起对责任问题的关注，而使不受制约的行政裁量权问题相形见绌。”[2] 在公用企业民营化的实际运行中也暴露出了诸多争议性问题，例如，对于哪些政府职能可以采取企业运营模式履行、民营化后的公用企业是否受公法理念特别是信息公开义务的约束等问题，学界就存在不同观点。[3] 不过，毋庸否认的是，民营化将部分由行政机关处理的事务转移到私人主体，隐含着国家与社会关系的重大转变，乃至于在由国家转向私人主体的重新分配过程中，应重点考虑行政机关就其原有任务与私人主体间的责任分配问题，以避免“市民的、生存权的公共性”及其他公法价值的丧失。[4] 由此可见，无论承认与否，现代行政法在世界范围内正悄然经历着一场变革，这种变革始于公共行政权力的民营化。

正如哈贝马斯（Jürgen Habermas）所言：“在社会福利国家的工业社会中，各种社会关系越来越复杂，它们无法再用公法或私法加以分门别类……国家从公法中‘逃遁’了出来，公共权力的职责

---

〔1〕 章志远：“公共行政民营化的行政法学思考”，载《政治与法律》2005 年第 5 期。

〔2〕 ［美］乔迪·弗里曼：“私人团体、公共职能和新行政法”，晏坤译，载《北大法律评论》（第 5 卷），法律出版社 2003 年版，第 520 页。

〔3〕 关于民营化是否存在禁区问题，可参见陈爱娥：“公营事业民营化之合法性与合理性”，载《月旦法学杂志》1998 年 5 月总第 36 期；许宗力：“论行政任务的民营化”，载《当代公法新论：翁岳生教授七秩诞辰祝寿论文集》（中），元照出版有限公司 2002 年版，第 595 页。

〔4〕 参见陈爱娥：“国家角色变迁下的行政任务”，载《月旦法学教室》2003 年第 3 期。

转移到企业、机构、团体和半公共性质的私法代理人手中，与此同时，也出现了私法公共化的反向过程，亦即，公法之私人化。公共权力即便在行使其分配、配给与促进职能时也运用私法措施，每当此时，公法的古典标准彻底失效了。"[1] 在公共权力向社会转移的过程中，私人主体为回应公共服务的需求而涉足政府行政领域，并享有了行政法上的权力，承担了更多的公法责任。而作为传统行政主体的政府部门并不因为民营化而退出公共服务领域，只是在公共服务过程中转变了自身担当的角色而已。在民营化背景下，政府部门的工作模式和职能已被重新定位，政府部门从公共产品和普遍服务的直接提供者转化为购买者和规制者，并承担着对公用企业活动进行监管的责任。

（二）域外公用企业民营化模式

20 世纪 70 年代以来，随着科技和社会经济的迅猛发展，国家行政的领域日益拓展，政府的职能不断扩张，政府面临和处理的事务日益繁杂。尽管在这一时期，政府全方位涉足公共服务领域，使福利国家建设取得了长足的发展，但是行政权的膨胀和政府机构规模的日益庞大既给国家财政带来了沉重负担，也给行政权运行繁衍出了新的弊端。由于政府机构和人员膨胀，机构的职、责、权不明确，造成了行政效率低下、服务质量降低及政府管制失灵等问题。为了应对公共财政危机、管理危机，各国政府开始对传统的公共行政模式进行反省，并陆续推行了放松管制和民营化策略，一场声势浩大的公用企业民营化改革浪潮在全球范围内兴起。以下将对几个典型国家的民营化模式和形态进行考察。

1. 英国模式：去国有化运动

英国是最早在公共行政领域实施民营化的国家。在推行民营化

---

〔1〕［德］哈贝马斯：《公共领域的结构转型》，曹卫东等译，学林出版社 1999 年版，第 178 页。

之际，英国公用企业领域已深深陷入投资回收率低、国家补贴多、经营成本高、经济效益差的泥潭。同时，英国出现了严重的财政危机，政府已无力补贴公用企业。[1] 为了改善国民经济和公共服务，扭转政府职能危机和预算紧张的局面，以撒切尔（Margaret Hilda Thatcher）夫人为首的英国政府在1979年执政伊始就把公用企业民营化作为一项重要政策方针，并在公共行政领域开启一场旷日持久的去国有化运动。就民营化的实现过程而言，理论界大多将英国的民营化划分为三个阶段。[2] 每个阶段公用企业民营化的发展都是建立在明确目标之上的，由此勾勒出了较为清晰的“去国有化轨迹”。

（1）初始阶段（1979年至1983年）。此阶段以国内竞争性较激烈的国有企业为主要民营化对象，主要采取出售国有股权或企业整体出售的手段。民营化对象是因自身经营状况不佳而面临破产的企业，这些企业的年营业额一般不超过5万英镑。这个时期，英国政府通过出售英国石油公司、英国宇航公司、英国联合港口公司等企业的股权，将国际航空无线电公司整体出售，实现了石油、港口、无线电等行业的民营化。

（2）发展阶段（1984年至1987年）。此阶段以带有自然垄断性、竞争受到限制的大型公用企业为主要民营化对象。英国政府将可施以民营化的公用企业的年营业额从5亿英镑提高到20亿至50亿英镑。民营化对象也由制造行业扩大到电信、自来水、煤气等传

---

〔1〕 在1951年至1986年的36年里，英国出现财政赤字的年份为32年。较为严重的赤字发生在20世纪70年代，其中1974年赤字高达300亿英镑。参见赵长茂、李东序主编:《市政公用事业市场化改革的依据和路径》，中央党校出版社2008年版，第116页。

〔2〕 参见林淑馨编著:《铁路电信邮政三事业民营化：国外经验与台湾现况》，鼎茂图书出版股份有限公司2003年版，第8页；李俊江、马颋：“英国公有企业改革的绩效、问题及其对我国的启示”，载《吉林大学社会科学学报》2002年第5期；［法］阿尔芒·比扎凯:《公有部门与私有化》，张新木译，商务印书馆1998年版，第119页。

统公共服务行业。这一时期，尽管民营化的范围进一步扩大到了更为复杂的领域，但是英国政府推进民营化的困难和阻力并没有随之增大。1984年英国政府将国有的英国电信公司50.2%的股权出售给国内外投资者，不仅为英国政府筹集到36.85亿英镑的资金，更为重要的是，民营化后的英国电信公司通过增加电信服务项目、降低话费使消费者从中获利，民营化运动也因此开始得到民众的支持。1985年英国政府宣布“将着手实施水务行业民营化的可能方案”，民营化开始涉足自来水企业。同年又在《运输法》中取消对公共汽车行业的许可制度，私人主体可以自由进入交通运输领域。1986年通过《煤气法》废除英国煤气公司的垄断经营权，允许煤气公司向社会出售股份。英国民营化对象逐步从竞争激烈的行业转向了公共性强的行业，公用企业民营化也进入了深水区。

（3）全面推进阶段（1988年至1990年）。此阶段以公共性较高的公用企业为民营化对象。这个时期，公用企业民营化运动进一步向纵深发展，扩张到困难性较大、较易引发争议的公用事业领域。1989年，英国政府陆续出售了10个地区的自来水企业，并从1990年起运用资产转移、公司拆分和出售等手段逐步将中央发电局、地区供电局及12家地区性电力公司转化为民营企业。至此，与民营化不存在勾连的公用企业寥寥可数，英国由此开启了全面的公用事业民营化时代。

随着英国公用企业逐步交由民营，长期困扰英国的通货膨胀率逐年降低，国民经济也逐渐开始复苏。1981年至1989年，英国国内生产总值的平均增长率为3.6%，达到二战以来的最高值，在1988年，英国的经济增长率高达4.7%，整个国民经济的增长速度仅次于日本。[1] 经过早期卓有成效的民营化后，英国于20世纪90年代中期又在铁路运输、医疗卫生、邮政等领域推行去国有化政

〔1〕 参见杨欣：《民营化的行政法学研究》，知识产权出版社2008年版，第48页。

策，至1999年底，由英国政府直接控制和营运的公用企业已不足10家。[1] 应该说，英国在去国有化运动中吸收民间的公共建设资金，不仅减少了政府开支和负债，缓解财政压力，而且通过将一些公共产品和公共服务交给更具活力的私人主体经营，使原来国家直接控制的公用企业由政府负担变成新的经济增长点。

英国在公用企业民营化领域扮演了领跑者的角色。[2] 英国公用企业的去国有化模式也被世界诸多国家所效仿。20世纪80年代以来，法国、德国等西方国家相继通过出售国有资产、推进产业私有化的形式加入到民营化运动的行列，东亚新兴工业化国家和拉丁美洲诸多发展中国家也在改造国营企业方面采取了类似的行动。日本、韩国等国家不仅依靠民营化取得了巨大的经济奇迹，更为那些过分依赖国有企业发展本国经济的众多国家树立了榜样。[3] 菲律宾于1987年开始实施国有产业私有化计划，至1992年，已有274项国有资产全部或部分私有化，123家企业出售给了私人主体。巴西、阿根廷、墨西哥、秘鲁、委内瑞拉五国在80年代列入出售计划的国营企业就有近1000家，其中阿根廷400家、巴西140家。拉丁美洲国营经济比重最高的智利，经过大面积私有化之后，国营企业由20世纪70年代初的800多家降至80年代末的50家。[4] 这些国家为了加快民营化进程，大多选择降低政府所持有国家股份的比率或者全部出售国家股份的方式，迅速去除企业的国有化成分，

---

〔1〕 英国政府直接控制和营运的高地及群岛航空公司、英国核燃料公司、民用航空管理局、伦敦地区公交公司、邮政局、英国铁路委员会等公用企业也都在朝着民营化的方向发展。

〔2〕 参见杨海坤、郭朋："公用事业民营化管制与公共利益保护"，载《当代法学》2006年第5期。

〔3〕 参见［美］E. S. 萨瓦斯：《民营化与公私部门的伙伴关系》，周志忍等译，中国人民大学出版社2002年版，第15页。

〔4〕 参见敖双红：《公共行政民营化法律问题研究》，法律出版社2007年版，第50～51页。

并将企业推向市场，这与英国民营化模式如出一辙。

毫无疑问，英国公用企业的民营化实践取得了巨大成功。纵观整个发展过程，英国在去国有化运动中的经验主要有以下三个方面：①政府规制法先行。英国1984年《电信法》、1986年《煤气法》、1989年《自来水法》、1989年《电力法》和1993年《铁路法》都以废除公用事业垄断经营为主要内容，对于公用企业民营化具有重要的保障作用。[1] 此外，英国还借助于对公共服务领域的政府规制立法来厘清公用企业和政府之间的利益关系，使公用企业无法继续依赖政府的财政补贴和其他特权照顾来获取市场竞争优势，这既有利于强化公用企业的社会责任和服务职能，又能在一定程度上避免"规制俘虏"现象的产生。②注重企业股权市场化和行政权、资源分配权的社会化。在公用企业民营化进程中，英国政府以政府松绑、市场回归为中心，向社会出售国有股权，充分导入了竞争机制，通过增强产权和利润激励，激发了公用企业的市场主体意识，促进了公用企业服务质量和经济效益的提升。③创造了渐进式的去国有化发展路径。回顾英国公用企业民营化历程可以发现，在第一时期的初始民营化阶段以后，英国以电信产业为突破口，相继对电力、煤气、自来水、铁路运输等传统公共服务行业实行民营化改革。英国民营化的顺序是从竞争力强的企业到自然垄断性强的企业，最后再扩展到公共性较强的企业，其轨迹"是一个从竞争性到公共性的渐进的历程"。[2] 从某种程度上来说，英国公用企业民营化的成功与其选择了渐进式的变革路径不无关系。英国这种渐进式的民营化发展道路，为世界其他国家的公用企业民营化改革提供了可供参考和效仿的发展模式。

---

〔1〕 参见郑艳馨："英国公用企业管制制度及其借鉴"，载《宁夏社会科学》2012年第2期。

〔2〕 杨欣：《民营化的行政法学研究》，知识产权出版社2008年版，第45页。

2. 美国模式：公私合作实践

民营化模式在美国交通、电力等公共服务领域早已存在。在早期自由资本主义经济体制中，美国并不认为公用企业必须是公营或者国有的，而且也没有将公用企业大规模国有化的意图。[1] 因此，早期由美国联邦、州或地方政府直接控制或经营的公用企业在国民经济中所占比重非常小。有关研究统计指出，截止 1902 年，除了大约 50% 的自来水企业由联邦、州或地方政府所有之外，美国 92% 的电力企业和 99% 的有轨电车由私人主体管理和经营。这种状况一直持续到 20 世纪 30 年代。1933 年经济危机爆发，美国国民经济长时间处于大萧条的态势。在此种背景下，联邦、州或地方政府和私人主体任何一方都没有足够的能力缓解经济萧条所带来的巨大压力，私人主体不再愿意独自承受大量的公共服务任务。为了缓解经济危机带来的不利影响，联邦、州或地方政府开始推进公共行政领域的改革，在对市场进行全面干预的同时，以尽可能多地在公用事业领域寻求与私人主体的合作。

美国民营化制度安排具有多样化。遵循美国学者萨瓦斯的分析框架，[2] 美国民营化方式大致可分为三类：①委托授权。委托授权有时又称部分民营化，它要求政府持续而积极地介入，通常通过合同承包、特许经营、补贴（补助或凭单）、法律授权等方式将公共事业委托给民间力量经营。②政府撤资。撤资总体上说是一次性工作，主要通过出售、无偿赠与、清算等方式将政府财产转让给私人主体。尽管与 20 世纪 70 年代的欧洲诸多国家相比，美国的国有经济在国民经济中所占比重较低，但是并未能使美国幸免于国有经

〔1〕 作为自由民主资本主义国家的典型代表，美国早期资本经济奉行“自由企业”理念，注重维护企业的经济发展自由。在早期美国经济体制中，企业是一种自发的、自负盈亏的经济实体，其自主获利行为不受政府干涉。

〔2〕 参见［美］E. S. 萨瓦斯：《民营化与公私部门的伙伴关系》，周志忍等译，中国人民大学出版社 2002 年版，第 128 ~ 139 页。

济的通病，美国因此也做出了出售国营企业的举动。1987 年，里根政府将联合铁路公司 85% 的股权抛售给民间，完成了首次国营公用企业的民营化，由此开启了政府再造的庞大计划。[1] ③政府淡出。淡出是一个消极和间接的过程，它要求政府逐步放松管制，从特定的公共管理领域撤退而由民间力量补缺。萨瓦斯归纳的这三类公私合作模式几乎延伸到了美国所有公共服务领域，从公共交通、油气输送到学校、医院，甚至监狱无不存在私人主体的踪迹。

对于庞大的公私合作领域，美国选择了两种规范民营化的途径：①专门建立了协调联邦、州及地方政府与私人主体间合作关系的自治组织。为加强对民营化工作的指导，美国于 1985 年在华盛顿成立公共私营合作制国民委员会（National Council for Public Private Partnerships）。公共私营合作制国民委员会主要有三项职能：一是支持和推广公私合作模式；二是协调政府、企业和公众三者间的关系；三是为公众获得公共服务提供便利。在公共私营合作制国民委员会和各级政府的共同推动下，公私合作模式在公共服务领域取得了进一步发展。目前在美国各级地方政府提供的基础性公共服务中，有 1/3 以上的服务是通过公私合作的方式完成的。②通过立法强化联邦政府对公用企业定价、公用事业市场准入等方面的控制。在罗斯福新政时期，美国在交通业、石油、天然气、电力等公用事业领域的联邦立法无论在数量还是规制缜密程度方面都达到了一个新的顶峰。这些法律主要有：1933 年《紧急铁路运输法》、1934 年《航空邮寄法》、1934 年《通讯法》、1935 年《公用事业法》、1935 年《公用事业控股公司法》、1935 年《机动运输法》、1938 年《民用航空法》、1938 年《天然气法》等。出于公共利益和经济增长的需求，罗斯福新政所创立的公用事业法律体系对私人

[1] 参见敖双红：《公共行政民营化法律问题研究》，法律出版社 2007 年版，第 49 页。

主体产权的恶意扩展加以全面监管和控制，使美国度过了经济危机并带来了数十年的经济稳定和发展。

总体来说，美国公用企业民营化并不是单纯为财政减负的行为，也不是自上而下的去国有化运动，而是为了新公共管理模式下政府职能定位及政府与市场、公用企业、社会公众之间关系的重塑而作出的选择。在公私合作模式下，除基于公共利益要求或其他特殊因素之外，联邦、州及地方政府一般不会与公用企业之间存在直接的资金关系，也不直接干预公用企业的管理经营。当然，这并非表明公用企业民营化造成了政府角色的消失或者政府职能的归隐。对于国家和政府来说，无论政府职能定位如何调整，政府在公共服务和社会福利供给领域都负有不能推卸的责任。尽管政府职能转变催生了新的公法义务，但这种义务是基于政府和公用企业具有相当程度的关联性而产生的，也正因为两者在此方面的关联性，政府部分公法义务才有可能转移给公用企业。

3. 两种模式的比较分析

英国和美国的公用企业民营化是以新公共管理作为理论基础的，在某种程度上都是为了摆脱本国的经济不景气、精简政府机构以及增强公用企业效益而实施的一种政府行动。尽管公用企业民营化在英美两国的发展进度、根本诱因和基本路径等方面存在诸多不同，但是不容否认的事实是，民营化在公共产品和普遍服务供给领域取得了显著的成绩，并且民营化已成为政府之外推动实现公共行政任务的重要力量。正如美国学者所言："把许多公共服务的供给任务交给私人是有意义的……如果这样做了，政府就能够获得更大的效益、更高的效率、更多的公平或者更多的责任"。[1] 显然，公共服务领域的民营化已成为一种不可抵挡的时代潮流，而并不是各

---

〔1〕［美］戴维·奥斯本、特德·盖布勒：《改革政府——企业精神如何改革着公营部门》，上海市政协编译组、东方编译所译，上海译文出版社 1996 年版，第 47 页。

国政府在公共行政改革中不得已而为之的权宜之策。

随着各国公用企业民营化实践的全面展开，对公用企业民营化利弊的理性分析必然成为理论界和实务部门关注的课题。公用企业作为与人们生活息息相关的经营公用事业的特殊经济实体，它一方面必须在存续基础和价值属性方面秉承公益性理念；另一方面则无法回避私人主体片面追逐经营利润最大化的问题。尤其是在民营化进程中，企业的追逐利润的天然属性势必带来社会公众利益特别是消费者利益和公用企业利益的紧张关系。这种紧张关系将成为公用企业民营化变革的最大障碍，英国民营化实践很好地诠释了这一点。在英国，社会公众对民营化后因利润至上主义而导致的水、电、煤气等生活必需品的价格上涨普遍不满，民营化甚至给公共产品和普遍服务供给带来了某种程度的倒退。[1] 纵观英国公用企业的民营化过程，由于一味追求去国有化或私有化，忽视了对民营化后公用企业的整体性规制，使得公用企业服务效能降低甚至存在某种程度的倒退。不可否认，各国民营化一直伴随着来自理论界和实务部门的反对声音，尤其是在公用企业民营化领域出现的如何将公共服务推向市场、政府职能如何以企业模式实现的问题，对公共行政理论产生巨大的冲击。

就公用企业的运营模式而言，作为社会公众参与行政管理代言人的政府直接对公用企业进行控制和经营必然能够体现公用企业的公共性特征，可以更有效实现公共利益。但是，这种政府参与只是保证公益性价值实现的一种表象，因为公益性价值能否实现的实质不在于公用企业的运营模式是公营还是私营，而在于对公用企业供给公共产品和普遍服务的活动是自由放任还是施以规制。之所以产生政府在公益性价值实现过程中扮演极为重要角色的想法，主要原

〔1〕 参见文明：“试论欧洲民营化的背景、效果与教训——以英国为重点的考察”，载《浙江社会科学》1998 年第 6 期。

因在于受行政一体化的影响，人们普遍认为政府直接控制和运营的公用企业无论是内部规制强度还是规制效果都无法与民营化后的公用企业等量齐观。

事实上，公益性价值能否实现与法律规制体系的完备程度有关。即便民营化后的公用企业在公共产品和普遍服务的经营管理方面脱离了政府的直接影响和控制，也不必然导致公益性价值的减损。因为只要在一定范围内对公用企业供给公共产品和普遍服务的活动实行有效规制（如定价规制、信息公开等），就能保持公用企业的公共属性。从英国和美国公用企业的民营化之路可以看出，无论是出售国有公用企业的去国有化，抑或是委托授权、政府撤资或者政府淡出的公私合作，还是由私人部门独自承担公用企业投资、建设和管理，两国都是在法律上寻找正当、合理且关联的逻辑将民营化后的公用企业纳入公法体系进行约束，在这一点上具有共同性。

（三）我国政策导向下的公用企业民营化

公用事业是一种具有非排他性和弱竞争性特征的准公共产品，传统上认为必须由政府负责供给或经营，对于私人和私营企业来说是绝对禁区。长期以来，我国公用事业大多数都实现政企合一的垄断经营模式，政府对公用企业进行集中统一管理。政府既是政策制定者、监督者，又是具体业务的经营者，这种情形导致我国公用事业具有经济性垄断和行政性垄断的双重特征。[1]

随着市场经济与现代社会的发展，公众对政府的依赖程度增强，公共行政的范围也在不断扩展，政府已无法承受种类日益繁多的公用事业供给任务。特别是“在我国以政府为主导的传统公用事业运作机制由于缺少竞争和充足资金的支持，导致了在公用事业项

〔1〕参见敖双红：《公共行政民营化法律问题研究》，法律出版社2007年版，第55页。

目投资和运营上的低效率和亏损现象的长期存在，不仅政府背上了沉重的财政和管理的包袱，社会公众对许多城市公用事业服务的低质量和低效率的不满情绪也是随处可见"[1]。如果公用企业的投资、建设、运营仍然坚持完全由政府承担，不进行市场化和民营化取向的改革，公用事业将面临无路可走的境地。

我国在20世纪90年代开启了公用企业民营化的浪潮。[2] 1993年11月党的十四届三中全会通过的《中共中央关于建立社会主义市场经济体制若干问题的决定》正式确立了市场经济体制的改革目标，并提出了"转换国有企业经营机制，建立现代企业制度"、"在积极促进国有经济和集体经济发展的同时，鼓励个体、私营、外资经济发展"的方针，我国公用事业建设开始摆脱高度集中的计划经济体制的束缚，公用企业由单一国有制或集体所有制向民营化转变的步伐更为加快。从供水行业来看，1992年我国第一家全部由外商投资建设并经营管理的供水厂中山坦洲水厂成立之后，中山大丰水厂、沈阳第八水厂、天津凌庄水厂、沈阳第九水厂、武汉琴断口水厂、上海大厂水厂等供水企业相继与外商合作经营，引进外资11亿多元人民币，涉及供水能力284万吨/日。中法水务、法国通用水务、英国泰晤士水务等国际供水集团开始进入我国，参与供水企业的经营和管理，出现了国内供水企业与法国、英国等跨国

---

〔1〕 郭朋："公用事业民营化的行政法思考"，载《山东师范大学学报（人文社会科学版）》2005年第1期。

〔2〕 萨瓦斯将我国称为"社会主义国家民营化的先驱"，并认为我国的民营化源于1978年农业部门改革。参见［美］E.S. 萨瓦斯：《民营化与公私部门的伙伴关系》，周志忍等译，中国人民大学出版社2002年版，第15页。在萨瓦斯看来，我国1978年开始的经济体制改革就是民营化的代名词。不过，从严格意义上来说，发生于1978年至1984年间的农村经济体制改革还不能称为民营化。这一时期的体制改革主要是推行农业家庭经营承包责任制、农村工商业的市场化，并没有触及国营公用企业的所有制问题。

供水企业的竞争。[1] 就电力行业而言，供电企业也是较早在全国范围内进行民营化改革的基础性能源企业。从1997年国家电力公司成立开始，政企分开、政资分开、厂网分开、竞价上网的方式在全国电力行业逐步施行，私人主体活跃于电力市场领域，其中独立于网局之外的集资电厂、股份制电厂和中外合资合作电厂的数量已占全国电力行业总装机容量的60%以上。[2] 与此同时，上海、广州、深圳等地的公共交通、供气、污水处理等公用事业领域为了解决资金投资不足、效率低下的问题，开始全面引入民间资本和竞争机制，这不仅为市场经济带来新的增长点，而且给原本依靠国家巨额财政支持的公用企业的发展注入了活力。

诚然，公用企业民营化在我国取得了巨大成效，但是私营经济的法律地位，特别是公私合作背景下的公用企业私人主体地位并没有从一开始就得以明确。我国民营化改革主要是靠红头文件、内部文件等政策来推动的，而且"国有企业的产权重组主要是一种自下而上的社会演进过程"[3]。在财政资金短缺和公共服务需求剧增之间矛盾的刺激下，我国从中央到地方陆续出台了一些具有政策导向的规范性文件，以产权重组为导向的公用企业民营化改革思路成为主流，股份出让或者整体出售成为公用企业转让给私人的主要方式。1995年原国家计委、原电力部、原交通部《关于试办外商投资特许权项目审批管理有关问题的通知》、1997年原电力部《关于外商投资电力项目的若干规定》、1998年原国家计委和原建设部《城市供水价格管理办法》等规范性文件或部门规章的出台即是典

〔1〕 参见余晖、秦虹主编：《公私合作制的中国试验》，上海人民出版社2005年版，第18页。

〔2〕 参见胡家勇：《一只灵巧的手：论政府转型》，社会科学文献出版社2002年版，第103页。

〔3〕 中国社会科学院经济研究所微观室：《20世纪90年代中国公有企业的民营化演变》，社会科学文献出版社2005年版，第7页。

型例证。显然，20 世纪 90 年代民营化的发展与大规模政策推动密不可分，中央政府发布的各类规范性文件成为公用企业民营化的主要依据。直到 1999 年，我国宪法修正案才将个体经济、私营经济等非公有制经济确立为社会主义市场经济的重要组成部分，并进一步规定“国家保护个体经济、私营经济的合法的权利和利益。国家对个体经济、私营经济实行引导、监督和管理”。宪法以国家根本法的形式确立了私营经济在社会主义市场经济中的法律地位和作用，为我国公用企业民营化提供了制度前提和基本法保障。

进入 21 世纪以来，我国立法机关在摆脱传统企业立法体系“另起炉灶”的过程中并没有积极作为。[1] 相反，国务院及其相关部委相继出台鼓励、支持和指导非公有制经济投资公用事业的国家政策，在一定程度上促成了民营化在公共行政领域和公共服务行业的全面解禁。2001 年 12 月 3 日，原国家计委出台《“十五”期间加快发展服务业若干政策措施的意见》，明确指出“要逐步放宽对非国有经济的准入限制和扩大对外开放”，“按市场主体资质和服务标准，逐步形成公开透明、管理规范和全行业统一的市场准入制度”，“加快铁路、民航、通信、公用事业等行业管理体制的改革”。2001 年 12 月 11 日，原国家计委发布《关于印发促进和引导民间投资的若干意见的通知》，提出“鼓励和引导民间投资以独资、合作、联营、参股、特许经营等方式，参与经营性的基础设施和公益事业项目建设”，进一步对公用事业领域的投资进行解禁。2002 年 3 月 4 日，原国家计委、原国家经贸委、原对外贸易经济合作部联合发布的《外商投资产业指导目录》进一步扩大城市公用事业及基础设施行业的开放程度，首次把原禁止外商进行投资的电信、燃气、热力和供排水等基础设施列为对外开放领域。2002 年 12 月 27 日，原

〔1〕 参见李建伟：“中国企业立法体系的改革和重构”，载《暨南学报（哲学社会科学版）》2013 年第 6 期。

建设部出台《关于加快市政公用行业市场化进程的意见》，提出“加快推进市政公用行业市场化进程，引入竞争机制，建立政府特许经营制度，尽快形成与社会主义市场经济体制相适应的市政公用行业市场体系”，对我国公用事业民营化改革起到了重要的指引和导向作用。2004 年 2 月 24 日，原建设部颁布《市政公用事业特许经营管理办法》，明确规定城市供水、供气、供热、公共交通、污水处理和垃圾处理等行业属于可以实施特许经营的领域，力图通过划定特许经营相关主体的权利义务和法律责任，在公用事业领域引入市场竞争，从而加快推进公用企业的民营化改革进程。国务院在 2005 年、2010 年先后出台的《关于鼓励支持和引导个体私营等非公有制经济发展的若干意见》和《关于鼓励和引导民间投资健康发展的若干意见》对非公有、民间资本进入市政公用领域的步骤、范围等问题进行了明晰和规范，再次旗帜鲜明地表明了支持城市供水、供气、供热、污水和垃圾处理、公共交通、城市园林绿化等公用事业领域民营化的态度。2012 年 6 月 8 日，住房和城乡建设部制定了《关于进一步鼓励和引导民间资本进入市政公用事业领域的实施意见》，进一步细化了民间资本进入公用事业领域的方式和途径，为公用企业民营化创造了良好的公平竞争环境。在上述国家政策的主导下，我国的公用企业市场化改革取得了实质性进展，由民间资本投资建设并经营管理的公用企业开始在公共行政领域大规模出现。

总体上来看，二十多年来的民营化改革，是一路伴随着国家和有关部门出台和实施的有关公用企业的开放政策、特许经营政策、投资体制改革政策和鼓励非公有制经济政策等一系列改革政策而逐步向前推进的。[1] 尽管我国《宪法》为私营经济和民营化提供了

---

〔1〕 参见李嘉娜：《市政公用事业监管的行政法研究》，中国政法大学出版社 2012 年版，第 92 页。

必要的法律依据保障，但是立法机关一直没有为公用企业民营化变革提供制度层面上的全国性法律，政策主导下的改革成为其发展的基本进路。鉴于我国长期缺乏全国性的法律制度建构，这种政策导向型民营化发展路径在公共利益的保障、信息的规制、国有资产再分配的公正和消费者权益的维护等方面，均存在诸多缺陷和问题。“由于私人行动主体不像政府行动主体那样受到相同的宪法约束、法令约束和监督约束，公共职能在政府范围之外的委托从根本上对传统的责任理论提出了挑战，进而使其越发困难。”[1] 随着民营化涉足领域的不断深化，国有或公营的公用企业开始接受市场化洗礼，大部分公用企业的所有权或经营权转移至民间，引入真正的市场竞争和资本运作模式，这种公用企业改革发展中的制度需求和立法缺位间的紧张关系日趋严峻。例如，湖北十堰市公交运输行业民营化改革就充分诠释了此种紧张关系背后的问题和弊端。2003 年 3 月，温州五马汽车出租公司出资 3816 万元购买属于国有事业单位的原十堰市公交集团公司 68% 的股权，并买断十堰市 23 条公交线路 18 年的经营权，由此十堰市成为全国第一个公交事业全盘民营化的城市。而被寄予厚望的“公交民营化改革”却因市场和政策变化造成企业亏损巨大、政府补贴机制不能及时跟进、公司职工屡次停运而在推行了 5 年之后夭折，最终政府不得不重新收回公交特许经营权。[2] 十堰市公交民营化的失败与法律制度的缺失不乏直接的联系，仅仅依靠政策无疑难以保障公用企业民营化长久稳定发展。

民营化在立法和制度保障上的缺失引发了一系列的不良反应，也给理论思考和实践探索提供了广阔的空间。与国有或公营的公用企业相比而言，这种由民间资本运作的公用企业是否受现有信息公

---

〔1〕［美］珍妮特·V. 登哈特、罗伯特·B. 登哈特：《新公共服务：服务，而不是掌舵》，丁煌译，中国人民大学出版社 2004 年版，第 128 页。

〔2〕参见金明大：“十堰‘公交民营化’尴尬谢幕”，载《中国城市经济》2008 年第 6 期。

开法律制度、原则和理念的拘束，成为理论界和实务部门在探讨公用企业民营化政策性变革时的重要课题之一。在民营化时代，社会公众开始对自身的信息获取权可能会受阻于私法上的个人隐私及商业秘密保护而感到担忧。这种担忧并不无道理，在一些西方法治国家就存在民营化后的公用企业的信息公开制度无法有效展开的问题。譬如，在美国，铁路运营、医学研究及监狱等诸多领域出现了民营化，但由于信息公开法仅仅以行政机关为规范对象，并未对私人主体披露信息问题作出明确规定，使得社会公众和政府不能及时、全面获取公用企业的信息，从而无法对民营化后的公用企业进行有效的监督。[1] 因此，在我国的民营化进程中，展开对公用企业信息公开研究并建立较高位阶的、较全面的法律规范体系迫在眉睫，而且也符合拓宽现代行政法理论体系的基本思路和发展方向。

（四）民营化后的公用企业信息公开

随着民营化的出现，公共行政的模式发生了重大变革，信息公开法原本确立的政府信息公开义务，是否拘束民营化后的公用企业，成为一个值得探讨的课题。笔者将就民营化后的公用企业信息公开问题进行探讨，希冀明确民营化时代下的公用企业信息公开义务，并为保障信息公开法律法规的实施和公众知情权、监督权、参与权等权利的实现提供镜鉴。

1. 公用企业民营化对信息公开制度的冲击

在法治政府和服务政府建设中，政府基本运行情况必须公开透明，行政机关施行的任何程序、制作的相关记录，特别是作出的不利于相对人的决定或制定的影响社会大多数人的规则，也应该向社会或特定人公开，接受他们的监督。这些政府信息的公开已成为不可逆转的一种趋势，世界各国纷纷搭建政府信息公开法律体系来对

---

〔1〕 参见高秦伟："对公众获取公用企业信息的法律分析"，载《行政法学研究》2010年第4期。

政府部门的行为加以拘束。譬如，美国《联邦信息公开法》（Freedom of Information Act）、《隐私权法》（Privacy Act）、《阳光政府法》（Government in Sunshine Act）在规范信息公开、提升政府活动的透明度方面发挥了极其重要的作用，也对政府信息公开在世界范围内的推行起到了示范效用。我国相关信息公开立法也对政府信息层面的公开作出了明确规定，并且对于建设“公开透明廉洁高效政府”具有重要意义。

就公用企业而言，各国公用企业信息公开的立法强度和规范力度要远远低于政府信息公开。在我国，《政府信息公开条例》第37条将公用企业纳入信息公开义务主体范围，却同时作出了公用企业信息的公开“参照本条例执行”和“具体办法由国务院有关主管部门或者机构制定”的规定，这就意味着公用企业的信息公开义务与行政机关不能等同。那么，公用企业的哪些信息需要公开？公用企业的相关信息需要向哪些主体、采取何种方式进行公开？公用企业不公开信息应承担怎样的法律后果？这些问题让我国原本起步较晚的信息公开实践变得更加复杂、更加“扑朔迷离”。譬如，在河南郑州赵正军诉郑州市物价局案中，赵正军因供暖价格调整，要求公开郑州市热力总公司近三年的经营状况、职工人数、财务决算报表、人均产值、人均收入水平、与其他地区同行业的比较、近三年供求状况及公司财务报告或审计报表等信息。虽然郑州市热力总公司应当对信息作区分处理，但是其仍以“赵正军申请的事项全部都是商业秘密”为由，决定不予公开。[1] 由此可见，作为信息垄断者的公用企业天然地具有阻碍信息公开法实施的本能。在公众申请公开公用企业信息时，公用企业经常会以申请的信息属于私法上保护的商业秘密为由予以拒绝，致使信息公开完全成为不可能。

---

〔1〕 参见李广宇：《政府信息公开判例百选》，人民法院出版社2013年版，217～227页。

20 世纪 70 年代兴起的公用企业民营化让信息公开问题日显突出。如果说，鉴于早期公用企业通常隶属于政府或者由政府控制，作为政府部门的延伸体的公用企业受信息公开法的拘束尚有一定实践理性。那么，随着政府职能社会化和公用企业民营化的出现，由民间资本或政府与私人主体合力运营的公用企业是否还完全受信息公开法的拘束则就成为值得探讨的问题。[1] 真可谓一波未平一波又起，"民营化导致个人获取公共服务的信息变得更为困难。"[2] 譬如，在英国，任何组织或团体（包括公用企业）一旦与公共机构签订行政合同并承担原来属于公共机构的服务职能，就可能被视为公共机构纳入信息公开法的调整范畴。不过，该组织或团体是否受信息公开法的约束取决于国务大臣（Secretary of State）的判断和下一步行动。[3] 这一特殊判断程序的设置也恰恰表明了担负公共职能的公用企业无法直接适用信息公开的实践现状，进而造成社会公众难以获取民营化后的公用企业信息的制度困局。

2. 民营化后的公用企业信息公开义务

顾名思义，民营化就是更多依靠私人主体，更少依赖政府部门来满足公众的需要，其结果是部分或传统上由政府部门承担的公共

---

〔1〕 刘飞教授认为，在整个民营化过程中，包括民营化之后，公用企业所涉及相关事项的信息应当持续公开，而且其公开的范围应当同于政府信息公开的范围。参见刘飞："试论民营化对中国行政法制之挑战——民营化浪潮下的行政法思考"，载《中国法学》2009 年第 2 期。也有学者认为，公用企业作为提供公共产品和普遍服务的功能性行政组织，原本就属于私法人，应该如何区别其私人组织、活动的部分与有关官方的公共规制的部分，以及如何确立其信息公开义务的强度等问题都需要深一步探讨。参见［日］米丸恒治：《私人行政——法的统制的比较研究》，洪英、王丹红、凌维慈译，中国人民大学出版社 2010 年版，第 343 ~ 344 页。

〔2〕 A. C. L. Davies, *The Public Law of Government Contracts*, Oxford: Oxford University Press, 2008, p. 217.

〔3〕 参见卢超："民营化时代下的信息公开义务——基于公用事业民营化的解读"，载《行政法学研究》2011 年第 2 期。

活动由私人主体来承担。[1] 在民营化时代，公共产品和普遍服务供给任务越来越多地向民间资本开放、交由私人主体完成，公用企业的具体形态呈现出多样性的特征。根据企业运营主体和民间资本参与程度的不同，公用企业可以分为传统国营企业、民间资本通过购买所有权而形成的私营企业、政府和私人主体协力运营的企业三类。这与没有出现民营化之前，公用企业的管理由中央或地方政府负责，一类公用事业仅有一个主管部门有很大不同。那么，具有私人性质的公用企业是否需要履行信息公开义务呢？

笔者认为，答案是肯定的。无论从理论还是实践角度来看，都应当将民营化后的公用企业纳入信息公开法律规范的调整范畴，要求其承担包括信息公开义务在内的诸多公法义务。主要理由为：

（1）从信息公开立法来看，各国信息公开法的立法精神和目的在于最大限度地维护和保障社会公共利益。确立信息公开义务主体的法律标准，旨在强调主体履行职能的性质及从事行为是否与公共利益相关，并非是该主体所有权性质。因此，各国在立法明确公用企业信息公开义务时，通常不会对公用企业的所有权性质加以区分和特别关照。以我国为例，《政府信息公开条例》第37条在以“参照执行”的途径设立公用企业信息公开义务时，只是要求“与人民群众利益密切相关”的公用企业公开信息，而并未规定何种性质的公用企业不“参照执行”，而且从现有法律规范文本中也难以解读出只适用国营企业而排斥民营化后的公用企业，因而“与人民群众利益密切相关”的所有公用企业都应当依法公开信息。

（2）从信息性质来看，公用企业信息的普遍服务性和政府必需性决定了民营化后的公用企业公开其信息的必要性。民营化后的公用企业在提供社会公共服务过程中制作或获取的信息不但关乎公众

〔1〕 参见［美］E. S. 萨瓦斯：《民营化与公私部门的伙伴关系》，周志忍等译，中国人民大学出版社2002年版，第4页。

正常的生产生活和社会公共利益，而且在政府履行信息监管职能、作出正确经济决策等方面都起到极为关键的作用。如果这些公用企业信息得不到合理利用，既侵蚀了公众知情权、监督权、参与权等权利，也不利于促进公用企业服务质量和经济效益的提升，更重要的是，还会因不对称信息问题导致政府规制的不准或者不畅，进而对支撑政府良性运转的公法价值造成流失或者损害。

（3）从民营化实质来看，民营化是政府部门完成公共产品和普遍服务供给任务的一种手段。"即使公共任务以私法的组织形式或私法的行为方式来完成，其仍然是行使公权力的行为……私有化并不是为了目的本身，而且也不能仅仅从财政的角度把私有化视为改善国家收入状况的手段。实质私有化意味着决定把公共任务从国家交还给社会。"〔1〕民营化改革的要旨并不在于政府部门从既有行政任务的全面退却，只是政府角色的变迁和规制手段的转型。〔2〕"不论民营化与否，也不论民营化的程度如何，所直接涉及的仅是国家实际履行义务的分配，而不能削减国家的保障责任。因为基本民生的维系，乃是政府存在的最根本之合理性基础。"〔3〕这也正是大多数国家纷纷通过立法或司法判例为民营化背景下的公用企业设置信息公开义务的根本原因之所在。

由此可见，公用企业信息公开的义务与企业性质、形态、所有权结构等因素并无必然联系。公用企业民营化既不能否定应当履行信息公开的基本理念和法治精神，也不能排除公用企业信息公开的义务，更不能成为削弱与限制公众在公用事业领域的知情权的理

---

〔1〕［德］乌茨·施利斯基：《经济公法》，喻文光译，法律出版社2006年版，第130页。

〔2〕参见章志远："民营化、规制改革与新行政法的兴起——从公交民营化的受挫切入"，载《中国法学》2009年第2期。

〔3〕刘飞："试论民营化对中国行政法制之挑战——民营化浪潮下的行政法思考"，载《中国法学》2009年第2期。

由。正因为如此，不论公用企业信息持有者的性质是国营还是私营，只要其提供社会公共服务，就需要履行信息公开义务。

3. 公用企业信息公开义务的具体形态

公用企业所承担的信息公开义务在实现途径、监督主体和对应权利主体等方面都有别于政府部门，这些不同主要源于义务的产生根据、性质的差异。具体而言，公用企业信息公开义务的具体形态可以分为基本义务和特殊义务两类。

(1) 基本公开义务。基本公开义务与社会公众和政府部门获取公用企业信息的权利相对应，属于公用企业必须承担的一种公法义务。

公用企业需要向社会公众公开信息和向政府部门报送信息的原因在于信息不对称问题。英国学者阿姆斯特朗（Mark Armstrong）认为，受政府规制的公用企业在经营公用产品或服务过程中存在的“隐性信息”和“隐性行为”，直接导致了信息不对称现象。[1] 公用企业出于自身私利的考虑，往往存在着“报喜不报忧”的问题，其总倾向于主动向政府相关主管部门和社会公众公开对己有利的信息，而极力回避和遮掩对自身不利的信息。实践中，公用企业以隐匿甚至向社会公众和政府相关主管部门提供虚假信息的方式来规避信息公开义务的情形屡见不鲜，尤其涉及实际经营条件或环境状况问题时，公用企业更加不愿意公开，甚至会百般阻挠社会公众和政府相关主管部门获取此方面信息。

公用企业和社会公众之间的信息不对称在一定程度上导致了企业与社会公众互动不足，加剧了企业生产的盲目性，影响了公共服务的效率和质量。民营化后的公用企业出于信息不对称的事实，

---

〔1〕 See Mark Amstrong, Simon Cowan, John Vickers, *Regulatory Reform: Economic Analysis and British Experiences*, Cambridge: Massachusetts Institute of Technology Press, 1994, pp. 26 ~ 44.

"在不符成本或者利润不足的情形下，恐因而放弃提供人民服务或者提高资费，于此情形，国家本于社会国原则之要求，即有义务透过监督管制等手段，保障人民生存基本照顾事项得以透过私人与私经济企业获得充分及价格合理之照顾与满足。"[1] 因此，公用企业不仅需要主动公开与社会公众利益密切相关的信息，更应向政府相关主管部门报送信息，接受主管部门的信息规制。从立法实践来看，在我国专门规范公用企业的一些法律规范中，出现了公用企业信息公开基本义务的相应规定。如原建设部《市政公用事业特许经营管理办法》第11条规定："获得特许经营权的企业应当履行下列责任……（四）接受主管部门对产品和服务质量的监督检查；（五）按规定的时间将中长期发展规划、年度经营计划、年度报告、董事会决议等报主管部门备案"。此种"备案要求"即属于公用企业向政府相关主管部门报送信息的一项法定义务。[2] 可以说，公用企业向相关权利主体公开信息的基本义务在我国公法规范上已经得以确立。

由此可见，针对公用企业与政府部门、社会公众间的信息不对称情况，为了改善政府部门、社会公众在信息获取中的弱势地位，尽可能地实现两者与公用企业之间的平等对话，法律赋予并保护政府部门、社会公众的知情权。政府部门、社会公众因此也享有特殊

---

〔1〕 詹镇荣：《民营化法与管制革新》，元照出版公司2005年版，第126～129页。

〔2〕 我国地方政府出台的特许经营管理规范亦存在向主管部门报送信息进行备案的类似规定。如《湖南省市政公用事业特许经营条例》第22条规定：特许经营者应当"根据特许经营协议编制中长期发展规划、年度经营计划和应急预案，并报市政公用事业主管部门备案"。《贵州省市政公用事业特许经营管理条例》第25条规定：特许经营者应当"按时将中长期发展规划、年度经营计划、年度报告、董事会决议、董事会成员和主要管理人员的变更等报授权主体备案"。《济南市市政公用行业特许经营试行办法》第13条规定：特许经营者应当"准确、及时地向主管部门报送经营、财务报告以及相关资料"。《杭州市市政公用事业特许经营条例》第21条规定：特许经营者应当"及时将企业的中长期发展规划、年度经营计划、年度经营报告、董事会、监事会主要成员及总经理的变更等重大事项报送市市政公用事业行政主管部门备案"。

的信息获取之公法权利（力）。

（2）特殊公开义务。除了基本义务之外，民营化背景下公用企业还存在一些特殊的信息公开义务。之所以称为特殊信息公开义务，是因为对于部分公用企业而言，即便在公法规范中没有规定其必须公开某一类信息，但在某些情况下仍需要其进行公开。这些义务具体包括以下几种类型：

第一，特殊法律赋予的义务。有些民营化后的公用企业因所处法律环境和语境的不同而通常具有多层身份，比如中国电信集团公司、国电电力发展股份有限公司等，既属于“与人民群众利益密切相关”的公用企业，又属于私法规范下的特殊商事主体。作为商事主体的公用企业不但不能以信息公开法中没有明确规定公开事项为由拒绝公开，反而要不折不扣地履行此类源自于特殊私法规范的额外信息公开义务。譬如，在某些提供公共产品和普遍服务的商事主体属于上市公司的情况下，尽管一些信息（如董事局会议记录）并不在《政府信息公开条例》及相关细则所规定的信息公开范围之列，但其却要遵照我国《公司法》、《证券法》和上市公司的相关规定，将此类信息予以披露。

第二，公用企业自身赋予的义务。“如果简单地将公法责任移植到私人领域，结果是不仅削弱公法价值存在的基础，而且也会降低私人主体的收益。毕竟对私人主体实施严格的政府监控在理论上讲可以使私人主体更加负有责任性，但问题是规制难以应对社会发展这是不争的事实”。[1] 太过刚性的公法拘束，无益于激发民营化后的公用企业的主体地位和自主意志，也可能会损害公共产品和普遍服务的供给效率。为此，在公法规定的信息公开义务之外，通过私法合意来约定公用企业的信息公开义务就成为一种不错的选择。公用企业在提供公共产品和普遍服务时，既会与政府部门签订行政

---

〔1〕 高秦伟：“私人主体的行政法义务？”，载《中国法学》2011 年第 1 期。

合同，亦会与消费者签订一对一的民事合同。在相应合同中，政府部门或消费者可以与公用企业约定一些个性化的信息公开条款。这种要求公用企业把信息公开义务写入合同的做法，无论在理论还是实践上都具有可行性。当然，公用企业在合同中主动加入信息公开义务亦存在可能。从公用企业和消费者的关系来看，民营化后的公用企业在提供公共产品和普遍服务过程中存在欺诈、诱导等损害消费者利益的行为，会导致客户或潜在消费群体的减少，只有其采取更为主动、诚恳的行动，才能赢得更多客户。而公用企业在与其服务对象签订的合同中主动增加信息公开的义务，就属于此类主动、诚恳的行动。同样的道理，民营化后的公用企业为换取政府部门的政策支持、资金扶持，会不惜增加自身的负担，主动要求在行政合同中加入相关信息的报送义务。

第三，司法程序赋予的义务。这种义务出现在诉讼阶段。我国《电信条例》第 65 条规定，公安机关、国家安全机关或者人民检察院因国家安全或者追查刑事犯罪的需要，有权依照法律规定的程序对电信内容进行检查。据此，公安机关、国家安全机关、人民检察院有权调取电信企业服务对象的相关身份信息。而对于法院是否有权获取此类信息，理论界存在不同认识，实践中也不乏法院从电信企业调取当事人的电话通话记录遭遇拒绝的事例。[1] 那么，公用企业是否有义务向法院公开相关信息呢？按照我国《行政诉讼法》第 40 条“人民法院有权向有关行政机关以及其他组织、公民调取证据”及《民事诉讼法》第 67 条“人民法院有权向有关单位和个人调查取证，有关单位和个人不得拒绝”的规定，显然是可以的。

---

〔1〕 2004 年 4 月 20 日，江西省赣县法院执行局因陈某与朱某债务纠纷一案执行的需要，到江西移动有限责任公司赣县分公司调取被执行人的电话通话记录，移动赣县分公司以《电信条例》第 66 条（修订后变更为第 65 条）之规定为由，拒绝协助调查。参见张国香、宁杰：“法院取证违宪吗？——对电信条例‘拒绝’法院取证的不同认识”，载《人民法院报》2004 年 5 月 26 日。

调查取证权属于法院审判权的一项重要内容，理应受到宪法和法律的保障。因此，在诉讼案件中，为了查明案件事实，法院有权依照法定程序调取与案件相关的公用企业信息。此外，在进入诉讼程序之后，许多公用企业的信息是允许另一方当事人及其诉讼代理人根据证据规则的相关规定进行查阅的。这种“查阅”亦属于诉讼程序要求公用企业承担的一种信息公开义务。

总的来说，公用企业信息公开的基本义务和特殊义务是在公法和私法共同作用下产生的义务。鉴于新兴的公用企业民营化浪潮，现有信息公开立法和制度根本无法规范公用企业履行信息公开义务。因此，各国为了解决民营化时代的信息公开之困，开始研究规范包括公用企业在内的担负公共行政职能的私人主体之信息公开义务的方案。归纳起来，主要存在两种解决方案，即个案司法裁判和补充式立法。[1] 譬如，美国信息公开法上“行政机关”的“实质独立的权力”标准向“广泛的、具体的和几乎日复一日的监督”标准的演变，就是通过法院对信息公开个案的表述和阐释来实现的。[2] 在英国信息公开实践中，公共机构则采取同私人主体签订特殊条款的方式，确保社会公众及其自身能够获取私人主体持有的相关信息。不过，即使签订信息披露契约，信息公开依然在一定程度上受到束缚。因为契约无法囊括信息公开法的全部内容，更不能体现信息公开法的精神实质。只有将相关信息公开立法的覆盖面直接扩展至公用企业，才是最理想的结果。从世界范围内来看，目前通过立法方式将公用企业信息公开义务明确纳入信息公开法的范畴

---

〔1〕 See Craig D. Feiser, “Privatization and the Freedom of Information Act: An Analysis of Public Access to Private Entities under Federal Law”, *Federal Communications Law Journal*, 52 (1999), 21.

〔2〕 参见王军：“美国信息自由法上‘行政机关’之认定标准——基于判例的视角”，载《行政法学研究》2013 年第 2 期。

已成为大多数转型国家应对民营化潮流的一种重要手段，[1] 这种路径将更加贴近公众的知情需求和信息化社会的发展规律，并且有利于实现信息公开的法治精神。

三、公用企业信息公开与相关范畴

公用企业属于一类特殊的经济实体，它是在公用事业领域从事生产经营，给社会公众提供公共产品和普遍服务，不以利润的最大化为追求目标的组织。公用企业无论是在设立目的，抑或是在运营模式，还是在产品供给和分配方面，都不同于通过制定决策、发布命令对社会公共事务实施管理的政府部门，亦不同于基于社会公益目的而建立的具有非盈利属性的事业单位，更不同于向消费者提供可替代产品或个性化服务的一般企业。鉴于组织性质和职能定位的不同，公用企业的信息公开必然特殊于政府部门、事业单位和一般企业。

（一）公用企业与政府部门的信息公开

政府信息公开是指国家行政机关与法律、法规及规章授权和委托的组织，在行使国家行政管理职权的过程中，通过法定形式和程序，主动将政府信息向社会公众或依申请而向特定的个人或组织公开的制度。[2] 行政机关与法律、法规及规章授权和委托的组织是代表人民行使国家公权力，对社会公共事务进行管理的组织，公众拥有知悉并自由获取它们在行使管理职能过程中所掌握的相关信息的权利。“政府信息公开法律制度以公众获得政府信息权为基础。在政府信息公开制度下，政府是否应当向公众提供政府信息，不是

〔1〕 如2000年南非《信息公开促进法》第50条规定，公众有获取私营机构信息的权利；2001年日本《独立行政法人等拥有信息公开法》也明确将部分公用企业纳入信息公开法的规范范围。

〔2〕 参见刘恒等：《政府信息公开制度》，中国社会科学出版社2004年版，第2页。

由政府的权力决定的，而是由民众的权利决定的。"[1] 无论是具有国家管理职权的行政机关，还是因法律、法规以及规章授权和委托而行使行政职权的组织，都应当将其所掌握的政府信息主动向社会公众公开或依申请而向特定主体公开。只有它们确实履行了政府信息公开义务，才能够保障并推动法律文本中所规定的知情权、参与权和监督权等“纸面上的权利”真正成为“行动中的权利”，才能够实现政府部门决策的民主化和科学化。

公用企业作为行使政府部门让与的公共服务职能的组织，它为社会提供公共产品和普遍服务，与公众的切实利益息息相关。鉴于公用企业职能定位的公共性，社会公众自然有权要求公用企业向社会公开其所掌握的信息。也正因为如此，2007 年颁布的《政府信息公开条例》把公用企业纳入信息公开义务主体范围，要求公用企业参照政府信息公开的一些规范实施信息公开。这无疑是公法为了顺应行政权能社会化趋势，向私人自治领地的一次成功渗透和扩张。其实，信息公开领域的“私法公法化”现象在《政府信息公开条例》颁布之前就已经存在。早在 2004 年，山西省大同市颁布的《大同政务信息公开条例》就先行作出了关于公用企业信息公开的规定。《大同政务信息公开条例》第 3 条规定：“本行政区域内行政机关和具有行政管理职能的事业单位公开政务信息，学校、医院以及供水、供电等公用事业单位公开办事信息，适用本条例。”据此，公用企业被确立为政府信息公开的义务主体，直接受政府信息公开原则和基本理念的规范。这种把政府信息公开义务赋予公用企业的方式，固然能强化对公用企业信息公开行为的规制，但是该种做法并不可取。因为公用企业有别于政府部门，其与政府部门的信息公开亦存在很大不同。诸如《大同政务信息公开条例》设计的公

---

〔1〕 张明杰：《开放的政府——政府信息公开法律制度研究》，中国政法大学出版社 2003 年版，第 11 页。

用企业、政府部门“一揽子”适用条款，无疑忽视了公用企业作为信息公开义务主体的特殊性，这对于公用企业信息公开的整体性推进极为不利。但从另一角度却映射了《政府信息公开条例》第37条规定“参照执行”的立法用意。

尽管公用企业在财政投资、政策支持等方面与政府有着千丝万缕的联系，而且承担了政府部门的一部分服务职能，负有向社会提供维系公众生产生活必需品的职责，但公用企业毕竟是带有一定竞争性的经济组织，其在承受特殊类型责任拘束的同时，还应有追求一定的企业利益和经济利润的正当要求。公用企业属于受行政和市场双重导向影响的一类经济组织：一方面要接受行政科层机构的监督和规制，受行政责任机制的约束；另一方面其在本质上仍属于企业，从而决定了其在一定程度上同其他企业一样，存在着自身的经济目标，并且无法逃脱市场竞争、利润因素的影响。[1] 这种特殊的角色定位决定了公用企业在信息公开领域享有一定的判断权和裁量权。譬如，在日本，《独立行政法人等拥有信息公开法》中关于“关西国际机场股份有限公司”的规定，既考虑到了对主权者国民必须履行的说明责任与义务，又兼顾了私人主体的自身利益。尽管《独立行政法人等拥有信息公开法》将关西国际机场股份有限公司等公用企业列为对象法人，但是考虑到这些公用企业是按照同一般营利性企业相同原理运作的，于是特别规定了保障私人主体正当权益的程序。[2] 这也就意味着，公用企业基于自主经营的要求，可以裁量和判定不予公开的企业信息。从我国信息公开立法来看，对公用企业的信息规制亦存在着公、私法相互渗透融合的迹象。由于公用企业一般不具有管理公共事务的职能，在社会属性、职能定位

---

〔1〕 参见王晓晔：《竞争法研究》，中国法制出版社1999年版，第22页。

〔2〕 参见石龙潭：“日本的信息公开制度：回顾、现状与展望”，载王贵松主编：《宪政与行政法治评论》（第6卷），中国人民大学出版社2012年版，第69页。

方面与政府部门有明显区别。因此，公用企业在提供社会公共服务过程中制作、获取的信息的公开，应当根据其自身的实际情况，参照《政府信息公开条例》执行。[1] 由此可见，《政府信息公开条例》第37条在将公用企业列为规范对象时，并没有要求其完全适用条例，而是作出特殊的“参照”规定，并以此赋予了公用企业一项信息公开的裁量执行权。

然而，公用企业为了维系自身利益和市场垄断地位，在一些情况下会刻意封闭企业信息，使得对公用企业裁量执行权的规制问题变得尤为复杂。针对目前我国对社会行政、私人行政中的公用企业规制较少的现状，有学者提出“将国家行政、社会行政甚至私人行政中的一切与行政权有关的诉讼都归入行政诉讼进行司法审查”的设想。[2] 这一思路对现有行政监督体制进行了一定突破，尽管存在其现实合理性，但是此种过分扩大公权管制范围而忽视公用企业的私人主体地位的做法，在一定程度上却会弱化公用企业的私法主体地位及其自治价值，进而导致与公用企业设立初衷的相背离。“行政法和私法不再是两个截然分离的局部法律制度，而是灵活的、着眼于问题的、相互补充的法律调整方法，行政机关可以整合利用以发挥两者的全部潜能。”[3] 因此，公用企业信息公开既要考虑到对公众必须履行的公开信息之责任和义务，使公用企业信息公开成为政府信息公开制度在公共服务领域的延伸，又需要兼顾私人主体自身的利益，使公用企业信息公开不完全等同于政府信息公开。

---

〔1〕 参见曹康泰主编：《中华人民共和国政府信息公开条例读本》，人民出版社2007年版，第149页。

〔2〕 参见陶品竹：“公共服务理论与行政法学的转型”，载《西南政法大学学报》2007年第4期。

〔3〕 [德] 汉斯·J. 沃尔夫、奥托·巴霍夫、罗尔夫·施托贝尔：《行政法》，高家伟译，商务印书馆2003年版，第198~199页。

（二）公用企业与事业单位的信息公开

事业单位是我国特有的概念，其产生于计划经济体制。在我国，事业单位作为一类特殊组织，其涵盖的领域十分广泛，数量也极其众多。据统计，我国目前有事业单位111万个，事业编制3153万人，其中属于财政金额拨款的仅占极小一部分。[1] 总体而言，事业单位对我国经济社会发展作出了重要贡献，特别是在社会资源配置和公共服务供给方面发挥了重要作用。

从法律规范的视角来看，事业单位在我国不同层面的法律规范中的定义存在一定差异。1998年国务院发布、2004年修订的《事业单位登记管理暂行条例》及2005年中央机关编制委员会办公室发布的《事业单位登记管理暂行条例实施细则》将事业单位定义为：国家为了社会公益目的，由国家机关举办或者其他组织利用国有资产举办的，从事教育、科研、文化、卫生、体育、新闻出版、广播电视、社会福利、救助减灾、统计调查、技术推广与实验、公用设施管理、物资仓储、监测、勘探与勘察、测绘、检验检测与鉴定、法律服务、资源管理事务、质量技术监督事务、经济监督事务、知识产权事务、公证与认证、信息与咨询、人才交流、就业服务、机关后勤服务等活动的社会服务组织。[2] 我国1999年颁布的《公益事业捐赠法》则将公益性非营利的事业单位定义为：依法成立的，从事公益事业的不以营利为目的的教育机构、科学研究机构、医疗卫生机构、社会公共文化机构、社会公共体育机构和社会福利机构等。[3] 根据上述两种法律定义，我们不难发现，从事社会公益服务是事业单位的基本属性，公益性也构成了事业单位与其

---

〔1〕 参见张梦洁：“机关事业单位职业年金起步：‘虚实’结合分解财政压力”，载《21世纪经济报道》2015年4月8日。

〔2〕 参见《事业单位登记管理暂行条例》第2条、《事业单位登记管理暂行条例实施细则》第4条。

〔3〕 参见我国《公益事业捐赠法》第10条。

他社会组织的不同之处。

具体来说，事业单位的公益性特征体现在以下两方面：①事业单位的设立完全基于公益。“事业是指由国家设置的，以完成政府职能及公益服务为主要宗旨的公益性单位和非公益性职能部门。事业不是企业，两者最大的区别在于事业一般不以营利为目的，而以完成政府职能及公益服务为主要宗旨”。[1] 事业单位通常由行政机关举办或国家核拨经费，其既不需要考虑资本问题，也无需通过运营筹集发展所需的资金。而公用企业的设立、运行的经费来源或者自理或者仅部分由财政支持，于是在资本市场中公用企业无法逃避制约企业发展的利润问题，这就促使其既要坚持公益性目标又要兼顾和考虑企业利润问题。②事业单位的职能定位具有公益性。政府对于公共产品和普遍服务的供给，很大部分是通过事业单位来实现的，事业单位是政府发挥公共服务功能的载体。[2] 事业单位的主要职能是为公众生产生活服务、为增进社会福利服务，这使事业单位不同于政府部门的管理性质，更不同于企业的经营性质。

鉴于事业单位的公益属性，《政府信息公开条例》第37条在赋予公用企业信息公开义务的同时，亦从“与人民群众利益密切相关”的角度对事业单位信息公开进行了规定。中共中央、国务院在2011年3月发布的《关于分类推进事业单位改革的指导意见》从规范性文件的层面对事业单位“建立信息披露制度”作出了部署，要求“面向社会提供公益服务的事业单位要建立信息披露制度，重要事项和年度报告要向社会公开，涉及人民群众切身利益的重大公益服务事项要进行社会公示和听证”。这无疑对保障公民知情权、参与权以及促进事业单位改革过程中的信息公开有着积极的意义。

---

〔1〕 郑艳馨：“论公用企业的界定”，载《社会科学家》2011年第10期。

〔2〕 参见李文钊、董克用：“中国事业单位改革：理念与政策建议”，载《中国人民大学学报》2010年第5期。

然而，我国事业单位的职能定位非常不明确，公益服务目标亦存在模糊，尤其是在众多事业单位之中，并非每一类型的事业单位都承担着公共产品和普遍服务供给任务，事业单位的性质及其信息公开问题无法一概而论。

正如前文所述，事业单位是我国传统计划经济体制的产物。随着改革开放的不断深入和市场经济的发展，推进事业单位改革已经成为提高政府社会管理职能的实现程度，改善公共产品和服务供给质量的必然要求。2008 年党的十七届二中全会通过的《关于深化行政管理体制改革的意见》明确指出事业单位改革是政府机构改革的重要组成部分，并要求“按照政事分开、事企分开和管办分离的原则，对现有事业单位分三类进行改革。主要承担行政职能的，逐步转为行政机构或将行政职能划归行政机构；主要从事生产经营活动的，逐步转为企业；主要从事公益服务的，强化公益属性，整合资源，完善法人治理结构，加强政府监管”。据此，可以把事业单位发展的最终形态分为以下两种类型：

第一类是具有行政权的事业单位。该类事业单位虽然不是行政机关，却享有与行政机关相类似的管理职能。[1] 它们依照有关法律、法规对某一领域的社会事务进行监督和管理，这也使其因有关法律、法规的授权而成为享有行政权的法律法规授权组织，从而具有了行政主体资格。由此证监会、银监会、保监会、电监会、气象局、地震局等具有行政权的事业单位就可以归入“法律法规授权组织”之列，这些事业单位信息公开事项自然就成了政府信息公开工作的组成部分。[2] 这也是《政府信息公开条例》第 36 条规定的“法律、法规授权的具有管理公共事务职能的组织”直接适用条例

---

〔1〕 参见周佑勇：“公共行政组织的法律规制”，载《北方法学》2007 年第 1 期。

〔2〕 参见曹康泰主编：《中华人民共和国政府信息公开条例读本》，人民出版社 2007 年版，第 19 页。

的立法原意之所在。

第二类是不具有行政权的事业单位。这一类型的事业单位数量众多且历史悠久。在新中国成立初期，国家为了适应社会发展和满足公众的文化生活需要，通过国家财政核准经费设立了一些从事社会公共服务的组织，这些组织主要在教育、科技、文化、卫生等领域从事服务活动。从规范的角度来看，这类事业单位属于原人事部在2006年出台的《〈事业单位岗位设置管理试行办法〉实施意见》中的“主要以专业技术提供社会公益服务的事业单位”。一般来说，提供社会公益服务的事业单位具有三项特性：以社会公益为设立目的；活动经费源于国家财政；业务范围涵盖广泛的公共服务内容。对此，有学者认为在相关法律规范尚未对包括公立高校在内的提供社会公益服务的事业单位信息公开作出特别规定或者没有作出规定的情形下，权利保障制度、诉讼救济程序等均应当适用《政府信息公开条例》的相关条款。[1] 笔者基本赞同此种观点。该类事业单位不涉及营利问题，具有较强的公益属性，将它们纳入政府信息公开体系具有一定的合理性。在相关政府主管部门没有作出特殊规定时，不但权利救济需要适应政府信息公开的相关规定，而且提供社会公益服务的事业单位的信息公开的范围、方式等问题也应当纳入政府信息公开的调整范畴。

除此之外，随着市场经济体制改革和民营化的深入，一些事业单位特别是“以专业技术提供社会公益服务的事业单位”已逐步进行转制，成为具有营利性质的公用企业。对于完成转制的事业单位，其性质和身份已经变为公用企业，它们在信息公开领域应当适用公用企业信息公开规则，是毋庸置疑的。

不过，事业单位的企业化改造并不彻底，仍存在一些遗留问

---

〔1〕 参见马怀德主编：《公立高校信息公开研究》，中国法制出版社2012年版，第136页。

题。譬如，有的挂着事业单位的牌子，却直接从事着生产经营活动；有的并非法定承担政府职能的事业单位，却实际上拥有由政府主管部门直接或间接转移过来的行政职能；有的全部或者大部分受国家财政资金供养，却仍然变相地从事着收费型经营活动。[1] 在此种情况的影响下，往往会造成事业单位的公益性在逐渐弱化的假象，人们甚至认为从事生产经营活动的事业单位正逐渐变成追逐利润最大化的企业，这一定程度上也使事业单位和公用企业、一般企业的界限更加模糊。

之所以产生模糊认知，主要是因为从事经营活动的事业单位和公用企业职能交叉的客观实际与相关法律规范未能及时跟进的立法现状之间的紧张关系所致。实际上，从事经营活动的事业单位，大多具有政府授权性质，对社会经济生活影响较大，有社会公益的性质。[2] 它们负责提供涉及人民群众切实利益的公共产品和服务事项，与公用企业的职能定位、性质并无二致，在表面上很难辨别其到底是归属于公用企业范畴还是事业单位范畴。也正基于存在基础及性质上的类同，将从事经营活动的事业单位纳入公用企业信息公开体系实属一种理性的选择。因为面对矛盾的事实和紧张关系，无论是在理论探讨中还是在实践运作中，都不应回避问题，需要在现有的逻辑和理论框架内寻求合理的解决方案。只有将从事经营活动的事业单位视为公用企业，才能在同质的行政组织的演进过程中形成双向一致，并以此实现理论和实践的自洽一体。因此，就从事生产经营的事业单位而言，即便其仍保持传统的事业单位名称、组织形式，也要适用公用企业一样的信息公开规则。

（三）公用企业与一般企业的信息公开

公用企业不同于一般企业，其信息公开也与一般企业的信息公

---

〔1〕 参见范恒山："关于事业单位改革的思考"，载《学习月刊》2005 年第 1 期。

〔2〕 参见张建："事业单位信息公开制度初探"，载《上海政法学院学报（法治论丛）》2012 年第 4 期。

开有异，在制度建构中需要加以区别，其间的不同主要表现以下方面。

1. 基于不同法域而产生的信息公开义务

一般企业和公用企业的法律地位不同。“私”的属性是一般企业不可磨灭的根基，这不仅表明一般企业不可能成为行政的主体，还意味着一般企业信息披露行为不会受到公法的约束。

对于一般企业而言，其只有在法律规定强制性公开义务的情况下，才会向公众或特定群体（如股东、产品买受人）进行信息披露。这种强制性信息公开一般属于私法范畴。[1] 而在私法领域，不同类型的企业之间的信息披露义务也存在差别。如上市公司与其他一般企业相比需要承担更多的信息披露义务。根据证监会在2007年1月30日发布的《上市公司信息披露管理办法》的规定，上市公司应向社会公开的信息主要包括招股说明书、募集说明书、上市公告书、定期报告和临时报告。上市公司信息披露中信息披露的范围比较广泛，其既包括了反映过去一段时间内企业资产经营状况的财务信息，又包括了为未来决策提供依据和支持的非财务信息，还包括在证券上市后，上市公司在证券交易市场中持续披露的相关信息。[2] 虽然一般企业与上市公司信息披露义务的内容不同，但作为出售特定产品或服务的市场主体，它们披露信息的目的和要求却并无二致。一般企业对国家承担信息公开义务的场合仅仅安排在企业的设立、变更和终止，以及企业为获取某种特定权利（如商标权、专利权）和企业承担社会责任（如纳税）等行为过程中，而对企业利害关系人承担信息公开义务主要是尊重对方利益和自主选

〔1〕 如我国《民法通则》《全民所有制工业企业法》《公司法》《产品质量法》《广告法》《消费者权益保护法》《会计法》《统计法》《证券法》《企业信息公示暂行条例》等法律规范对企业信息披露义务进行了规定。

〔2〕 郭媛媛：《公开与透明：国有大企业信息披露制度研究》，经济管理出版社2012年版，第83～87页。

择权的需要。[1] 企业信息披露的目的主要有两个：首先是为了满足国家对经济管理的需要；其次则是为投资者、消费者等企业利害关系人的判断和选择提供依据。一般企业无论是向国家还是向企业利害关系人进行信息披露，都非基于公共利益的要求，也不在于保障公民对社会公共事务的参与权、监督权及生存权和发展权等公民基本权利的需要。

与一般企业信息披露相比，公用企业除了承担一般企业在私法领域的信息披露义务外，还需要承担公法领域的信息公开义务。之所以让公用企业背负比一般企业更重的信息公开义务，主要有以下原因：①公用企业的资金全部或者部分来自公共财政，或者允许行政性（或类似行政性）收费。这些资金是如何收取或使用的，以及以此为物质基础而提供的社会公共服务，要受到公法的规范。②公用企业提供的社会公共服务，在本质上属于公共行政，更多的是给付行政的内容，或者是其“拥有替代国家或地方公共团体进行决定的权限”，或者是行使着政府职能、公共权力。[2] ③公用企业在市场中拥有垄断力，使其获得巨大的营利空间和优势，且易产生一味追求高利润而置公众基本需求于不顾的问题。这也就需要对公用企业进行必要规制，更多地赋予其公法上的义务，使其在严格的监管下不能随心所欲地追求高利润。

2. 公用企业信息公开的范围大于一般企业

现代公司理论认为，在生产经营过程中，企业需要考虑的基本因素不是企业股东利益、内部职工利益，亦不是环境保护与社会利益，其需要考虑的是如何追求企业利润最大化。与公用企业的市场定位和设立价值不同，一般企业并非为社会提供公共产品和普遍服

---

〔1〕 参见张冰：“企业信息公开法律规定分析”，载《黄河科技大学学报》2010年第5期。

〔2〕 参见余凌云：“政府信息公开的若干问题——基于315起案件的分析”，载《中外法学》2014年第4期。

务的经济组织，其提供的产品和服务具有可选择性和可代替性。一般企业也因此具有一定的开放性，它既可以选择特定的消费群体进行服务，也享有遵循市场规律和追逐最大利润而进入或退出市场的自由。当然，一般企业的此项自由并不意味着弱化了企业的法律责任和社会责任。尽管在一些企业安全事故的处理过程中，存在着因企业无力承担或者仅有部分承担能力而将相关责任全部或者部分转嫁于政府的“甩包袱”现象，但不能因此就简单地将政府或纳税人认定为安全责任事故的责任承担主体，而否定和排除企业在此方面责任。[1] 诸如安全生产、提供优质服务的责任是所有企业都应承担的共同责任，而并非是公用企业、国有企业等特殊性质企业所独有的。一般企业与公用企业在安全生产、提供优质服务等方面所引申出的信息公开内容也就存在着一定的重合。

不过，公用企业除了承担与一般企业重合部分的信息公开内容之外，还要承担更多方面的信息公开任务。由于公用企业比一般企业具有更强的掌控市场的垄断力，并且提供的产品和服务具有公共属性，公众需要知悉和获取公用企业更多的信息，政府部门也需要与监督公用企业职权行为相关的信息，以防止其滥用市场垄断地位而造成公众权益的减损。正是基于公共服务、公共利益和垄断属性的考虑，研究公用企业在信息公开义务、范围等方面与一般企业之间的不同才具有意义，才能在制度建构和实践过程中准确把握公用企业信息公开的范围、特殊程序与特殊要求。

---

〔1〕 参见郭泰和：“我国安全事故中政府责任与企业责任承担问题研究——以山西‘溃坝事件’、河北‘三鹿奶粉事件’与深圳‘火灾事故’为中心”，载《中国司法》2009 年第 6 期。

第二章

公用企业信息公开的正当性

信息公开是宪政的应有之意。宪政作为行政法学理论体系中具有基础性作用的组成部分，它是以规范政府权力和保护公民权利理论为基点展开的。一切公共行政权力都是源自于宪法授权，正当的行政是对宪政的现实诠释和实践。[1] 而公用企业信息公开是因公用企业具有公益性质、垄断属性及其染指宪法义务之使然，公用企业信息公开不但需要在理论上有合理性基础，以保障获取公用企业信息的正当性得以实现，还需要寻求理性的制度建构，为畅通政府、公用企业和公众三者之间的信息沟通提供正当性渠道。因此，从合理诉求和制度理性角度揭示公用企业信息公开的正当性，具有重要实践意义和理论价值。

---

〔1〕 龚祥瑞教授认为，宪法是行政法的基础，行政法是动态的宪法。没有行政法，宪法每每是一些空洞僵死的纲领和一般原则，至少不能全部地见诸实践。反之，没有宪法作为基础，则行政法无从产生，或至多不过是一大堆零乱的细则，而缺乏指导思想。参见龚祥瑞:《比较宪法与行政法》，法律出版社 1985 年版，第 5 页。有关宪法与行政法间关系的类似观点，还可参见罗豪才主编:《行政法学》，北京大学出版社 1996 年版，第 36 ~ 37 页；应松年主编:《行政法学新论》，中国方正出版社 1998 年版，第 33 页；[美]古德诺:《比较行政法》，白作霖译，中国政法大学出版社 2006 年版，第 5 页。

一、公用企业信息公开的合理诉求

现代市场经济理念强调企业自治和市场自主，特别是在民营化改革过程中，公用企业由传统的国家垄断转变为私人参与经营，市场自由竞争和民间资本的引入成为其中最显著的特征。在此背景下，要求公用企业信息公开的正当性何在？对公用企业提供公共产品和普遍服务过程中制作、获取信息进行规制的理论依据又是什么？对此，笔者从知情权、信息监管和政府职能社会化三个维度对公用企业公开信息的正当性展开讨论。

（一）公用企业的公共服务属性与知情权

"任何人都有权利或者应该有权利创造或型塑属于自己的生活方式，并且通过自由、开放和没有限制的选择实现这种生活方式。"〔1〕现代宪政国家的根本任务在于为权利实现创造良好的法律秩序和制度环境，以保障公民能够自由、开放和没有限制的选择自己的生活方式。而实现这种自由选择权首先需要知悉和获取大量的信息，没有知情权为基础的选择自由，其实是虚假的自由。没有足够的信息所支持的自由选择权，亦难以称之为真正的权利。知情权由此也就成为保障公民实现其他权利和自由的基础性权利。

1. 知情权理念的由来

知情权作为民主宪政的产物，是公民行使一切政治权利和社会权利的重要基础。与平等权、人身权等基本权利一样，知情权理念的产生、发展经历了一个长达数百年的历史过程。17 世纪，英国的自由主义思想家洛克（John Locke）所阐述的"国家行为公开"理论就蕴含着知情权的基本理念和精神。洛克在《政府论》中指出，"无论国家采取什么形式，统治者应该以正式公布的和被接受

---

〔1〕［美］弗里德曼：《选择的共和国：法律、权威与文化》，高鸿钧等译，清华大学出版社 2005 年版，第 10 页。

的法律，而不是以临时的命令和未定的决议进行统治……这样，一方面使人民可以知道他们的责任并在法律的范围内得到安全和保障，另一方面，也使统治者被限制在他们的适当范围之内，不致为他们所拥有的权力所诱惑，利用他们本来不熟悉或不愿意承认的手段来行使权力”。[1] 美国的建国先驱们亦有类似论述。譬如，路易斯·麦迪逊在 1822 年写给友人的一封信中就提出了蕴含知情权理念的论断。[2] 在美国 1878 年费城立宪会议上，詹姆斯·威尔逊（James Wilson）亦对知情权进行了阐述。在威尔逊看来，国民有权知道其代理人正在做或已经做的事，对此绝不可任由秘密进行议事程序的立法机关随意妄为。[3] 尽管知情权的观念和思想很早就出现了，但是一直以来知情权都没有被作为一个正式概念而提出。

知情权得以作为正式概念是 20 世纪 40 年代美国新闻界为出版自由而奋斗的结晶。1945 年 1 月 23 日，美联社编辑肯特·库珀（Kent Copper）在谴责当时美国政府新闻管制的一篇社论中首创“知情权”（right to know）概念。库珀在文章中指出，公民应当享有广泛的知情权，不尊重公民的知情权，在一个国家便无政治自由可言。[4] 库珀的相关论断引起了社会的强烈反响，由此也掀起了“知情权运动”。在这场运动中，美国新闻界首先扛起了捍卫知情权的大旗。1950 年美国新闻编辑者协会为促进信息自由流通，设立“信息自由委员会”。1951 年《先驱论坛报》的法律顾问罗尔德·克洛斯（Roald Kroos）受美国新闻编辑者协会的委托，对接触政府公文及会议而获取信息的法律权利进行了深入分析研究，并出版了

---

〔1〕［英］洛克：《政府论》（下册），叶启芳、瞿菊农译，商务印书馆 1964 年版，第 87 页。

〔2〕参见李步云：《信息公开制度研究》，湖南大学出版社 2002 年版，第 308 页。

〔3〕参见刘莘、吕艳滨：“政府信息公开研究”，载《政法论坛》2003 年第 2 期。

〔4〕参见谢鹏程：《公民的基本权利》，中国社会科学出版社 1999 年版，第 261 页；宋小卫：“略论我国公民的知情权”，载《法律科学》1994 年第 5 期。

研究成果《国民知情权——进入公共记录及审议过程的法律权利》一书。在美国新闻界的积极推动下，知情权概念开始在美国广泛使用。[1] 美国的“知情权运动”亦产生了广泛的世界性影响，一些国际条约先后将知情权的内容纳入其中，致使知情权成为国际普遍承认的一项基本人权。[2] 各国也纷纷在法治框架内展开对知情权理念的研究和探索，以寻求适合本国知情权发展的实践逻辑和制度保障体系。

与西方国家相比，我国关注知情权理念相对较晚，真正意义上对知情权的研究始于20世纪70年代末期。在改革开放的背景下，学术上的思想禁忌被打破，知情权等很多国家的理念和制度开始被引入我国，理论界兴起了“西学东渐”之风。[3] 我国知情权研究大致经历了四个发展时期：20世纪70年代末至90年代中期的起步期；20世纪90年代后期至21世纪初期的发展期；2003年SARS爆发后至2007年《政府信息公开条例》颁布之前的兴盛期；《政府信息公开条例》颁行之后的反思期。[4] 历经这四个发展时期，我国理论界对知情权的认知从无到有、由浅及深，并形成了广义和狭义两种学说。所谓广义的知情权，是指寻求、接受和传递与自身利益

---

〔1〕 参见刘杰：《知情权与信息公开法》，清华大学出版社2005年版，第45页。

〔2〕 1948年《世界人权宣言》第19条规定：“人人有权享有主张和发表意见的自由。此项权利包括有主张而不受干涉的自由，和通过任何媒介及不论国界寻求、接受和传递消息和思想的自由。”1966年《公民权利和政治权利国际公约》第19条也作了同样的规定。参见马林主编：《中国公民人权读本》，经济日报出版社1998年版，第376、464～465页。

〔3〕 知情权初入我国是通过发表在1979年《法学译丛》（现更名为《环球法律评论》）第2期的托马斯·埃莫森所著、由朱文英翻译的《论当代社会人民的了解权》一文。不过，该译著并没有把英文中的“right to know”翻译为“知情权”，而是译成了“了解权”。参见陆幸福：《知情权的中国实践：以政府信息公开与司法公开为考察对象》，法律出版社2012年版，第3页。

〔4〕 参见纪建文：《知情权：从制度到社会控制》，法律出版社2012年版，第13～19页。

相关的官方和非官方信息的自由和权利。知情权属于一项具有普遍性、双重性、基础性、综合性、对称性等诸多特性的基础性权利。[1] 它的范围十分广泛，既包括公法领域各类法律关系间的信息获取权，如行政相对人知情权[2]，也包括私法中公民、法人和社会组织等平等主体间的信息获取权，如股东知情权[3]、消费者知情权[4]。相比之下，狭义的知情权的范围就小得多，其仅指寻求、接受和传递官方信息的自由和权利。狭义的知情权体现的是不平等主体间的关系，属于公法的调整范畴。广义说与狭义说尽管在对知情权内容、范围的理解上存在较大差异，但是二者对知情权发展趋势的看法却趋于一致。无论是认同广义说还是支持狭义说的学者，均认为知情权是国家法治文明程度的重要标志，并且不排斥和否认"知情权属于一个历史的概念"的命题。由此可见，知情权概念具有不确定性，伴随着时代的发展和理论研究的深化，知情权内涵和外延会不断拓展。

2. 知情权是公共服务理念的基本要义

随着福利国家的兴盛和现代行政法任务的变迁，知情权延伸到公共服务领域的趋势势不可挡。"除了国家机关外，其他公共机构也应向其成员或管理服务对象的公民、法人及其他组织公开有关信息"。[5] 公用企业作为公共服务领域的一类义务主体，自然也涉及公众知情权的问题。

(1) 知情权是约束公用企业公开透明地提供公共服务的工具。由于公用企业一般具有自然垄断特性，社会公众相对于公用企业来说，在信息的知悉和获取上存在明显的劣势。在公共服务领域，信息

---

〔1〕 参见汪习根、陈焱光："论知情权"，载《法制与社会发展》2003 年第 2 期。

〔2〕 参见我国《行政处罚法》第 31、42 条。

〔3〕 参见我国《公司法》第 34 条。

〔4〕 参见我国《消费者权益保护法》第 8 条。

〔5〕 刘杰：《知情权与信息公开法》，清华大学出版社 2005 年版，第 51 页。

不对称现象时常发生，公众知情权存在实现上的障碍。为了减少和避免公用企业在运营过程中的信息不对称，以立法形式规定公用企业承担信息公开义务成为法治国家保障知情权的主要方式和基本途径。

从各国立法实践的角度来看，知情权理念和信息公开立法紧紧联系在一起，就像孪生兄弟一样，如影随形。随着政府职能和行政范围的不断扩张，只有邮局和警察的“小政府”时代一去不返，公共行政权极度膨胀，侵入到社会生活的方方面面，真正成为一项无所不在、无所不至的权力。为了监督和制约扩张中的行政权力，各国开始探索各种规制工具和途径，此时知情权和信息公开立法应运而生。1949 年，德国的《德意志联邦共和国基本法》以国家基本法的形式首先肯定了知情权的宪法地位。紧随其后，美国、澳大利亚、丹麦、芬兰、爱尔兰等国家通过立法对知情权进行认可确认并施以保障，比利时、法国、奥地利、意大利、荷兰、卢森堡、西班牙、瑞典和英国也在本国宪法或者基本法律中确认了知情权。[1]由此不难发现，世界各国对公众知情权的法律保障呈现出强化的趋势，信息公开制度发展的历史过程正是一个通过立法或司法实践确认并保障知情权的动态过程。

反观我国立法实践，知情权虽已被个别法律规范所接纳，如《消费者权益保障法》、《公司法》等，但是宪法和行政法律规范对知情权的规定存在缺失，在公法的其他法律部门亦难以找寻到其踪迹。不过，有学者对此予以否认，认为知情权是宪法所规定“表达自由”的隐含内容，“虽然我国宪法对公民知情权没有直接宣示，但公民知情权依然有其存在的宪法基础。”[2] 笔者认为此种观点值

〔1〕 参见郭道晖：“知情权与信息公开制度”，载《江海学刊》2003 年第 1 期。

〔2〕 颜海娜：“论公民知情权的宪法确认”，载《国家行政学院学报》2003 年第 5 期。域外亦有一些学者持类似观点，如英国菲利普·考派尔教授同样指出，知情权是从公民表达自由这一项基本人权中引申出来的。See Philip Coppel, *Information Right*, London: Sweet & Maxwell Press, 2004, p. 29.

得商榷。言论自由权和知情权虽然存在一定联系，但毕竟不属于同一性质的权利，二者在性质、内容范围和实现路径等方面存在差异。[1] 诚如美国学者路易斯·亨金（Louis Henkin）所言："一个社会承认人享有某项权利，它就肯定并认可这项权利为合法，并将之纳入该社会的价值体系，使之在与其他社会价值的竞争中更有分量。"[2] 毫无疑问，作为一项基本权利的知情权应当在宪法中加以明确肯定，而非仅仅是在相关条款中"暗含"。唯有这样，才能确认知情权的独立价值，使其在法律体系中居于核心地位，成为信息公开立法的依据。

知情权是近代宪政中内在蕴含的公民应当普遍具有的权利，是实现公民其他权利的前提性与基础性的权利，具有不可或缺性、不可转让性、不可替代性、母体权利的稳定性与世界范围内的共似性。[3] 无论是在英美法系国家还是大陆法系国家，要真正使公众获取公用企业信息的基础性权利得到保障，就必须在立法中明确知情权的基本内容。只有在国家法律体系中对扩展到公共服务领域的知情权加以明示，才能将抽象的知情权理念上升为具体化的制度，使公众知情权得到更为有效的保障。譬如，日本在现行宪法和相关信息公开立法中并没有写入知情权，但从晚近信息公开制度改革的动向来看，在《独立行政法人等拥有信息公开法》第1条的目的规

---

〔1〕 关于知情权和言论自由权的区别，参见李牧："论公民信息申请权的实现障碍及其克服途径"，载《法学评论》2010年第4期。

〔2〕［美］路易斯·亨金：《权利的时代》，信春鹰等译，知识出版社1997年版，第3页。

〔3〕 参见张龙：《行政知情权的法理研究》，北京大学出版社2010年版，第13页。

定中追加保障知情权的表述，已成为法律修改的基本方向。[1]我国在此方面尽管纳入了法律规范的视野，但与域外国家相比还存在一定的距离。以企业环境信息公开为例，原国家环境保护总局在2007年2月8日颁布的《环境信息公开办法（试行）》仅仅是“鼓励企业自愿公开”[2]，而并没有对企业环境信息强制要求公开。公用企业的环境信息公开行为仍处于自发公开、随意公开的初级阶段，与保障知情权的要求相差甚远。正因为如此，如何构建完善公用企业相关信息的公开制度，发挥知情权对公用企业生产经营行为的约束效用，是继政府信息公开制度初步建立后，我国理论界和实务部门亟须考虑的重要课题。

（2）知情权是保障公用企业服务对象有效参与公共服务的措施。“人们渴望在管理他们的、与他们的生活和命运息息相关的生活中听到自己的声音。”[3]在公共服务领域，社会公众尤其是公用企业的服务对象参与企业经营和管理有着不可低估的价值，而知情权则是实现此种参与权的前提和基础。

公用企业作为向社会提供公共服务的经济实体，其经营目标和

---

〔1〕 2010年4月，日本为迎接信息公开法的首次大幅度修改，设立了由内阁阁僚及相关专家、学者组成的“行政透明化研讨组”，对“改革信息公开制度的方向性”问题进行专题研究。在同年8月公开发表的研究成果《行政透明化研讨组总结报告》中，该研讨组针对知情权问题，重点提出了“在维持原有说明职责的同时，明示保障国民知情权”的建议。参见石龙潭：“日本的信息公开制度：回顾、现状与展望”，载王贵松主编：《宪政与行政法治评论》（第6卷），中国人民大学出版社2012年版，第80～81页。

〔2〕《环境信息公开办法（试行）》第19条规定：“国家鼓励企业自愿公开下列企业环境信息：①企业环境保护方针、年度环境保护目标及成效；②企业年度资源消耗总量；③企业环保投资和环境技术开发情况；④企业排放污染物种类、数量、浓度和去向；⑤企业环保设施的建设和运行情况；⑥企业在生产过程中产生的废物的处理、处置情况，废弃产品的回收、综合利用情况；⑦与环保部门签订的改善环境行为的自愿协议；⑧企业履行社会责任的情况；⑨企业自愿公开的其他环境信息。”

〔3〕［美］科恩：《论民主》，聂崇信、朱秀贤译，商务印书馆1994年版，第268页。

存在价值在于满足社会公众对医疗卫生、供水供气、公共交通等公用事业的基本需求。而消费者作为公共产品的使用或消耗者，其选择权又决定了企业尤其是民营化时代下公用企业的收益及发展状况。正是基于这样的依存关系，公用企业需要特别关注其服务对象的特殊需求。譬如，美国哥伦比亚特区公共服务委员会曾于 2001 年 9 月 19 日以发布行政命令的方式要求供电企业公开其价格信息，而消费者则可以基于对供电企业公布价格来决定选择使用哪家企业的产品。再比如，我国《价格法》第 23 条规定“制定关系群众切身利益的公用事业价格、公益性服务价格、自然垄断经营的商品价格等政府指导价、政府定价，应当建立听证会制度”，有关部门应当征求消费者、经营者和有关方面的意见。公用企业在制定价格方案或实施某一行为触及消费者切实利益时，会更多采取听证等方式让消费者参与其中，以获得大多数消费者的支持。这种方式不仅畅通了公用企业信息的流通渠道，而且消费者在参与的过程中知情权也能够得以实现。正如有学者在评价公民参与的巨大进步意义时所言：“在中国的社会发展中，建立一个能将公民政治参与扩大与政治制度吸纳之间保持适度平衡同时将极端行为边缘化的国家社会关系，才是实现国家长治久安的真谛所在。”[1]

公用企业代表国家行使公共服务职权，其履职行为应当受到公众特别是消费者的监督。在社会公共服务领域，建立有效的参与机制，可以一定程度上减少公用企业在管理和决策上武断或者懒政，也能防止公用企业在履职行为中做出损害公共利益的行为。如我国《环境影响评价法》第 5、21 条规定：“国家鼓励有关单位、专家和公众以适当方式参与环境影响评价”，“除国家规定需要保密的情形外，对环境可能造成重大影响、应当编制环境影响报告书的建设项目，建设单位应当在报批建设项目环境影响报告书前，举行论证

〔1〕 赵鼎新：《社会与政治运动讲义》，社会科学文献出版社 2006 年版，第 59 页。

会、听证会，或者采取其他形式，征求有关单位、专家和公众的意见。建设单位报批的环境影响报告书应当附具对有关单位、专家和公众的意见采纳或者不采纳的说明”。这一规定体现了公众对建设项目环评的参与和监督，具有一定的推广价值。在公用企业建设、经营和发展过程中导入公众参与是保障知情权的应有之义，也是构建公用企业信息公开的内在要求。由于公用企业信息事关社会公众的切身利益，通过价格听证、申请公开信息等途径使社会公众参与其中，有助于监督和敦促公用企业履行其应尽之职责，实现公用事业市场领域的稳定和发展。只有要求公用企业公开其成本信息、利润信息、价格信息以及受政府资助情况的信息，消费者才能及时介入到公用企业生产经营过程中，才可能保证其参与行动的有效性。因此，公用企业信息公开无疑是实现消费者参与权的前提，而设置知情权的目的则是为了保障信息公开，实现对公共服务的有效参与，进而促进社会各方合法利益的实现。

（二）信息监管的法治政府化与服务政府

随着经济社会的发展和公共服务领域的扩大，公用企业对公用事业的管理权、自主经营权等权力在逐渐增大。诚如法国思想家孟德斯鸠（C. L. Montesquieu）所言：“一切有权力的人都容易滥用权力，这是万古不易的一条经验，有权力的人们使用权力一直到遇有界限的地方方才休止。”[1] 有权力就存在滥用的可能，一个被授予权力的人，总是面临着滥用权力的诱惑，面临着逾越正义与道德界限的诱惑。[2] 公用企业在公共服务领域拥有这些自主权，并不具有天然的免疫力，亦存在着被滥用的危险以及损害公共利益的风险，这种危险或者风险在追求企业利益最大化的过程中存在扩大的

---

〔1〕［法］孟德斯鸠：《论法的精神》，张雁深译，商务印书馆1995年版，第104页。

〔2〕参见［美］博登海默：《法理学：法律哲学与法律方法》，邓正来译，中国政法大学出版社1999年版，第347页。

可能。

公用企业同普通公司、一般企业或其他组织一样有着自身的利益，它在从事公共服务过程中不可能完全超越这些利益。基于利己偏好，公用企业也追求利益最大化，可能会出现滥用权力规避信息公开的现象。一些公用企业甚至会向政府部门和公众提供虚假财务审计、经营成本或状况信息，迷惑政府部门和公众对公用企业情况的判断，并诱导政府及规制机构制定出利于其发展的政策。譬如，日本东京电力公司在向经济产业省提交的调查报告书中承认，从1977年起在对其下属福岛第一、第二核电站和位于新潟县的柏崎刈羽核电站的13座反应堆总计199次定期检查中，存在篡改数据和隐瞒安全隐患行为。这其中包括福岛第一核电站1号反应堆主蒸汽管流量计测得的数据曾在1979年至1998年间先后28次被篡改；1994年至1998年间，柏崎刈羽核电站1号到3号反应堆的密闭反应堆故障被隐瞒。[1] 公用企业在履行公共服务职责过程中，除了对政府隐瞒安全生产状况之外，还会向消费者提供不符合安全质量标准的产品、在公用事业领域攫取不合理利润、对消费者实施价格歧视、违反普遍服务原则等不正当行为。

公用企业拥有在一定区域内生产经营某类公共产品的垄断地位，如果不进行合理的规制和监督，公用企业必然会利用其优势地位为自身谋取暴利。为了防止公用企业滥用垄断力阻碍公共利益的实现，需要对它们进行合理规制，并借助于监督来督促其履行提供优质产品的法定义务。那么，由谁来规制和监督公用企业的行为呢？作为公共行政职权的授权主体，政府在市场准入和退出、安全生产经营、公共产品和服务质量及价格等方面对公用企业进行规制和监督实属实践之必然选择。

---

〔1〕 参见钱铮：“东京电力曝‘家丑’：数据造假隐瞒核电站故障”，载《新华每日电讯》2007年2月2日。

政府获取大量的公用企业信息是规制和监督的必要内容。就对公用企业的规制和监督而言，只有充分掌握企业财务状况、资金使用、成本收益和其他运营信息，规制和监督行为才能有效实施。如果公用企业不公开或者迟延公开相关信息，政府就无法了解被规制企业的真实情况，其规制和监督也就失去针对性。以公用事业的特许经营为例，政府和被规制企业在特许经营合同签订时，如果政府事先不对企业的资质、经营状况等信息加以全面了解，那么在今后合同执行期限内可能发生的事件也必将是无法预测的。“不对称信息的存在意味着市场的资源配置无法实现事后效率……不仅造成最优性的偏离，而且使市场均衡无法存在”。[1] 由此可见，公用企业信息公开不仅是政府对公用企业进行规制和监督的前提条件，更是市场机制实现有效资源分配的基本保障。

当然，公用企业民营化并不能成为公用企业逃避信息规制的借口。由于受世界民营化浪潮和市场化改革的触动，我国也加大了经济体制改革和公用事业领域的结构性调整力度，大量公用企业开始实行市场化和民营化，但是这些被民营化的公用企业并不能被排除在信息公开的规制之外，仍具有被要求公开公用企业信息的正当性与合法性。

首先，公用企业民营化不能排斥法律对信息公开的规制。无论国营的公用企业还是民营化的公用企业，一旦其经营活动进入公共服务领域，必将在提供公共产品和普遍服务过程中涉及与公民切身利益息息相关的公共事务，而且还履行着政府的部分职责，这一地位就决定了公用企业履职行为将成为公共行政的一部分，因而公用企业需要接受政府的规制，并承担报送或公开信息的义务。

其次，公用企业民营化对信息规制提出了新的要求。随着公用

---

〔1〕［美］丹尼尔·F. 史普博：《管制与市场》，余辉等译，上海三联书店、上海人民出版社1999年版，第74～76页。

企业逐步走向市场，政府的职能定位及其管理方式实现了重大转变。根据原建设部《关于加快市政公用行业市场化进程的意见》的规定，政府从直接管理转变为宏观管理，从管行业转变为管市场，从对企业负责转变为对公众负责、对社会负责。这种政府角色的变化并不等于公共服务领域中政府责任的降低，而是政府维护市场合法秩序责任的强化。为了维护社会公共利益和市场秩序，政府必须从相关企业中获取更多的有关公共利益的信息，对公用企业进行行之有效的监督，以实现公用企业民营化的效用最大化。

值得注意的是，对公用企业的信息规制并未因其民营化而减弱，相反，在国际领域中却呈现不断强化的态势。一些国际组织积极倡导对包括公用企业在内的公共机构施以全面的信息规制，如联合国欧洲经济委员会（UNECE）与欧盟在1998年签订的《在环境事务中获得信息、公众参与决策和诉诸法律的公约》（To obtain information in environmental matters, the Convention on public participation in decision - making and access to justice）（以下简称《奥胡斯公约》）对41个缔约国提出的要求中就有“对公共机构采取宽泛的定义”这一项。《奥胡斯公约》还明确规定了诸多缔约国应当履行的强制性义务，主要包括：缔约国必须确保公共机构在接到关于获取环境信息的申请后使这类信息便于公众获取；缔约国必须对免于提供信息的例外情况进行公共利益检测；缔约国必须设立独立机构对公共机构拒绝公开信息的案件进行审查和监管。〔1〕经过《奥胡斯公约》在公用企业信息规制方面的示范性指引，在包括环境保护在内的诸多领域对公用企业进行信息规制已成为世界各国积极探索并施行的一项有益实践。尽管基于政治、经济、文化和意识形态的不同，各国在信息规制具体方式、手段和范围等方面存在一定差异，

〔1〕 参见［加］托比·曼德尔：《信息自由：多国法律比较》，龚文庠等译，社会科学文献出版社2011年版，第24~25页。

但需要对公用企业实施信息规制已是民主宪政国家的共同选择。[1]这从另一个侧面也反映出公用企业信息公开具有正当性的理论依据和基础。

（三）政府职权的社会化与社会化的公用企业职能

行政属于一个历史性的概念，它并非是一成不变的，而是在社会历史发展的进程中不断演进。在不同的时代背景下，行政的内容、范围和理论支撑有较大差异。从历史变迁的角度看，行政的发展可以分为完全国家行政和政府职能社会化两个阶段。

第一个阶段是完全国家行政阶段。20世纪以前，国家对社会事务处于绝对支配地位，行政权完全由政府垄断。公众作为受行政权支配的客体，根本不可能参与到行政权的行使过程中，只能被动地接受国家行政的结果。在这一时期，国家行政等同于行政，而且政府职权极其有限。人们普遍认为管得最少的政府就是最好的政府，只有把行政权的行使范围控制在最少的范围内，才能最大限度地保护公众免受政府行为的干扰。与这一特定的历史时期相呼应的传统的自由主义、个人主义思想极为盛行，政府在这些主义的影响下实际上扮演了一种消极“守夜人”的角色，不仅在经济事务领域毫无建树可言，对社会管理领域更是多采取放任态度，极少介入或者干涉。在19世纪的英国，政府职权涉足的领域仅仅局限于维持治安和外交活动。英国学者戴雪（Albert V. Dicey）甚至直接否定

[1] 各国对公用企业的称谓有所不同，如丹麦的“公共服务管理企业”、法国的“公共营造物法人”和“被委以公共管理职能的私法人”、澳大利亚的“为公共目的依法令设立的法人或团体”、加拿大的“国家银行”和“国家公司”、日本的“特殊法人”等，但都不同程度地将公用企业作为信息公开的实施主体。参见刘杰：《知情权与信息公开法》，清华大学出版社2005年版，第284页。

了行政法的存在。[1] 受戴雪法治思想的影响，不但那时的英国不存在行政法概念，即使源于英国法治文明的国家对方兴未艾的行政法制亦是处于漠视的态度。在美国，直到20世纪初期，大部分律师和法官仍认为行政法完全违反英美法原则。[2] 由此可见，行政法在当时英美法系国家的地位卑劣甚至不受重视，在大多数学者眼中，以规范政府职权为主要内容的行政法是根本不存在，或者没有存在的必要。而在同一时期的大陆法系国家，行政的范围亦不宽泛。譬如，法国仅仅把控制行政权的行使作为行政法的主要任务，并认为"行政法是给予行政机关权力同时又限制行政机关权力的法律，行政法院努力在行政利益的需要和公民利益的保护之间，维持一个令人满意的平衡"。[3] 在这种限权理念的指导下，法律赋予的政府的权力很小，要求政府管理的公共事务也不多。这时的政府"行使权力的所有行为，即所有影响他人法律权利、义务和自由的行为都必须说明它的严格的法律依据"。[4] 对独揽行政权力的政府加以全面限制，无疑成为完全国家行政阶段的主旋律。

第二个阶段是政府职能社会化阶段。在这一时期，传统意义上的国家行政发生了本质上变化，无论行政法适用的范围还是政府职能的内容，均呈现出开放性的特征。"国家对公民从婴儿照管到死，保护他们生存的环境，在不同的时期教育他们，为他们提供就业、

---

〔1〕 戴雪在其《英宪精义》中指出："行政法迥异于英国普通法的基本原理，更是与英国一向称道的法治原则格格不入，英国根本不存在真正的行政法。" See A. V. Dicey, *An Introduction to the Study of the Law the Constitution*, 8th edition, London: Macmillan, 1915, p. 256.

〔2〕 参见［美］伯纳德·施瓦茨：《美国法律史》，王军等译，法律出版社2011年版，第153页。

〔3〕 王名扬：《法国行政法》，中国政法大学出版社1989年版，第20页。

〔4〕［英］威廉·韦德：《行政法》，徐炳等译，中国大百科全书出版社1997年版，第23页。

培训、住房、医疗机构、养老金，也就是提供衣食住行”[1] 成为政府应尽的职责，政府行为广泛介入和干预社会生活的各个领域。随着公共行政范围的不断扩张，政府已无力全盘包办如此庞杂繁琐的社会公共事务。“在处理政府与市场、政府与企业、政府与社会、政府与公众的关系上，传统意义上的政府职能在发生变化，政府除把一部分权力归还给市场和企业外，还逐步把越来越多的职能转移给社会上的非政府、非营利性的公共组织承担。”[2] 在公共行政领域，传统的一元结构开始松动和瓦解，国家、社会和市场的三元结构逐步形成。其中最显著的变化是，许多原来由政府承担的职能，特别是公共服务职能，被不断推向市场。为了缩减行政成本和庞大的财政开支，实现行政效率和提高行政效能，政府部门以转让职权的方式渐渐淡出了公共服务领域。行政法开始打破政府对行政权的垄断，逐步由完全国家行政模式向政府职能社会化和行政权力多元化模式嬗变。

与此相应，传统行政法学理论已无法支撑新型的行政法律关系，也不能适应时代发展的需要，因此，理论研究必须适时转向。譬如，德国学者福斯多夫（Ernst Forsthoff）就曾认为，服务行政是政府的专属职权，不可以让渡给社会行使。他的上述观点也贯穿于其 1938 年发表的《当成是服务主体的行政》中，该文最早提出“服务行政”这一概念，并强调了政府部门对服务行政职责的承担。[3] 不过，在 1959 年的《服务行政的法律问题》中，福斯多夫考虑到二十年来社会的变化，对服务行政的单一行使主体进行了反思，并提出了“生存照顾的辅助性理论”。在和平时期，生存照顾

---

〔1〕［英］威廉·韦德：《行政法》，徐炳等译，中国大百科全书出版社 1997 年版，第 4 页。

〔2〕石佑启：《论公共行政与行政法学范式转换》，北京大学出版社 2003 年版，第 22 页。

〔3〕参见陈新民：《公法学札记》，中国政法大学出版社 2001 年版，第 48 页。

应由"社会之力"来解决，而非依赖国家和行政的力量。当社会不能凭己力维持"稳定"时，国家才扮演的一种"国家补充功能"。[1] 美国学者彼得·德鲁克（Peter F. Drucker）亦提倡引入社会主体来补足甚至部分代替政府部门的角色。[2] 政府职能的社会化正是通过将政府的部分职能交给市场主体，有效克服了国家完全垄断行政的诸多缺陷和弊端，进而实现了服务行政背景下政府角色的转变。

在我国，行政管理模式尽管没有完整经历完全国家行政和政府职能社会化这两个阶段，却存在着上述两个阶段的特征。在建国初期，我国的行政管理模式是与计划经济体制相对应的一种命令控制型管理模式。命令控制型管理模式的主要缺点有二：一是完全依靠行政命令来进行管理，行政手段非常单一、缺乏科学性；二是行政权的行使主体单一，社会公众与政府之间缺少必要交流和互动。随着改革开放的逐渐深化，命令控制型管理模式的弊端越来越明显。为了解决传统行政问题，中央政府开始分权于地方政府和社会，致使我国的权力谱系发生着微妙的变化。这一变化产生的连锁反应是，传统的行政管理制度得到了全新的诠释，政府部门与非行政机关、社会公众之间不仅只是存在着管理与被管理的关系，更存在协商、合作与良性互动关系。政府职能实现了社会化，行政权力的行使主体也呈现出多元趋势。"国家行政属于公行政，但公行政不等

---

〔1〕 参见陈新民：《公法学札记》，中国政法大学出版社2001年版，第85～86页。

〔2〕 彼得·德鲁克早在其1968年的名著《不连续的年代》中就精辟地指出："我们面对的不是'国家的逐渐消亡'，相反，我们需要一个有活力的、强大的和非常活跃的政府。但是我们面临着一个选择，选择一个庞大的但软弱无力的政府，还是选择把我们自己局限于决策和指导从而把'实干'让给他人去做的强有力的政府。我们需要一个能够治理和实行治理的政府。这不是一个实行'实干'的政府，不是一个'执行'的政府。这是一个'治理'的政府。"参见［美］戴维·奥斯本、特德·盖布勒：《改革政府——企业精神如何改革着公营部门》，上海市政协编译组、东方编译所译，上海译文出版社1996年版，第25页。

于国家行政。公行政除了国家行政以外，还包括其他非国家的公共组织的行政”。[1] 这就意味着，行政不再是单一的国家行政，政府也不再是拥有行政职权的唯一主体，许多非政府组织可以基于行使分配社会资源或者支配其他社会成员的权力而成为行政的合法主体。尤其是在公共行政层面，“由于许多公共服务领域，例如供水、供热、交通、通讯和城市生活设施等，既不便于由行政机关、行业协会或非营利性社会组织来供给，也不便全部交由市场竞争来供给，现代公法因此倾向于采取一种折衷方案，直接或间接地授予工商企业以特许经营权来供给此类公共服务。”[2] 由此，公用企业就成了承担公共行政职能并且为社会公众提供公共产品和普遍服务的重要非政府组织。

在政府职能社会化进程中，公用企业作为既承担社会服务职能又承担政府公共行政职能的非政府组织，承接了原应由政府实施的一部分任务。而由政府推向市场的这部分任务并没有因政府的逐渐淡出而割断与社会公益、公民个人利益实现之间的密切关系，社会公众也丝毫没有减弱对此种足以对经济社会及自身发展产生重大影响的公权力的关注。相反，公众更加期望了解这部分权力的行使状况以及自身在此方面的权益是否遭受到不当侵害。因此，在认可政府职能社会化的前提下，需要寻求新的方式和途径来控制和监督公用企业所承接的政府职能，以补强政府让渡权力的合法性。这就意味着，在相关制度设置上，公用企业应当回应公众和政府对信息公开的需求，并在一定范围内履行信息公开的义务。因为作为公共权力的行使主体，公用企业必须在从事公共服务的范围内对社会公众负责。正如英国学者所言：“对公众负责的最基本的要求是政府部

---

〔1〕 姜明安主编：《行政法与行政诉讼法》，北京大学出版社、高等教育出版社2007年版，第2页。

〔2〕 参见袁曙宏：“服务型政府呼唤公法转型——论通过公法变革优化公共服务”，载《中国法学》2006年第3期。

门要把他们的活动向其他人作出解释，并要按照他们的标准说明所做的事情是有理由的”。[1] 这一“解释说明”义务同样适用于承担公共服务职能的公用企业。

总的来说，公用企业在负担因政府职能社会化转化而来的公共服务职能后需要按照一定标准和方式对自身活动进行解释和说明，接受公众和政府的监督。公用企业在提供公共产品和普遍服务过程中形成的信息与公众的生活息息相关，公开这些信息一方面有助于弥补公众和政府在获取公用企业信息上的不对称性，加强对公用企业运营、资金使用和财务执行等情况的监督和规制，从而促进服务效率和质量的提升；另一方面也是为了方便公众日常生产生活，避免公众权益因信息不对称受到不必要的伤害和损失。

二、公用企业信息公开的制度理性

公用企业信息公开的合理诉求解决的是公用企业是否适用信息公开及其公开是否具有正当性问题，而制度理性则是公用企业信息公开之最佳实现路径的基本凭借。怎样选择公用企业信息公开的实现路径才不会被视为“非理性”呢？这不仅需要在梳理信息公开的历史演进过程中发现并归纳出制度构建的一般性规律，更需要分析实践现状及问题，以探寻适合本国信息公开的最好突破口和最佳范式。基于域外国家公用企业信息公开的开端较早，在实践中积累了丰富的制度建设经验，本书在检视几个具有代表性的国家公用企业信息公开模式的基础上，对我国公用企业信息公开的现实问题及实现路径进行分析和探索。

（一）域外公用企业信息公开的制度模式

公用企业信息公开是近年来各国行政法学持续关注的热点问

---

〔1〕［英］约翰·格林伍德、戴维·威尔逊：《英国行政管理》，汪淑钧译，商务印书馆1991年版，第12页。

题。从世界范围内来看，尽管对“公用企业是否适用信息公开”的命题已达成共识，但是对于如何构建公用企业信息公开的法律制度体系，各国却存在多重选择，就其主要模式而言，在实践中形成了改进型和重构型两种制度模式。

1. 改进型信息公开制度模式

所谓改进型信息公开模式，是指在不打破原有信息公开法律体系的前提下，通过补充式立法或司法判例来确立公用企业信息公开规则的一种制度构建模式。一些较早制定信息公开法的国家大多选择了改进型信息公开模式。由于早期公共产品和普遍服务供给由国家全盘负责，传统公用企业通常是由政府控制并隶属于政府的部门或机构，公众因此可以透过政府信息公开的渠道获取公用企业信息。但是，随着政府职能社会化和民营化浪潮的兴起，各国政府引入了大量的私人主体来完成公共产品和普遍服务供给任务，这既对公众获取公用企业信息产生了影响，亦对传统行政主体理论的内在机理提出了挑战。在实践中，公用企业如何适用信息公开无疑成了困扰各国信息公开的难题。

在现代法治国家中，美国已走在了信息公开法制化时代的最前列，在解决上述问题上具有典范作用，并成为其他国家争相效仿的对象。如果追根溯源，我们不难发现，早在建国之初美国就存在着保障信息公开和言论自由的法律制度萌芽。1791 年生效的美国宪法第一修正案规定:“国会不得制定法律限制言论和出版自由”。宪法第一修正案不但确立了美国信息公开的基本原则，更成了最早规范政府部门信息公开的基础性法律。[1] 不过，由于美国法律体系中并不存在“政府必须公开信息”的明确规定，信息是否公开完全

〔1〕 在美国理论界和实务部门看来，宪法第一修正案所指的“国会”一词并非仅限立法部门，而是泛指包括立法、行政和司法部门在内的所有政府部门。参见邱小平：《表达自由——美国宪法第一修正案研究》，北京大学出版社 2005 年版，第 74 页。

取决于政府的独立判断，以至于信息公开受到了政府部门的强烈抵制。1946年《联邦行政程序法》的颁布并没有带来很大改观，其但书中规定的“合理理由”、“公共利益”等不确定法律概念为政府部门拒绝公开提供了“法律工具”。[1] 为改变信息难以获取的尴尬局面，美国国会决定制定一部信息公开的基本法，并在《联邦行政程序法》实施的20年后付诸行动。1966年，美国国会在对《联邦行政程序法》中有关公众获取政府信息的条款进行修改和完善的基础上制定了《联邦信息公开法》。《联邦信息公开法》适用对象主要针对《联邦行政程序法》中的“行政机关”，尽管其适用对象非常有限，仅要求“行政机关”给公众提供必要的信息，但由于该法并未明确规定“行政机关”的定义，这为实务部门对“行政机关”进行扩大性解释提供了空间。[2] 1974年的修正案把“行政机关”直接规定为“行政部门，军事部门，联邦政府的、受联邦政府控制的企业，或者联邦政府行政部门的其他机关，或者任何独立的管理机关”。[3] 美国国会将行政机关的定义解读为，“行使政府职能并且掌握对公众利益影响”的主体，无疑极大扩展了“行政机关”的内涵，使得《联邦信息公开法》中“行政机关”的范围比《联邦行政程序法》还要宽泛。[4] 显然，在不存在有关公用企业信息公开的专门立法的情况下，美国通过国会修正立法的途径逐步将担负公共职能的公用企业纳入信息公开法的范畴，实现了公用企业

---

〔1〕 二战后，由于东西方长期的对峙和冷战，使信息公开受到进一步限制，美国政府机关不再愿意将信息向社会公众公开，并寻求各种“合法”途径拒绝公众的信息公开请求。参见周汉华：“美国政府信息公开制度”，载《环球法律评论》2002年第3期。

〔2〕 See Ann H. Wion, “The Definition of ‘Agency Records’ under the Freedom of Information Act”, *Stanford Law Review*, 31 (1979), 1093.

〔3〕 石国亮：《国外政府信息公开探索与借鉴》，中国言实出版社2011年版，第23页。

〔4〕 美国《联邦信息公开法》中“行政机关”的范围不但包括了政府部门、独立规制机关，还包括了诸如田纳西流域管理局、农产品信用公司等政府相关法人及由政府管理的企业。

信息公开。

许多国家亦选择了与美国相同的道路，有意识地对原来规范政府行为的信息公开法的相关条款进行扩展或者修改，使信息公开义务主体能够囊括公用企业。但鉴于公用企业的种类众多、内涵不明确，且又涉及公、私法归属问题，[1] 各国修改后的信息公开法对行政机关的界定虽然为公用企业信息公开提供了一定的法律遵循，却没有完全解决实践中私人信息公开义务主体的定性问题。因此，对于公用企业从事何种行为能够归入“行政机关”，仍有赖于实务部门对具体个案的判断和诠释。

与修改信息公开法拓宽“行政机关”的范围相比，美国联邦最高法院的解释过程显然更为曲折。联邦最高法院的判例经常发生变化，尤其是在解释标准的选择上，通常是令人难以捉摸的。归纳而言，美国联邦最高法院对广义上的“行政机关”能否构成信息公开义务主体的解释标准主要存在以下两种：

（1）行为等同标准。根据行为等同标准，担负政府职能的公用企业可以视为行政机关，并受信息公开法的拘束。[2] 公用企业虽然不是行政机关，但负有部分公共管理和服务职能，其相关信息理应依照信息公开法向公众公开。不过，美国联邦最高法院并没有止步于“负有部分公共管理和服务职能”这一种判断标准，在司法实践中先后发展出了将私法领域中行为视为政府行为的三种理论。

---

〔1〕 如韩国《公共机关信息公开法》对“公共机关”的界定极其广泛，除了囊括以“总统为首”的行政机关、宪法法院、司法机关、立法机关、中央选举委员会之外，还包括了《政府投资机关管理框架法》第2条规定的任何政府持股超过50%的企业以及根据总统命令指定的学校、129家根据特别法设立的机构、93家中央政府或者地方政府出资超过一半设立的机构、34家医疗机构、1005家中央或者地方政府提供过财政支持的机构等。参见周汉华主编：《外国政府信息公开制度比较》，中国法制出版社2003年版，第356页。

〔2〕 See Daphne Barak - Erez，“A State Action Doctrine for an Age of Privatization”，*Syracuse Law Review*，45（1995），1169.

第一，公共职能理论（public function theory）。该理论最早提出于1946年的马什诉阿拉巴马州案（Marsh v. Alabama）。[1] 马什诉阿拉巴马州案争议的焦点在于，耶和华见证人教徒在未经许可的情况下进入由私人主体管理的城镇商业区发放宗教宣传材料是否构成非法侵入罪。美国联邦最高法院以公共职能理论否决了对该耶和华见证人教徒的有罪控告，并认为虽然管理城镇商业区的公司是私人主体，但管理行为的公共属性并没有因此而改变。这就意味着，管理主体的财产所有权会因优先保护使用人的宪法、法律权利而受到限制。公共职能理论是从行为的功能和目的出发，对私人主体行为性质进行界定和辨别的一种方法。如果私人主体从事的行为属于传统上的政府职能，则构成政府行为并受公法原则的约束。在马什诉阿拉巴马州案中，联邦最高法院尽管将政府责任赋予了私人主体，但是在随后的判例中，其对政府行为的判断却表现得较为严苛和谨慎，公共职能理论的适用受到了一定的限缩。譬如，供电企业提供电力服务行为[2]、货物保管人出售留置财产[3]、私立学校解雇员工[4]、私立医院为患者安排病房[5]、奥委会对体育运动的管理[6]等都不构成政府行为。

第二，政府卷入理论（government entanglement theory）。该理论主要是依靠考察私人主体行为（private action）和政府行为（state action）之间的关系来完成行为性质的判定，只有政府卷入私人主体行为的程度达到了较高标准，该私人主体行为才可以转化为

---

〔1〕 Marsh v. Alabama, 326 U. S. 501 (1946).

〔2〕 See Jackson v. Metropolitan Edison Corporation, 348 F. Supp. 954 (M. D. Pa. 1972), aff'd, 483 F. 2d 754 (3d Cir. 1973), aff'd, 419 U. S. 345 (1974).

〔3〕 See Flagg Bros., Inc. v. Brooks, 436 U. S. 149 (1978).

〔4〕 See Rendell – Baker v. Kohn, 457U. S. 830 (1982).

〔5〕 See Blum v. Yaretsky, 457 U. S. 991 (1982).

〔6〕 See San Francisco Arts & Athletics, Inc. v. United States Olympic Committee, 483 U. S. 522 (1987).

政府行为。譬如，联邦最高法院在勒布朗诉全国铁路客运公司案（Lebron v. National Railroad Passenger Corporation）中认为，“全国铁路客运公司是依据政府颁布的特别法规创立的，服务于政府目的，在其大多数管理人员的任命上，政府拥有最终权威，因此，全国铁路客运公司构成了政府的一部分，必须遵守宪法第一修正案。”〔1〕据此，政府对公用企业的控制，被联邦最高法院当作了一种测定政府卷入程度是否达到较高标准的方法。除了政府控制之外，联邦最高法院通过判例发展出的测定方法，还包括共生关系（symbiotic relationship）、政府鼓励或强迫（state encouragement or compulsion）、共同行为（joint action）等。〔2〕

第三，关联理论（nexus theory）。在杰克逊诉大都会爱迪生公司案（Jackson v. Metropolitan Edison Corporation）中，联邦最高法院认为，大都会爱迪生公司提供的电力服务并非传统上国家所有的专属性特权，故不适用在1946年马什诉阿拉巴马州案中建立的公共职能理论。大法官威廉·伦奎斯特（William Rehnquist）在该案中，代表多数意见提出了关联理论。伦奎斯特指出，“特定行为是由私人主体所为还是由政府行为所为，并非是一个容易回答的问题，对此判断的基本路径是：探寻国家与被诉的受规制主体之间是否存在足够的关联，以致后者行为能被视为国家行为。”〔3〕显然，关联理论关注于政府与公用企业之间的关系。在某些情况下，政府尽管并没有真正卷入公用企业的行为，但公用企业仍然会因与政府存在密切关系而被视为行政机关。

---

〔1〕 Lebron v. National Railroad Passenger Corporation, 513 U. S. 374 (1995).

〔2〕 参见彭亚楠：“谁才有资格违宪——美国宪法的政府行为理论”，载赵晓力主编：《思想与社会·宪法与公民》（第4辑），世纪出版集团、上海人民出版社2004年版，第242～243页。

〔3〕 See Jackson v. Metropolitan Edison Corporation, 348 F. Supp. 954 (M. D. Pa. 1972), aff'd, 483 F. 2d 754 (3d Cir. 1973), aff'd, 419 U. S. 345 (1974).

（2）实质控制标准。联邦最高法院在1980年福谢姆诉哈里斯案（Forsham v. Harris）中提出了实质控制标准。[1] 在福谢姆诉哈里斯案中，福谢姆要求大学群体糖尿病项目小组（UGDP，以下简称“项目小组”）和全国关节炎、新陈代谢与消化疾病研究中心（NIAMDD，以下简称“研究中心”）公开由一组私人医生和科学家负责实施科学实验的原始数据，遭到了拒绝。为此，福谢姆主张项目小组和研究中心侵犯其知情权。经查明，研究中心是隶属于美国卫生、教育和福利部（HEW），其作为项目小组进行科学实验的资助者，尽管拥有对原始数据、相关文件等资料的查阅权，但其并没有行使对项目小组日常监督的权力。在分析判断基本案情后，美国地方法院和联邦最高法院都作出了原始数据不构成政府信息的判决。他们认为，研究中心既非因政府许可而成立也不受“广泛的、具体的、日复一日的政府控制”，因此，研究中心无法被视为美国《联邦信息公开法》中的“行政机关”，也不承担信息公开义务。从该案的逻辑推理过程来看，政府资金资助的程度和控制力的强弱是私人主体能否成为行政机关的两个决定性因素。唯有政府资金资助和控制已达到实质程度的情况下，私人主体才能成为美国《联邦信息公开法》规范下的“行政机关”。在福谢姆诉哈里斯案之后，出现的大量判例对实质控制标准的认定方式进行了丰富和充实。除了政府资金资助的程度和对私人主体的控制程度之外，主体雇员的性质[2]、主体实施行为内容及特征[3]、联邦特许[4]等因素陆续被

---

〔1〕 Forsham v. Harris, 445 U. S. 169 (1980).

〔2〕 See Irwin Memorial Blood Bank of the San Francisco Medical Society v. American National Red Cross, 640 F. 2d 1051 (9th Cir. 1981).

〔3〕 See Rocap v. Indiek, 539 F. 2d 174 (D. C. Cir. 1976), 5 U. S. C. k 552 (f) (Supp. II 1996).

〔4〕 See Railway Labor Executives' Association v. Consolidated Rail Corporation, 580 F. Supp. 777, 120 L. R. R. M. (BNA) 2059 (D. D. C. 1984).

法院纳入实质控制标准的审查内容。

通过上述判例发现，基于行为等同标准产生的三种理论并非具有一贯性，这充分显示出了联邦最高法院对私人行为介入公共事务的矛盾态度。至于私人行为何时可被视为“政府行为”，并不仅仅是三种理论择一适用那么简单，这使得“行为等同”的判定标准一直处于变动与反复之中，缺乏必要的稳定性。随着信息公开实践的发展演变，联邦最高法院的态度也发生了明显的变化，行为等同标准在后期的发展中逐渐被实质控制标准吸收，成为其一项附属内容或者用以补强证明力的内容。[1] 然而，这并不意味着行为等同标准在司法审查过程中就失去了意义。无论行为等同标准还是实质控制标准，均是美国法院利用法律解释的方式将信息公开法延伸到传统行政机关以外的公用企业的一种有益探索，对于公用企业实现信息公开具有重要的实践价值和历史意义。不过，美国公用企业信息公开过分依赖法院判例指引，并非明智之举。因为对于信息公开如何适用问题，并不是所有地区、所有法院都存在较为明确的判例指引。在信息公开法中缺少对公用企业信息公开的规定的情况下，一些缺乏判例指引地区的公众知情权不但无法很好地实现，更甚者还会受到严重侵蚀。[2] 因此，在发挥司法实践最大效用的同时，仍需要及时对信息公开法进行修正，使公用企业等私人主体拘束于信息公开法之下。

2. 重构型信息公开的制度模式

所谓重构型信息公开模式，是指通过颁布与政府信息公开法并行的单行法，完成对公用企业信息公开制度建构的一种模式。从世

---

〔1〕 参见王军：“美国信息自由法上‘行政机关’之认定标准——基于判例的视角”，载《行政法学研究》2013 年第 2 期。

〔2〕 See Craig D. Feiser, “Protecting the Public's Right to Know: The Debate over Privatization and Access to Government Information under State Law”, *Florida State University Law Review*, 27 (2000), 827.

界范围来看，目前属于重构型信息公开模式的国家并不多，其中最为典型的当属日本。

日本信息公开的法制化实践始于20世纪80年代。日本信息公开立法与反腐败紧密相连。[1] 田中秘密金库问题（1972年）、洛克希德行贿事件（1976年）相继出现，使公众对政府的信任度急剧下降，要求废除信息保密制度的呼声日益高涨。迫于舆论压力，日本内阁于1980年制定了《关于提供信息的改善措施》，同年10月开始在各省厅设立文书阅览窗口。不过，从严格意义上讲，《关于提供信息的改善措施》并不属于法规范的范畴，信息公开的法制化实践是从地方自治团体制定信息公开条例开始的。1982年，山形县金山町和神奈川县先后制定了《金山町公文书公开条例》和《神奈川县机关公文公开条例》，成为最早一批推行信息公开法制化的地方自治团体。在这两个条例出台以后，日本其他地方自治团体也陆续开始制定信息公开条例。到1998年4月，除爱媛县以外，全国所有都、道、府、县都制定了信息公开条例，有515个市、区、镇、村制定了信息公开条例。[2] 与地方自治团体信息公开法制化实践的繁华景象相比，国家层面的信息公开立法却极其迟缓。在第一部地方自治团体信息公开条例颁布17年后，日本在1999年才制定出首部通行全国的《行政机关拥有信息公开法》。《行政机关拥有信息公开法》出于对地方自治权的尊重，并没有直接将地方自治团体列入规范对象，而是要求地方自治团体制定或修改其信息公开条例，以贯彻该法的立法目的和基本精神。[3] 由此可见，《行政机关拥有信息公开法》只是规定了地方自治团体信息公开的最低标准，对地方自治团体并不具有法律规范上的强制力。

---

〔1〕 参见赵正群、段银萍："日本以信息公开诉讼反腐败的经验及其法治意义"，载《天津市政法管理干部学院学报》2008年第1期。

〔2〕 参见刘杰：《日本信息公开法研究》，中国检察出版社2008年版，第44页。

〔3〕 参见日本《行政机关拥有信息公开法》第26条。

与地方自治团体一样，公用企业亦不属于《行政机关拥有信息公开法》拘束的对象。从历史的角度来看，作为公用企业的上位概念，“独立行政法人”是在政府职能社会化背景下产生的一个新概念。[1] 它是以“在国家没有必要自己作为主体直接进行运营的组织中，对那些即使委以民间主体也未必能够进行运营或者有必要让一个主体进行垄断才能运营的组织，实施有效的运营和管理”为目的而设立的法人。[2] 由于“独立行政法人”概念出现在《行政机关拥有信息公开法》制定之后，因最初独立行政法人不是法定信息公开义务主体，曾引起了理论界的诸多争论。为了解决理论纷争，日本对《行政机关拥有信息公开法》进行修改并加进了“独立行政法人”概念，要求政府结合独立行政法人的性质和业务内容，采取法律上的措施或其他必要措施，推进独立行政法人信息的主动公开及提供。[3] 从这一法律文本表述来看，尽管独立行政法人在形式上与政府相分离，但其所从事的业务属于的政府任务。无论这些业务由政府经营还是由公用企业经营，经营主体都负有对事务的经营管理情况进行说明责任和义务，并且此项责任和义务是完全不可推卸的。基于此，有必要通过立法的形式为公用企业设立特殊监督程序和信息公开义务。《行政机关拥有信息公开法》对此作出了明确回应，该法额外条款第 2 条要求在《行政机关拥有信息公开法》通过后两年之内，另行制定相关法律来管理公用企业的信息公开义务。[4] 基于此项规定，日本在 2001 年制定了《独立行政法人等拥

〔1〕 日本独立行政法人相当于我国的法律法规授权组织、公用企业和事业单位。

〔2〕 参见日本《独立行政法人通则法》第 2 条。

〔3〕 参见日本《行政机关拥有信息公开法》原来条文第 42 条。《行政机关拥有信息公开法》实施后，经历了多次小的修改，随着《独立行政法人等拥有信息公开法》的制定，该法中一些有关“独立行政法人信息公开”的规定被删除。

〔4〕 参见［加］托比·曼德尔：《信息自由：多国法律比较》，龚文库等译，社会科学文献出版社 2011 年版，第 93 页。

有信息公开法》，对包括公用企业在内的独立行政法人公开信息作出规范。

从信息公开法的演进历程来看，日本信息公开法制化并没有选择扩展《行政机关拥有信息公开法》中“行政机关”内涵的路径，而是在原有信息公开立法的基础上，专门制定了一部以公用企业为主要规范对象的《独立行政法人等拥有信息公开法》。从法律条文的内容来看，规范公用企业与政府部门的信息公开立法一脉相承，《独立行政法人等拥有信息公开法》在基本理念、内容结构等诸多方面都援引了《行政机关拥有信息公开法》的规定，被一些学者解读为适用主体不同而效果相当的信息公开法。[1] 尽管如此，两部信息公开法之间具有诸多不同点。《独立行政法人等拥有信息公开法》在义务规定的明确程度、行政复议机关的选择等方面都有别于《行政机关拥有信息公开法》，其构成了一项独具特色的信息公开法律制度。

可以说，公用企业信息公开和政府信息公开组成了日本公共行政领域信息公开的二元法律结构模式。这一点构成了日本公用企业信息公开与其他国家的信息公开的根本差异。世界上许多国家大都把公用企业和政府部门纳入同一部信息公开法加以调整，例如，法国《行政信息公开法》将法国高速公路公司、巴黎机场等公用企业归入规范对象的范围之内；荷兰《行政公开法》中，行政机关的定义中也包括了公用企业；丹麦《政府信息公开法》的规范对象不仅仅是行政机关，还包括天然气、电力和供暖企业中的一定范围的能源供应公用企业；澳大利亚《联邦信息公开法》中的“法定机关”包含有澳大利亚机场公司、澳大利亚广播公司等特定的企业；新西兰《政务信息法》规定的“组织”包括新西兰航空公司、新西兰

---

〔1〕 参见［加］托比·曼德尔：《信息自由：多国法律比较》，龚文庠等译，社会科学文献出版社2011年版，注释2，第93页。

广播公司等特定的企业。[1] 与上述国家相比而言，日本公用企业信息公开之所以在实现路径上选择了“重构型”模式，与其信息公开立法传统存在着密切的关系。在日本，除政府部门、独立行政法人以外，国会、法院、公益法人尽管都属于广义上的信息公开义务主体，但它们的信息公开活动却受不同法律规范的拘束。国会的信息公开适用日本宪法和《国会法》；法院的信息公开适用《关于最高法院保有的司法行政文件开示等事务处理纲要》《关于法院保有的司法行政文件开示的事务基本处理规定》；公益法人的信息公开适用《行政改革大纲》《对公益法人的行政干预状况的改革实施计划》等。[2] 鉴于这一立法现状，我们完全可以理解日本在处理公用企业信息公开实现路径问题上选择“重构模式”的缘由。从一定程度上讲，该选择实属日本信息公开立法传统之使然。

（二）我国公用企业信息公开的制度抉择

从某种意义上讲，我国公用企业信息公开脱胎于政府信息公开。《政府信息公开条例》第37条要求“教育、医疗卫生、计划生育、供水、供电、供气、供热、环保、公共交通等与人民群众利益密切相关的公共企事业单位在提供社会公共服务过程中制作、获取的信息的公开，参照本条例执行”。因此，准确把握《政府信息公开条例》“参照”的本质内涵必然成为构建公用企业信息公开制度的关键。

1. 法律规范中“参照”的文本解读

法律规范文本中关于“参照”的规定，并非由《政府信息公开条例》第37条首创，“参照”作为法律术语广泛应用于行政立法领域。从我国行政立法实践来看，法律规范文本中的“参照”含有

---

〔1〕 参见朱芒：“公共企事业单位应如何信息公开”，载《中国法学》2013年第2期。

〔2〕 参见刘杰：《日本信息公开法研究》，中国检察出版社2008年版，第108～118页。

参考、仿照的寓意，是性质类同或者相近的法律（条款）、具体事项或者行为在适用范围上的续延。具体而言，“参照”主要分为两类：

（1）关于法律规范或者条款的参照规定。对于法律规范参照而言，既可以参照上位法和本法，例如，《规划环境影响评价条例》中关于“具体办法由省、自治区、直辖市参照《中华人民共和国环境影响评价法》和本条例的规定制定”的规定，〔1〕亦可以参照下位法，例如，《机动车交通事故责任强制保险条例》中关于“医疗机构应当参照国务院卫生主管部门组织制定的有关临床诊疗指南，抢救、治疗道路交通事故中的受伤人员”的规定。〔2〕除此之外，还存在对个别条款参照的规定，例如，《村民委员会组织法》中关于“村民委员会成员出缺的补选程序参照本法第15条的规定办理”的规定。〔3〕

（2）关于事项或者行为的参照规定。主要有《食品安全法》中关于“制定食品安全国家标准参照相关的国际标准和国际食品安全风险评估结果”的规定〔4〕、《行政诉讼法》中关于“审理行政案件参照规章”的规定〔5〕、《公务员法》中关于“机关聘任公务员可以参照公务员考试录用的程序进行公开招聘”的规定〔6〕。

从上述有关参照规定的不同涵义可以看出，作为法律术语的“参照”具有复杂性和多义性。从语言学角度来看，“参照”与“依据”、“适用”不同，有变通执行之义。它是对作用于法律适用层面上的例外情形的一种特殊表述，一方面反映出与参照对象在内

---

〔1〕参见我国《规划环境影响评价条例》第35条。

〔2〕参见我国《机动车交通事故责任强制保险条例》第32条。

〔3〕参见我国《村民委员会组织法》第19条。

〔4〕参见我国《食品安全法》第23条。

〔5〕参见我国《行政诉讼法》第63条。

〔6〕参见我国《公务员法》第96条。

容上的差异性；另一方面则蕴涵着法律适用中的某一种或者几种解释方法。“参照”除具有避免法律用语的重复、冗长外，其主要功能在于通过隐含的解释方法弥补因立法者意识不足而造成的法律规范难以或者不能适用现实的问题。因为制定法需要面向未来，立法者不能准确把握或者预见将来在行政实践中可能形成或者发生的问题，于是在制定法律文本时只能使用概况性或者灵活性的语言，[1]这也为行政机关实施法律预留了解释和裁量的空间。从另一角度来看，行政机关有时会借解释法律之名扩张行政权力范围，为其先前违法或者不合理行为寻找开脱的理由，往往会对公民的合法权益造成二次侵害。基于此，行政机关对现行法的解释权必然是受约束的有限权力，应当接受复议机关和法院的审查。换言之，对不符合或不完全符合法律、行政法规原则与精神的“参照”行为，可借助于复议机关和法院的审查权予以监督与纠正。

《政府信息公开条例》第 37 条中的“参照”属于“法律规范的参照规定”，需要将行政机关的信息公开义务扩展至公用企业。公用企业在“提供社会公共服务过程中制作、获取的信息”仿照政府信息公开制度及精神理念进行公开，不仅可以填补公用企业信息公开领域的立法“空白地带”，而且还对公民知情权的保障具有意义。然而，囿于立法用语的模糊性，我们难以从现有立法中推理出参照适用的信息公开规则。尽管公众实际上被赋予了获取信息的权利，在理论上其依据《政府信息公开条例》的规定不仅可以在获取公用企业信息方面掌握主动，而且在信息申请上是存在一定优势的，但是由于在立法实践中缺乏有关如何申请、公开范围、公开方式的实施细则及配套的救济条款，致使公民在知情权的实现过程中是不可能取得主动的。这种公用企业信息公开立法上的缺位甚至会

---

〔1〕 See Lief Carter, Christine Harrington, *Administrative Law and Politics*, Massachusetts: Addison Wesley Longman, Inc., 2000, p. 33.

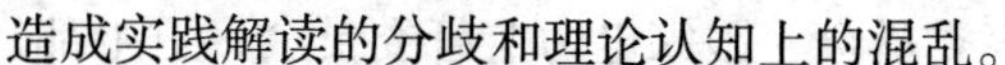

造成实践解读的分歧和理论认知上的混乱。

2. 公用企业信息公开的规范状况

从我国立法实践来看，《政府信息公开条例》第 37 条将公用企业纳入信息公开义务主体，并要求“国务院有关主管部门或者机构”针对公用企业的信息公开事项制定具体办法。这一规定标志着公用企业的信息公开义务就此产生，公用企业信息公开制度也从无到有，迈出了走向制度化建设的第一步。

《政府信息公开条例》颁行后，国务院办公厅于 2008 年 4 月 29 日发布的《关于施行〈中华人民共和国政府信息公开条例〉若干问题的意见》进一步明确国务院有关主管部门和公用企业在信息公开工作中的职责和义务，同时还为国务院有关主管部门制定了严格的时间表，要求其“在 2008 年 10 月底前制定具体的实施办法”。然而，国务院有关主管部门或者机构制定实施办法的工作进展并不顺利，除交通运输部于 2008 年 10 月底前发布《交通运输公共企事业单位信息公开指导意见》之外，其他国务院主管部门或者机构迟迟没有出台规范公用企业信息公开的相关操作细则。不过，在规定的期限之后，住房和城乡建设部（2008 年 11 月 12 日）、国家人口和计划生育委员会（2009 年 2 月 3 日）、国家电力监管委员会（2009 年 12 月 18 日）、卫生部（2010 年 6 月 3 日）、环境保护部（2010 年 7 月 16 日）等国务院部委相继遵照《政府信息公开条例》中“参照本条例执行”的规定制定了公用企业信息公开的具体实施办法。[1] 尽管绝大部分国务院部委没有遵照“2008 年 10 月底前制定具体的实施办法”的时限要求，但交通运输部、住房和城乡建设

---

〔1〕 国务院主管部门或者机构制定的实施细则和具体名称是：住房和城乡建设部《供水、供气、供热等公用事业单位信息公开实施办法》、原国家人口和计划生育委员会《人口和计划生育技术服务机构信息公开办法（试行）》、原国家电力监管委员会《供电企业信息公开实施办法（试行）》、原卫生部《医疗卫生服务单位信息公开管理办法（试行）》、环境保护部《环境保护公共事业单位信息公开实施办法（试行）》。

部、国家人口和计划生育委员会、国家电力监管委员会、卫生部、环境保护部等制定的这些实施办法有效促进了其所管辖的公用企业的信息公开工作。与此同时，一些地方政府也制定并发布了涉及公用企业信息公开的具体规定。[1] 这些规定不仅丰富了公用企业信息公开的实践，在一定程度上也推动了公用企业信息公开法制化建设。

但是，国务院主管部门或者机构及地方政府“参照”《政府信息公开条例》制定的实施办法普遍存在适用面窄、效力层次低的问题。基于规范层级的限制，相关实施办法并未规定不履行信息公开义务的责任问题，同时对于救济机制的规定亦是十分模糊，有的实施办法甚至不存在救济条款。因此，单纯依靠实施办法还不能完全实现《政府信息公开条例》中“参照”规定的制度价值，对于公用企业信息公开的实现路径问题仍需要在理论进行深度解读和实践予以大胆尝试。

3. 公用企业信息公开的实现路径

自《政府信息公开条例》颁行以来，理论界对公用企业如何进行信息公开命题投入了相当多的关注，也对公用企业如何适用《政府信息公开条例》进行了较为深入的讨论，取得了一定成效与突破。尽管如此，相关研究成果与政府信息公开理论相比仍相形见绌，尤其是在参照执行制度下如何架构和规范公用企业信息公开上的研究仍不乐观，但其进步仍是应当肯定的。就其理论研究成果来看，主要存在两种建设进路：

(1) 从对《政府信息公开条例》第 37 条的理解出发，认为“参照本条例执行”的规定属于对与人民群众利益密切相关的公用

---

〔1〕 地方政府制定的实施办法包括：《四川省公共企事业单位办事公开实施办法（试行）》、《成都公共企事业单位办事公开实施办法（试行）》、《南宁市公共企事业单位办事公开制度（试行）》、《黄山市公共企事业单位办事公开暂行办法》、《南阳市公共企事业单位信息公开实施办法（暂行）》、《南通市公共企事业单位信息公开实施办法》，等等。

企业的法规授权，可以通过司法解释明确公用企业的行政主体和被告资格，[1] 以实现理论与实践之间的弥合。由此公用企业就可以归入法律法规授权组织之列，承担与法律法规授权组织同等的信息公开义务，接受与法律法规授权组织相同强度的司法审查。

（2）以公共行政的职能属性为标准，无论是行政机关还是其他非政府组织，只要承担公共管理职权或者向社会供给公共产品和普遍服务，就具备了适用信息公开法的基本标准。[2] 基于公用企业承担了大量行政管理、监督和服务职能，其履行的公共职能与行政机关无本质差异，因而理应成为公共行政的主体，履行《政府信息公开条例》规定的信息公开义务。

第一种路径虽然为公用企业信息公开及其诉讼适用《政府信息公开条例》及《行政诉讼法》的相关规定提供了依据，因其混淆了授权主体与义务主体的范畴，并且这种解释方法仅仅关注《政府信息公开条例》第 37 条本身内涵，在一定程度上忽视其在法规中的整体性定位。《政府信息公开条例》第 37 条是前 36 条在行为活动方面的延伸，只有在整体上将《政府信息公开条例》作为一个系统看待，才能正确理解“参照本条例执行”的含义。[3] 因此，笔者认为，与《政府信息公开条例》第 36 条的属性类同，[4] 第 37 条属于设立公用企业信息公开义务的适用性规定，而并不存在所谓的对提供社会公共服务的公用企业的概括性授权。这种“参照即为授权”的解释误将义务的确立等同为权利的赋予，实属权利和义务

〔1〕 参见李广宇：《政府信息公开诉讼：理念、方法与案例》，法律出版社 2009 年版，第 44 页。

〔2〕 参见周汉华主编：《政府信息公开条例专家建议稿——草案 · 说明 · 理由 · 立法例》，中国法制出版社 2003 年版，第 63 页。

〔3〕 参见朱芒：“公共企事业单位应如何信息公开”，载《中国法学》2013 年第 2 期。

〔4〕《政府信息公开条例》第 36 条的规定是对法律法规授权组织在信息公开领域义务的确认，并非是一种再授权。

谱系的本末倒置。因为《政府信息公开条例》第36条规定的“法律、法规授权的具有管理公共事务的组织”与第37条规定的“公用企业”和“事业单位”之所以相并列是为了相互区分。[1] 就法律条文而言，公用企业仅仅具有类似的行政主体资格，[2] 而并非是经《政府信息公开条例》授权的具有管理公共职权的法律法规授权组织。当然，实践中一些公用企业亦可能基于法律法规的独立授权承担公共管理职能。对于此类公用企业应认定为法律法规授权组织，其行政主体资格也是毋庸置疑的。

从公共行政社会化角度来看，第二种以“职权类同”作为适用路径，在形式上具有一定合理性，但细致推导却发现，公用企业毕竟不是行政管理主体，不能完全适用《政府信息公开条例》关于行政机关的规定。[3] 公用企业具有特殊的社会属性和职能定位，其不能完全适用以规范行政机关为核心内容的政府信息公开制度，也不具备履行与行政机关完全相同的信息公开义务的现实基础及条件。公用企业提供的公共服务与公民的生产生活、公共利益等息息相关，公用企业必须承受更多的特殊类型责任的拘束，[4] 但公用企业除应受制于社会公众的基本需求、公共利益的要求等因素外，还应追求利益和效率的最大化。这一私法属性致使公用企业的法域定位变得尤为复杂。在大多数情况下，公用企业有别于行政机关的公法定位，通常归类为民事主体，倘若一味强调作为私人主体的公用企业必须完全承担公法上的职责和义务，不但损害了公法理念的

〔1〕 参见江必新主编:《最高人民法院关于审理政府信息公开行政案件若干问题的规定：理解与适用》，中国法制出版社2011年版，第16页。

〔2〕 参见江必新、梁凤云:“政府信息公开与行政诉讼”，载《法学研究》2007年第5期。

〔3〕 陈福智:“关于《政府信息公开条例》的几个问题（上）”，载《中国行政管理》2007年第11期。

〔4〕 参见冯果、辛易龙:“公用企业社会责任论纲——基于法学的维度”，载《社会科学》2010年第2期。

内在机理，同时也会带来公用企业效益的降低。因此，法律应关注公用企业作为公共服务提供者的信息公开义务与私法上的义务、原则的平衡，特别是为公用企业设立公法责任时，其特殊性的商业信息以及作为私人主体时的意志自治空间需要考虑并加以保护，这也是《政府信息公开条例》在“附则”中使用“参照”这一法律文本术语的本意之所在。

鉴于公用企业信息公开的特殊性，笔者认为，在公用企业信息公开的实现路径的选择上，需要同时兼顾和考量多方因素。公用企业信息公开应当遵循立法和实践互动的指导理念，根据立法状况、实践之需来架构公用企业信息公开制度。对于相关主管部门参照《政府信息公开条例》作出细化规定或者特别规定的，公用企业应当依据该实施细则执行。如果没有法律规范作出特别规定或者相关主管单位未作出规定，应当由公用企业根据自身的特殊实际，裁量如何参照执行。[1] 此外，公用企业亦可以根据行业特点，制定并发布相应的信息公开规则。[2] 当然，无论是适用具体实施细则，还是根据特殊实际、行业特点裁量执行或者是制定规则，信息公开行为都要受法律优位原则和法律保留原则的限制，不可超越《政府信息公开条例》及相关立法确立的信息公开基本理念和价值。为了避免适用信息公开的任意性以及超越信息公开基本理念和价值情形出现，应当明确赋予行政机关、司法机关等主体对公用企业信息公开行为的监督权与审查权，借助于外部制约的力量来保障公用企业信息公开能够沿着法治的轨道稳步推进。

---

〔1〕 参见曹康泰主编：《中华人民共和国政府信息公开条例读本》，人民出版社2007年版，第149页。

〔2〕 如美国私人主体制定了数以千计的行业规则和产品标准。这些行业规则和标准不仅有巨大的经济和社会影响，而且有的还会被行政机关采纳，升格为官方规范。参见［美］乔迪·弗里曼：“私人团体、公共职能和新行政法”，晏坤译，载《北大法律评论》（第5卷），法律出版社2003年版，第526页。

第三章

公用企业信息公开原则

原则是说话、行事所依据的准则或标准。法律原则体现着实在法的基础性原理和根本精神，是可以作为众多法律规则之基本或本源的综合性、稳定性特点的原理和准则。[1] 而公用企业信息原则是整个信息公开活动的指导思想和基本准则，其构成公用企业信息公开制度建构、法律实施和争议解决的神经中枢。[2] 从理论上探讨公用企业信息公开原则，不仅对我国公用企业信息公开制度的合理建构有着积极的促进作用，更为重要的是，还能够指导对《政府

---

〔1〕 参见张文显：《法哲学范畴研究》，中国政法大学出版社 2001 年版，第 53～54 页。

〔2〕 在我国学界，法律原则有基本原则和具体原则之分。基本原则具有普遍指导和规范作用，但基本原则和具体原则的界限并非绝对，有些原则虽然只适用于某一阶段或某一环节，但对保护公民权利、规范行政权力运行具有重要意义的，也可以提升为基本原则。与我国在部门法中广泛使用基本原则这一概念不同，一些英美法系国家的法律和法学中并没有使用“基本原则”的提法，只是把原则作为与规则相对的范畴来研究。参见王万华：《行政程序法研究》，中国法制出版社 2000 年版，第 162～165 页。这里，笔者无意耗费过多笔墨来探讨公用企业信息公开的基本原则和具体原则间的关系，而是本着实用性的指导理念，对公用企业信息公开的重要原则进行探讨。

信息公开条例》第37条的解释以及信息公开领域自由裁量权的合理行使，甚至可以为未来制定统一的《信息公开法》提供学理上的支持和指引，从而强化法律对公用企业信息公开的调控能力。

一、公用企业信息公开原则的价值

公用企业信息公开原则是指导公用企业信息公开制度的建构以及信息公开法的制定、实施等重大理论问题和实务问题所必须遵循的原理和准则。公用企业信息公开原则体现着信息公开的本质和精髓，直接关涉到个人基本权利和社会公共利益，对公用企业信息公开制度的构建及执行具有不可低估的指导价值。

（一）为公用企业信息公开的立法提供准则

诚如罗纳德·德沃金（Ronald Dworkin）教授所言："我把这样一个准则称为一个'原则'，它应该得到遵守，并不是因为它将促进或者保证被认为合乎需要的经济、政治或者社会形势，而是因为它是公平、正义的要求，或者是其他道德层面的要求。"〔1〕 公用企业信息公开原则尽管有别于具体的法律规则，并不直接诠释行为模式和法律后果，但其所指示的是有关信息公开立法的正义追求和道德指向，是公用企业信息权和知情权公正行使的法律标准。明确公用企业信息公开原则，对在当前乃至未来信息公开立法中构建良性的公用企业信息公开制度具有重要指导意义。

公用企业信息公开原则是连接立法目的和具体法律规则的纽带，决定着信息公开法预期目标的实现程度。"法律原则直接承载着法律目的，凸现着法律本质，同时又涵盖着众多形色各异的法律规则"。〔2〕 而信息公开法的立法目的是信息公开制度设计的根基和

---

〔1〕［美］罗纳德·德沃金：《认真对待权利》，信春鹰译，中国大百科全书出版社1998年版，第41页。

〔2〕李可："原则和规则的若干问题"，载《法学研究》2001年第5期。

宗旨，全部的法律原则、规则和结构都必须处于立法目的范围和框架秩序，亦是整部法律条文设计安排的理论基础和逻辑起点。[1]法律原则与信息公开的立法目的、价值取向不一致，会导致公用企业信息公开的运行不畅。脱离公用企业信息公开原则，信息公开法律制度中的各项规则只能是一些“散落片段”，无法整合于统一的立法目的之下，更无法达到信息公开立法的应然效果。公用企业信息公开原则的内容具有根本性，其直接反映着信息公开法的立法目的和价值追求，是公用企业信息公开的最低限度要求。质而言之，公用企业信息公开原则在信息公开法中占据着“基础范畴”的地位。

鉴于原则的基础性地位，公用企业信息公开原则的准确定位是实现公用企业信息公开规范化的必要前提，亦是建立信息公开具体规则和法律框架的最基本保障。在理论上明确公用企业信息公开的原则，不但能够为“国务院有关主管部门或者机构制定”具体办法提供基本准则，也可为公用企业“参照执行”《政府信息公开条例》确立基本方向，还可以以公用企业信息公开原则为标准对现有信息公开体系进行评价，最终为相应行政法规范的完善提供参考标准。对于公用企业信息公开制度的实施而言，公用企业信息公开原则对《政府信息公开条例》构成内容的分析以及规范公用企业信息公开活动的第37条与其他条款之间关系尤其是如何推导该条规定的公用企业应该承担的信息公开方面的各项具体规范的内容和边界具有重要的指导意义。

（二）指导公用企业信息公开的实践活动

作为保障公民公用企业知情权的基本制度，公用企业信息公开原则应当贯穿于信息公开立法、执法和司法实践的各个环节，为立

[1] 参见黄学贤、雷娟：“《政府信息公开条例》立法目的之检讨”，载《浙江学刊》2012年第1期。

法者、政府部门、法院、公用企业和社会公众等广泛主体提供行为准则。“行政法的基本原则为行政法规范框定了伸展的范围，规定了发展的方向，不论是在精神上还是在价值上，均对其具有根本性的指导作用。”〔1〕 可以说，公用企业信息公开的具体法律规则、实施细则、行事方式是在其原则的基础上确立并逐步实现优化的。公用企业信息公开的原则一旦确定，也就意味着公用企业信息公开制度也相应建立起来了。

“只有承认法律既包括法律规则也包括法的原则，才能解释我们对于法律的特别尊敬。一个规则和一个原则的差别在于，一个规则对于一个预定的事件作出一个固定的反应；而一个原则则指导我们在决定如何对一个特定的事件作出反应时，指导我们对特定因素的思考。”〔2〕 原则在指导实践活动层面具有规则所没有的分量和效用，其科学程度决定了我们解决问题的思维模式和视野广度。从制度创建的角度来看，公用企业信息公开原则为立法机关和享有准立法权的行政机关提供了制度建设的依据和准则，更为重要的是，它对法律规范的良性运作和发展起着重要的导向作用。特别是在存在众多立法主体的我国，只有首先确立公用企业信息公开原则，才能在信息公开立法及相关规则的创制层面实现体系的协调和统一。从制度实施的角度来看，我国公用企业信息公开缺少统一的法律，有关公用企业信息公开问题的规定只散见于单行的法律、法规及规范性法律文件之中，且不同的规范作出不同甚至是相互冲突的信息公开规定，这既不利于对公用企业行为的规范，也不能为法院审查信息公开违法行为、社会公众申请信息公开提供明确指引，再加上公用企业的归口主管部门众多，各主管部门缺少相互协调和必要配

〔1〕 周佑勇：《行政法基本原则研究》，武汉大学出版社2005年版，第11页。

〔2〕 ［美］罗纳德·德沃金：《认真对待权利》，信春鹰译，中国大百科全书出版社1998年版，中文版序言，第18页。

合，致使公用企业信息公开制度的实施出现了诸多问题。针对公用企业信息公开制度实施中的诸多问题，公用企业信息公开原则无疑在法律规范冲突、权利利益冲突、主管部门冲突等诸多冲突中能够提供一种判断标准和指导性准则，指导公用企业信息公开制度有效实施。

（三）弥补信息公开法规范的不足

随着社会经济的迅猛发展，新的利益群体在行政领域不断涌现，这些新出现的利益群体的权利诉求、行为方式都会与固有的权利体系产生内在紧张和外在冲突。正是“由于社会经济经常处于不断变动之中，具体的行政关系也不可能一成不变，作为调整行政关系的行政法，也就需要经常进行立、改、废，以适应现实的需要”[1]。行政法律规范一直处于发展和演进的态势之中，“没有哪一个学科的研究者需要像行政法学者那样不断去重新思考自己的领域。”[2] 不管现行法律规范制定得多么详细、多么有周延性，都难免会出现一些缺漏。当出现无具体法律规则可以适用的情况下，原则就可以作为弥补法律规则缺漏的“具体规则”。对于《政府信息公开条例》第37条的笼统规定而言，更具有实用价值。

法律规范所规定的内容在一定程度上具有滞后性的特征。因为行政法规范不仅需要面向未来，同时涉及社会生活各个领域的行政管理，立法者不可能、也没有能力准确把握并预见将来可能形成或者发生的实际问题，于是在法律文本中会使用一些概况性或灵活性的语言，这在一定程度上也为法律实施预留了解释和裁量的空间。而公用企业信息公开原则对法律具有补充性功能，尤其是在法律不详尽之处，往往需要根据原则来对相关问题进行明确。有着判例法

---

〔1〕 周佑勇：《行政法原论》，中国方正出版社2002年版，第12页。

〔2〕 Christopher Edley JR.，“The Governance Crisis，Legal Theory，and Political Ideology”，*Duke Law Journal*，3（1991），561.

传统的英美法系国家就是通过确立并逐步解释一个个法律原则来保障信息公开制度良性发展的，如美国信息公开法上关于“行政机关”和“政府信息”基本内涵的演变，便是通过法官对信息公开个案的表述和判断来实现的。即便在大陆法系国家，法官虽然需要严格遵循法律行事，但不容否认的是，现今大陆法系国家的法官在处理案件过程中却需要对法律规范进行识别，并加以必要解读和表述。因为“现在的法律规范对许多发生的问题甚至根本没有也不可能涉及……法官必须填补立法上的疏漏，解决法规之间的冲突，并使法律适应不断变化着的情况”。[1] 在欠缺具体法律规定的情况下，公用企业信息公开原则也就成为一种应用法律、填补漏洞的手段或工具。法律的实施者正是通过对公用企业信息公开原则的理解和诠释来解决实施上的困难并弥补信息公开立法不足的。《政府信息公开条例》第 37 条在信息公开法律制度体系中究竟居于怎样的地位，应该如何执行该条规定的内容等均需要确立公用企业信息公开原则予以填补与丰富。

二、公用企业信息公开原则的确立

公用企业信息公开原则是公用企业信息公开活动的基础性准则。因此，研究公用企业信息公开的首要任务就是要明确公用企业信息公开有哪些原则以及为什么将其作为原则等问题，在理论上更需研究究竟应当如何确定公用企业信息公开的原则。这些问题既需要我们借鉴现有信息公开理论研究成果，又要立足公用企业信息公开的特殊性，对公用企业信息公开原则问题作进一步深入探讨。笔者结合对政府信息公开原则的梳理和解读，探析公用企业信息公开原则与政府信息公开原则之间的关系，旨在理清公用企业信息公开

---

〔1〕［美］约翰·亨利·梅利曼：《大陆法系》，顾培东、禄正平译，法律出版社 2004 年版，第 43 页。

原则形成和确立的基本规律。

（一）政府信息公开原则之争

对公用企业信息公开原则的研究离不开对政府信息公开原则的研究，因为我国公用企业信息公开制度是在《政府信息公开条例》中予以规定，这就使得无法脱离政府信息公开而单独谈论公用企业信息公开原则问题，同时政府信息公开原则对公用企业信息公开原则具有重要的启发意义。那么，究竟政府信息公开包含哪些原则，理论界仍未形成共识。而《政府信息公开条例》及地方立法和规范性文件对原则的表述不一，又为理论争论扩大增添了催化剂。从现有研究成果来看，对政府信息公开原则所包涵内容的认识与观点主要存在以下五种。

（1）“一原则”说。黄学贤等学者认为，信息公开原则应与信息公开法的立法目的相对应。基于保护任何人依法获取政府信息的权利这一唯一的立法目的，信息公开应确立“公开为原则，不公开为例外”的原则。[1] 在他们看来，信息的全面公开是实现获取信息权利的正义要求和必须保障，“只有以‘公开为原则，不公开为例外’，才能使政府信息不再处于秘密状态，真正达到政府信息的公开。因此，政府信息公开制度最基本的原则或其立法精神，当然是‘公开为原则，不公开为例外’。”[2]

（2）“三原则”说。该学说由应松年教授最早提出。应松年教授认为，政府信息公开应遵循公开原则、平等原则、便民原则三项原则。[3] 我国官方的规范性文件及信息公开立法相继采纳了此种

〔1〕参见黄学贤、雷娟：“《政府信息公开条例》立法目的之检讨”，载《浙江学刊》2012年第1期。

〔2〕裴婷婷：“论政府信息公开原则”，载《行政与法》2010年第5期。

〔3〕参见应松年、陈天本：“政府信息公开法律制度研究”，载《国家行政学院学报》2002年第4期。

观点。[1] 另外，莫于川教授结合对《政府信息公开条例》的解读，提出了另一种观点，即政府信息公开应遵循“公正、公平、便民原则”、“及时、准确原则”、“保障公共利益原则”。[2]

（3）“四原则”说。此种学说又分为三种不同观点。第一种观点基于对国外的立法经验、我国现有信息公开立法及理论界有关观点的分析，认为未来我国《信息公开法》的基本原则包括：“信息公开为原则，不公开为例外”、“合法、及时、便民的原则”、“平等原则”、“不收费原则”。[3] 第二种观点认为，我国政府信息公开制度建设应遵循公开最大化原则、利益平衡原则、可分割原则、对象性原则。[4]第三种观点认为，我国政府信息公开的基本原则为：民本原则、权威原则、效率原则、告知原则。[5]

（4）“五原则”说。张明杰教授认为，我国政府信息公开应遵循原则的具体内容为：公开原则、平衡原则、免费原则、自由使用原则、救济原则。[6]

（5）“六原则”说。持此学说的学者众多，且不同学者所提出原则的内涵亦存在一定差异。周汉华教授认为，我国信息公开应遵

---

〔1〕 如国务院2004年发布的《全面推进依法行政实施纲要》提出：“行政机关实施行政管理，应当遵循公平、公正的原则。要平等地对待行政管理相对人，不偏私、不歧视。”《政府信息公开条例》则是以行政立法的形式明确了行政机关公开政府信息应遵循的公正、公平、便民的原则。

〔2〕 参见莫于川主编：《中华人民共和国政府信息公开条例释义》，中国法制出版社2008年版，第58～88页。

〔3〕 参见向佐群：《政府信息公开制度研究》，知识产权出版社2007年版，第193～200页。

〔4〕 参见王少辉：《迈向阳光政府——我国政府信息公开制度研究》，武汉大学出版社2010年版，第88～97页。

〔5〕 参见颜海：《政府信息公开理论与实践》，武汉大学出版社2008年版，第13～16页。

〔6〕 参见张明杰：《开放的政府——政府信息公开法律制度研究》，中国政法大学出版社2003年版，第103～116页。

循权利原则、公开原则、利益平衡原则、不收费原则、自由使用原则和救济原则。[1] 以杨临宏教授为首的云南大学法学院《行政公开制度研究》课题组则提出，我国行政公开的原则应包括：信息自由原则；信息公开原则；信息平等、便民原则；信息免费原则；真实、准确和完整性原则；权利保障原则。[2] 也有些学者认为我国政府信息公开的原则包括：权利保障原则、公开原则、平等原则、准确原则、及时便民及免费原则、权利救济原则。[3]

在信息公开原则上的理论争议尽管不是针对公用企业信息公开而展开讨论的，但是这些讨论对于公用企业信息公开原则的确立仍不失参考价值与启发意义。

（二）对政府信息公开原则的解读

政府信息公开原则必须体现信息公开的基本价值和立法精神。持“一原则”说的学者认为，“公开为原则，不公开为例外”的原则不仅得到了理论界普遍认同，而且也在某种程度上获得了官方的支持。2004 年 3 月国务院发布的《全面推进依法行政实施纲要》提出“除涉及国家秘密和依法受保护的商业秘密、个人隐私的事项外，行政机关应公开政府信息”。学者由此推导出这一内容隐含了“以公开为原则”的精神。[4] 遗憾的是，《政府信息公开条例》并

---

〔1〕 参见周汉华：“起草《政府信息公开条例》（专家建议稿）的基本考虑”，载《法学研究》2002 年第 6 期。

〔2〕 参见《行政公开制度研究》课题组：“中华人民共和国行政公开法（专家建议稿）”，载《云南大学学报（法学版）》2004 年第 6 期。

〔3〕 参见王万华主编：《知情权与政府信息公开制度研究》，中国政法大学出版社 2013 年版，第 123～140 页；齐爱民、张万洪主编：《电子化政府与政府信息公开法研究》，武汉大学出版社 2008 年版，第 137～146 页；王勇：“政府信息公开制度的基本原则”，载《科技与法律》2007 年第 5 期。

〔4〕 参见杨伟东、张艳蕊：“政府信息公开范围探讨”，载《山东科技大学学报（社会科学版）》2010 年第 2 期。

未对此项原则作出直接规定。[1] 尽管《政府信息公开条例》对以公开为原则的表述含糊不清、语焉不详，但官方却对立法已确立该原则进行了多次强调。[2] 2010 年 10 月国务院出台的《关于加强法治政府建设的意见》要求“认真贯彻实施政府信息公开条例，坚持以公开为原则、不公开为例外，凡是不涉及国家秘密、商业秘密和个人隐私的政府信息，都要向社会公开”。该意见重申“公开为原则，不公开为例外”的做法强化了学者对“单一原则”说的认识。当然，笔者不否认，以公开为原则频繁见诸官方文件的客观事实，并且也承认“公开为原则，不公开为例外”属于政府信息公开的一项原则。毕竟公开属于政府信息存在的一种常规状态，“所有的政府信息都应当是公开的，因为它们都为公民所有，是公民的信息，而不公开是例外。”[3] 但从字面上看，目前国家法规范及规范性文件中始终没有出现“唯一”原则的字眼，因而我们不能也无法从中解读出政府信息公开仅存在一项原则。

---

〔1〕 与《政府信息公开条例》相比，部分地方立法的态度比较明确。在全国各地通过的近三十个地方性法规和规章中，有《广州市政府信息公开规定》、《湖北省政府信息公开规定》、《河北省政府信息公开规定》、《海南省政府信息公开办法》、《辽宁省政府信息公开规定》、《武汉市政府信息公开暂行规定》、《郑州市政府信息公开规定》、《宁波市政府信息公开规定》、《苏州市政府信息公开规定》、《杭州市政府信息公开规定》、《哈尔滨市政务公开规定》、《太原市政府政务信息公开规定》、《江苏省政府信息公开暂行办法》等 13 部地方立法明确规定了“公开为原则、不公开为例外”原则。

〔2〕 2007 年 4 月 24 日，国务院法制办公室副主任张穹在新闻发布会上，就即将颁布的《政府信息公开条例》答记者问时指出：“除了不公开之外的，都应该公开。这就是所谓以公开为原则、以不公开为例外的原则。我们在制定政府信息公开条例的时候，从两个方面也体现了以公开为原则、以不公开为例外的原则。一方面，条例规定了主动公开的基本要求和公开的内容，也规定了各级政府主动公开政府信息的重点，还规定了公民、法人和其他组织可以依法申请公开的信息。另一方面，也规定了政府公开信息涉及国家秘密、商业秘密和个人隐私的不能公开，除此之外，都可以公开。”参见曹康泰主编：《中华人民共和国政府信息公开条例读本》，人民出版社 2007 年版，第 15 页。

〔3〕 ［美］贺诗礼：“一个美国学者眼中的中国政府信息公开制度”，载《中国改革》2007 年第 4 期。

如果绕开"公开为原则，不公开为例外"原则，仅仅考虑学者提出的其他学说，如"三原则"说、"六原则"说等则有一定合理之处，而且大多数涉及的内容基本相同。这对于把握信息公开立法精神及其有关重要制度，尤其是对公用企业信息公开制度的构建有一定指导作用。从我国政府信息公开制度的发展脉络来看，信息公开制度中的各项原则并非一蹴而就，而是始终处于一个渐进式的发展过程之中，这就意味着信息公开原则的内涵及外延需要随着时间变迁与信息公开理论研究的深入而不断扩张与丰富，而多原则与唯一的原则相比无疑具有更强的适用性与参考价值。

不过，从我国理论界关于政府信息公开原则的讨论来看，尽管学者们对政府信息公开原则所包含的具体内容有一定争议，但就部分原则而言，仍存在一定的共识，如公开原则、及时便民原则等。这些获得学界广泛认同的原则为我们研究公用企业信息公开原则提供了重要的参考资料。

（三）公用企业与政府信息公开的原则之关系

公用企业从事的行为或活动尽管在形式上具有民事法律上"私"的内容，毕竟是依法行使行政管理或者提供公共服务的职权，与行政机关有着共同的"公法"性质。公用企业信息公开源于政府信息公开，在法规范层面上属于政府信息公开"在行为活动方面的延伸"，[1] 公用企业信息公开原则因此也有必要遵循或者参考政府信息公开中的一些原则。从一定意义上说，公用企业信息公开与政府信息公开在制度设置方面具有同根性。大多数国家的公用企业信息公开也是适用主要拘束行政机关行为活动的信息公开规则和基本价值。譬如，美国就是将公用企业解释为广义的"行政机关"并纳入信息公开法拘束范围。我国的《政府信息公开条例》第 37 条更是以"参照条例执行"的路径将行政机关的信息公开义务直接延伸

〔1〕 朱芒："公共企事业单位应如何信息公开"，载《中国法学》2013 年第 2 期。

至公用企业信息公开之中。这也就意味着公用企业信息公开是政府信息公开的一种制度延伸，它们在基本原则上具有共同性。基于信息公开制度具备的内在关联性，政府信息公开的部分原则同样是适用于公用企业信息公开。

诚然，信息公开制度、理念及基本精神具有共通性，公用企业在信息公开活动中应当遵循政府信息公开的一些原则，但是，公用企业信息公开毕竟是以公用企业为规范对象的信息公开制度，有别于规范行政机关行为的政府信息公开制度，公用企业信息公开必然有其自身所特有原则。申言之，政府信息公开中的这些原则作为公用企业信息公开原则仍有待于探讨，使其与规范主体和规范行为内容的特殊要求保持契合，并能为公用企业信息公开各项制度的建构提供价值协调和规范指引。由此可见，公用企业与政府信息公开原则的关系问题具有一定的复杂性。由于二者之间存在着相互贯通、相互影响的关系，对公用企业信息公开原则的这种特殊性不能作机械性的理解和拿来主义的解读。公用企业信息公开原则的内容不仅要反映包括政府信息公开在内的整个信息公开制度的共同要求和普遍价值，还要涵盖公用企业信息公开自身的特点。共同性的原则在公用企业信息公开制度建构中不容忽视，其特殊性却是需要重视并加以研究的重点内容。

三、公用企业信息公开的具体原则

公用企业信息公开的原则，是指公用企业、社会公众、行政机关和法院等多元主体在制定规范、行使权利、实施监督及解决争议过程中所必须遵循的基本准则，它贯穿于公用企业信息公开活动的各个环节。信息公开作为依据行政法规范向权利主体公布信息的一项基本制度，必然需要遵循行政法的各项基本原则，而公用企业又具有不同于传统行政法所调整对象和规范主体的性质，公用企业信息公开还应有其特有的原则。基于此，笔者认为，公用企业信息公开原则的具体内容应包括尊重自主基础上的公开原则、利益平衡原则、及时便民原则和循序渐进原则。

（一）尊重自主基础上的公开原则

长期以来，信息公开一直被视作民主宪政和公平正义的重要基石。在现今社会，公众获取信息的权利是民主社会的重要支柱之一，信息公开也成为公民理解和参与行政管理的“日常工具”。正如美国学者伯尔曼（Harold J. Berman）所言：“没有公开则无所谓正义。”〔1〕任何一个追求民主政治和法治文明的国家，都不能排斥公开理念，更不能忽视信息公开制度的建设。譬如，美国《联邦信息公开法》就将最大限度地公开确立为信息公开的一项基本原则，规定除九项例外事项之外，信息公开义务主体所持有的所有信息都应当公开。〔2〕日本《独立行政法人等拥有信息公开法》沿用了《行政机关拥有信息公开法》的有关规定，也将公开原则确立为独立行政法人信息公开的一项原则。在日本，信息公开权利主体向保有信息的独立行政法人申请获取所需信息时，除涉及个人信息等不予公开的信息外，被申请的独立行政法人应当提供相关信息。

从世界范围内看，“以公开为原则，限制为例外”已经成为现今信息公开立法的基本原则。〔3〕公开原则也成为实现公众知情权的根本要求和必要保障。由于公用企业信息具有有别于一般信息公开的特殊性，其信息的公开需要从以下两方面做进一步解读：

（1）最大限度地公开信息是对公用企业的一项基本要求。从客观方面来看，公用企业基于其垄断属性和市场优势地位，与外部的

---

〔1〕［美］伯尔曼：《法律与宗教》，梁治平译，中国政法大学出版社 2003 年版，第 21～22 页。

〔2〕在美国，即便属于豁免公开之列的部分例外信息，信息公开义务主体仍有权决定是否予以公开。

〔3〕参见章剑生：“知情权及其保障——以《政府信息公开条例》为例”，载《中国法学》2008 年第 4 期。

消费者、竞争者与规制机构等信息需求主体之间本身就存在着信息不对称现象，再加上受社会分工影响及信息收集和处理能力上的差异，公用企业与信息需求主体在信息公开中的地位不可同日而语，信息失灵情况时常发生甚至无处不在。从主观方面来看，作为经济理性人的公用企业，存在着自利动机及在市场竞争中盈利取胜的需求。在这一动机的驱使下，公用企业会对自身现实利益与潜在利益进行计算，并且会认识到“信息的公开等于取消了其经营垄断特权”的真谛。如此一来，掌握信息主动权的公用企业不但普遍缺乏主动公开信息的自觉性，还会强烈反对并极力阻挠信息的公开，这在一定程度上也加剧了公用企业信息难以公开现象的存在。基于上述主、客观方面的原因，把“最大限度地公开”作为公用企业信息公开的一项原则对于规制市场秩序、促进社会平衡和谐发展，具有特别重要的意义。

（2）公用企业信息公开是尊重企业自主基础上的公开。作为市场经济中的商业组织，公用企业不但拥有广泛的自主经营权，还存在广阔的“私人领地”。对于公用企业作为普通民事主体形成和持有的相关信息及自主经营权范围内的事项，虽然公用企业拥有裁量是否公开此类信息的判断权，例如，商业秘密和签订民事合同信息等，但是对于公用企业自身拥有并使用的私人性信息而言，无论是在法理上还是在情理上均没有义务、也没必要向社会公众或者其他组织公开。总而言之，作为享有经营自主权的商业组织，并不必然要求公用企业对其“私人领地”的信息承担公开义务。当然，这种免于公开和裁量公开都不应逾越信息公开法规范所确立的基本价值和框架。赋予公用企业判断信息公开与否的裁量权，并不意味着公用企业可以置国家安全、社会稳定、公共利益于不顾而随意地作出信息公开或不予公开的擅断。公用企业的这种判断作为一种自由裁量权，仍存在权力被异化或者滥用的风险与危险，因此，公用企业的裁量公开并非是终局性或决定性的，而应当接受行政主管部门的监督和法院的审查。行政主管部门和法院可以依据信息公开法规范的基本精神和内容要求对公用企业裁量公开行为的合法性与合理性加以监督、审查。

（二）利益平衡原则

任何一项制度的制定或适用都会引起各方权益的变化甚至冲突，利益平衡的终极意义在于顾及各方的权益。在现实中，国家、公民、法人和其他组织等主体的利益之间总是存在冲突，如果一方利益的实现是以其他方利益的损害为代价，那么，就需要在全面考虑的基础上对冲突利益进行权衡、取舍，选择具有更高价值的利益。“公众行使知情权的过程中，随时都会与其他权利和利益发生一定的冲突，规定利益平衡原则，是为了保证更有效地行使知情权。”[1] 准确理解利益平衡原则，需要注意以下几方面：

（1）任何一种分配利益的规则都极有可能引发参与利益分配主体的不满，利益平衡需要综合考虑各方利益，确保将利益减少方的损失降至最低，进而实现社会整体利益的最大化。如对信息公开与豁免公开进行价值选择时，需要考虑获益和受损的程度是否成比例，不应对国家秘密、商业自主权加以扩大解释，也不宜忽视第三人合法权利的保障。

（2）在特殊情况下可以对知情权进行限制。知情权的实现不能纯粹以牺牲其他方的利益为代价，否则信息公开将失去义务主体支撑。如果实现知情权所带来的利益明显小于限制知情权所带来的利益，这就需要舍弃知情权，唯有这样才能实现社会福祉的最大化。

（3）需要对公用企业信息公开中的主体和利益加以全面平衡。一方面需要平衡公用企业、行政机关、社会公众和公用事业使用者及消费者等主体间的关系；另一方面需要平衡公共利益、公用企业

〔1〕 周汉华：“起草《政府信息公开条例》（专家建议稿）的基本考虑”，载《法学研究》2002 年第 6 期。

的利益和社会公众的利益之间的关系，在控制公用企业信息公开自由裁量权与防止政府、公众对其信息公开的不当干涉与无限要求之间的平衡。

(三) 及时便民原则

及时便民原则就是要求在公用企业信息公开制度建设过程中，应尽可能地为社会公众及时、方便地获取公用企业信息提供必要的帮助和创造便利条件。“我国存在着传统的‘官本位’集权思想，便民思想一直没有得到确立和贯彻，在信息公开制度中应该确立方便民众原则来保证信息公开制度的实现。”[1] 在现代社会，公用企业属于国民经济中最基础、最重要的领域，它作为承担公共服务职责的主体，必须高效地向公众提供公共服务，尽量减少公众获取服务的时间和经济成本，这关系到公众基本生活需要和社会福祉的实现。在公用企业信息公开领域，公用企业不仅需要让公众能够以最便捷的途径获得公用企业信息，还必须保障公众能够以最低的时间成本获取信息。在现代信息化社会中，信息的价值与信息的时效性存在一定程度上的关联性，如果信息不能被及时获取，其价值效用将会大大消减。公用企业信息能否及时公开直接关系到公民相关权益能否实现。正如英国的法律格言“迟到的正义为非正义”所形容的那样，迟到公开的信息价值与及时公开信息相比，后者对于民众而言更具有价值意义。

无论是公用企业主动公开信息，还是公用企业依申请公开信息；无论是信息获取方式设置，还是信息审查程序设置；无论是监督机制建设，还是救济程序设计，都应将及时便民宗旨贯彻其中。这一观点在实践中有所体现。例如，2014 年贵州省人民政府办公厅印发的《贵州省公共企事业单位办事公开指导意见》要求“供

---

〔1〕 朱麒达：《论公用企业的信息公开》，南京师范大学 2013 年硕士学位论文，第 32 页。

水、供电、供气等公共企事业单位”必须“以便民利民为出发点，向社会重点公布价格听证和服务承诺等制度，办事项目的依据、程序、时限和结果，收费项目的依据、标准和实效，代收代办项目的服务范围、站点、承诺，公共服务调整计划和措施，重要设备建设、维修以及故障处理信息，重大工程招投标方式和结果，监督投诉渠道等内容，并对可以预见的可能影响社会公众生产、生活的有关事项，履行提前告知义务”。具体而言，及时便民原则具体体现在以下几方面：

（1）公用企业信息公开程序在设计中要充分考虑及时、高效，真正遵循便民要求。对于应当主动公开的公用企业信息，公用企业要尽可能迅速地向社会公众公开；对于依申请公开的公用企业信息，公用企业应当在受理、审查、决定等各个环节都做到及时、高效。需要特别指出的是，信息公开的及时高效与及时便民原则还存在一定差别，在一定意义上说，信息公开得越及时越有利于便民，但是，便民并非集中体现在及时高效上，还表现在优质等层面上，因此遵循及时便民原则应当对此全面理解。

（2）根据公众申请公开信息内容、种类和要求的不同，采取适当的公开方式。如果公用企业发现某类信息曾多次被申请，或者认为公众可能会关注不在主动公开范围之内的某类信息，并且公开这些信息并不违反法律规定的，应当将这些信息主动向公众公开。另外，明确规定公用企业应接受灵活多样的信息公开申请方式，应当允许公众通过电子邮件、电话、传真、授权代理人等方式提出公用企业信息公开申请。

（3）明确行政机关对公众的协助义务。在公用企业不履行或不适当履行信息公开义务时，行政机关应当履行公用事业监督主体的职能，对公用企业及其责任人予以处罚或制裁，以协助公众获取公用企业信息，这样才能顺利推进公用企业信息公开，真正实现及时便民要求。

（四）循序渐进原则

公用企业信息公开是对人民民主和公平正义的发展和深化，但因民主宪政及民众参与能力会受多种因素制约，在一定程度上决定了信息公开建设必然是渐进式的，甚至有时也会出现挫折和反复。如同西方古谚所言，罗马并非一日建成。从世界各国的信息公开实践来看，公用企业信息公开制度的完善并非是一蹴而就的，它既历经了立法机关、执法机关和司法机关等对公用企业是否直接适用本国信息公开法的博弈和抉择，也历经了国家利益、公共利益和私人利益等各种利益间的冲突和权衡，如对应公开信息的范围及豁免公开事项的规定等。具体来说，循序渐进原则需要把握以下三点内容：

（1）在公用企业信息公开中，需要渐进消除保密文化的不良影响。众所周知，一个国家的法制建设必然会受到民族习惯、文化传统等因素的影响。例如，英国在确立信息公开制度建设中，一方面制定了《数据保护法》和《信息公开法》赋予民众法律上的知情权，[1] 另一方面则是借鉴欧盟各国信息公开立法的成功经验，采用判例方式逐步对信息公开制度加以修正，使得信息公开法的内容更加具体，更便于保障公民的知情权。这些均为英国信息公开制度的实施设置了比较长的适应过程和缓存阶段。正是因为英国信息公开采用的是一种渐进的方式对保密文化传统产生潜移默化的影响，才更有利于英国信息公开制度的发展和完善。与英国相类似，我国也是一个保密文化传统根深蒂固的国家，在公用信息公开制度建构上也应当采用渐进的方法，在此方面，我国公用企业信息公开实践已基本采纳了此种渐进模式。其中以“参照执行”的路径将公用企

[1] 英国原首相布莱尔在《你的知情权：政府制度信息公开法的动议》（Your Right to Know: The Government's Proposals for a Freedom of Information Act）白皮书中指出：“只有赋予英国人民法律上的知情权才能打破英国的保密文化传统。”因此，在法律上确立公众的知情权成为英国信息公开制度向保密文化宣战的第一步。

业纳入信息公开义务主体[1]、为公用企业信息公开确立"时间表"[2]等则是很好的例证。随着公众信息公开意识的不断提高，在制度建设特别是信息公开立法过程中，要充分考虑到公用企业信息公开的实际情况，正确处理实践效果与应然效果之间的关系，以保障制度设置更加适应社会的需要。

(2) 在制定信息公开立法过程中，需要采用渐进的方式。在此方面，日本信息公开立法实践值得我国参考。虽然分散的立法模式不利于节约改革成本，但日本仍然采用了"双轨制"立法方式，它从制定地方自治团体条例起步，进而制定了《行政机关拥有信息公开法》和《独立行政法人等拥有信息公开法》。可以说，自治团体的立法实践为后两部信息公开法的制定奠定了良好基础。遵循这一立法模式，我国可以采取自下而上的形式，先由地方政府或团体制定有关公用企业信息公开的规定或章程，为未来的公用企业信息公开立法积累一些成功的经验。

(3) 公用企业信息公开制度需要从本国实际和国情出发，逐步推动信息公开主体、范围、方式、救济等各项内容向纵深发展。每项制度乃至法治的建构应当注重寻找与利用本土资源。[3]譬如，在构建公用企业信息公开救济机制时，不能脱离我国现有救济制度的框架，要围绕行政复议和行政诉讼这两类救济机制来构建救济制度。不过，这与借鉴外国的信息公开经验并不矛盾。对于信息监督专员、信息委员会、信息公开裁判所等监督或救济机关，我们可以参考其具体程序，逐步将有益成分吸纳进我国救济体系。这些都需

---

〔1〕 参见《政府信息公开条例》第37条。

〔2〕 最为典型的是，国务院办公厅发布的《关于实施〈中华人民共和国政府信息公开条例〉若干问题的意见》中关于要求国务院有关主管部门（单位）"在2008年10月底前制定具体的实施办法"的规定。

〔3〕 参见苏力：《法治及其本土资源》，中国政法大学出版社2004年版，第3页。

要我们着眼于本国较为熟悉且便于解决的问题，基于问题意识，按照循序渐进原则的要求，一步步探索和构建适合我国实践的公用企业信息公开制度。

第四章 公用企业信息公开的主体

公用企业信息公开的主体是指具有获取、制作及公开公用企业信息权利和义务的组织或个人。究竟哪些组织或个人可以成为公用企业信息公开的主体，这些组织或个人又基于何种缘由享有权利，以及应由哪些主体制作、获取和公开信息，这些都是公用企业信息公开中需要解决的基础性问题。就上述问题加以探讨与检视，对于公用企业信息公开的定位和制度设计有着重要理论意义和实践价值。本章围绕公用企业信息公开的基础性问题，对公用企业信息公开的权利主体和义务主体展开论述，并就义务竞合、风险社会等特殊情况下公用企业信息公开义务主体的选择问题进行研究，旨在明确各方在公用企业信息公开中的责任和义务，为确定公开程序以及保障信息公开得以有效实施奠定制度前提和理论基础。

一、公用企业信息公开的权利主体

公用企业信息公开的权利主体是享有获取信息权的组织或个人，是公用企业信息公开的主要发动者。如果权利主体不明确，则会引起公用企业信息公开的外在动力缺失，进而导致整个信息公开制度启动困难或者运行不畅。从某种意义上来讲，权利主体的范围体现着一个国家信息公开的成熟程度，因为信息公开越发达，权利主体的范围就越宽泛，对权利主体设置的限制也就越少。但是，这并不意味着权利主体的范围越宽越好。这是因为，任何国家的公用企业信息公开的权利主体制度，都需要与本国文化传统、法治文明程度与制度建设相契合。只有充分考虑本国法治环境、信息公开制度建设情况，才能设计出适合本国公用企业信息公开实际的权利主体制度。因此，对权利主体问题加以探讨，是研究公用企业信息公开不可略过的一项内容。

（一）权利主体的界定

关于权利主体范围的界定问题，各国的做法不一。根据对信息获取主体的限制程度的不同，权利主体大致有三种模式：

（1）本国国民和组织。部分国家对权利主体的资格限制较为严苛，可提出信息公开申请的权利主体范围仅限于本国国民，外国人无权依据信息公开法提出信息公开申请。例如，加拿大《获取信息法》将信息申请主体范围限定于加拿大公民和永久性居民；[1] 印度《信息权法》则明确规定了拥有信息获取权的主体只能是本国国民，其他国家的公民不可适用该国信息公开法获取信息。[2] 尽管上述国家信息公开法将权利主体的范围严格界定为本国国民和组织，但在实践中享有信息公开申请权的主体范围要比法律条文字面规定的要宽。加拿大在信息公开实践中，实际上已把申请信息时居住在加拿大的非本国公民及在加拿大成立的公司纳入信息公开权利主体的范围。

（2）本国国民、组织及具备特定条件的外国人和组织。除本国国民和组织可以提出信息公开申请之外，一些国家信息公开法还附

〔1〕 参见加拿大《获取信息法》第4条。

〔2〕 参见印度《信息权法》第3条。

条件地赋予了外国人和组织获取本国信息的权利。如新西兰信息公开法规定居住在新西兰者及在新西兰成立或有经营场所的公司可以成为信息公开权利主体;[1] 保加利亚信息公开法则明确规定外国人有获取信息的权利;[2] 韩国信息公开法规定本国国民有信息公开请求权，外国人申请公开需要由总统特许。[3] 遵循上述国家的立法规定，外国人和组织并非自始享有信息公开权利主体资格，只是待一定条件成熟后外国人和组织才能取得获取信息的权利。

(3) 任何人。与前两种界定方式相比，一些国家对信息公开权利主体采取比较宽松的态度和立场，基本上不对权利主体的资格进行限制。这些国家的权利主体不仅包括本国公民和组织，也包括外国人和组织。在美国，“任何人”都有权依据《联邦信息公开法》提出信息公开申请。[4] 在英国，自然人、合伙人、公司或公司性机构都有权作为申请主体要求公共机构公开信息。[5] 日本在信息公开法制定过程中就有意识地将“任何人”作为获取信息权利的主体。这一理念在日本行政改革委员会于1996年审议通过的“信息公开法纲要案”中得到了体现。[6]《独立行政法人等拥有信息公开

〔1〕 参见新西兰《政务信息法》第12条。

〔2〕 参见保加利亚《获取公共信息法》第4条。

〔3〕 参见韩国《公共机关信息公开法》第6条。

〔4〕 这里的“任何人”包括本国国民、外国人、合伙、公司、协会、国内与外国的政府机关。以上组织或个人不仅可以自己提出信息公开申请，也可以通过律师或其他代理人提出信息公开申请。参见周汉华:“美国政府信息公开制度”，载《环球法律评论》2002年第3期。

〔5〕 参见张红菊:“英国信息公开制度及其特点”，载《中国监察》2009年第2期。

〔6〕 日本行政改革委员会提出的《信息公开法纲要案的思路》指出，“国民构成行使公开请求权主体的中心，但其并不是将主体仅仅限定在国民的范围中，在排除外国人方面不具有积极意义”。参见朱芒:“开放型政府的法律理念和实践（上）——日本信息公开制度”，载《环球法律评论》2002年第3期。

法》也秉承了同样的理念。[1] 日本信息公开法中规定的获取信息权利主体不但包含了本国居民，还包含了在日本定居的外国人及无权利能力的社团，其权利主体范围十分宽泛。

从世界上已建立信息公开制度的国家来看，尽管不同国家关于信息公开权利主体范围的法律规定具有很大差异，但各国权利主体的意涵却呈现出不断扩大的趋势。随着全球法治化进程的推进，"任何人"都可获得或者至少有权获得信息已成为各国施以本国信息公开工作的一项指导理念。相关研究资料显示，现今存在信息公开立法的国家和地区中，约有五十个国家和地区赋予"任何人"在信息公开中获取信息的权利。[2] 即便是附设权利主体资格限制的国家，也在通过实践努力减少限制，不断扩大权利主体的范围。譬如，在瑞典，虽然法律明确规定信息公开权利主体是瑞典公民，但事实上，无论是外国公民还是瑞典公民均有权提出信息公开申请，在这点上瑞典已享有美誉。[3] 对于信息公开权利主体范围，各国似乎存在着一种默契，它们都有意识地对权利主体作出较为宽泛的解释，直至把权利主体的范围扩大到"任何人"的范畴。

（二）我国权利主体的范围

我国并不存在涉及公用企业信息公开权利主体范围问题的统一性立法，而只是在部分规章或者规范性文件中对政府信息公开权利主体进行界定。下面，笔者将结合对信息公开法律文本的考察，对公用企业信息公开权利主体的范围及边界问题进行探讨。

---

〔1〕 日本《独立行政法人等拥有信息公开法》第3条规定："任何人都可以根据本法的规定，向独立行政法人等请求公开该独立行政法人等拥有的法人文书。"

〔2〕 See Report by Stanley L. Tromp，Fallen Behind：Canada's Access to Information Act in the World Context，2008，p. 62.

〔3〕［加］托比·曼德尔：《信息自由：多国法律比较》，龚文庠等译，社会科学文献出版社 2011 年版，第 140 页。

1. 权利主体立法设计的考察

从信息公开立法来看，《政府信息公开条例》并未明确规定信息公开权利主体问题，只是作出“公民、法人或者其他组织还可以根据自身生产、生活、科研等特殊需要，向国务院部门、地方各级人民政府及县级以上地方人民政府部门申请获取相关政府信息”的规定。[1] 受《政府信息公开条例》立法模式影响，其他规章或者规范性文件也仅将“公民、法人或其他组织”作为信息公开权利主体加以规范。如原国家环境保护总局2007年颁布的《环境信息公开办法（试行）》就“公民、法人和其他组织可以向环保部门申请获取政府环境信息”进行规定，[2] 而未对外国人和组织获取政府环境信息的权利主体身份问题予以阐释。显然，在《政府信息公开条例》颁行后，外国人和组织能否利用或申请公开信息问题成为一项法律疑点。

不过，我国官方并未否定外国人和组织拥有利用或获取中国政府信息的权利。在2007年4月24日国务院法制办公室举办的新闻发布会上，国务院法制办公室副主任张穹首次就“外国人和外国组织拥有获取信息权”问题给予正面答复。张穹认为，“外国人和外国组织，可以通过中国政府主动公开信息的渠道，来获取政府信息。至于外国人和外国组织向我国政府申请获取其他政府信息的，就应该根据国际法规定的原则，按照对等的原则来进行处理。”[3] 尽管《政府信息公开条例》公布后举办的新闻发布会上对问题的解答并没有规范性效力，但其毕竟是官方结合立法背景及理念，对权利主体问题进行的诠释和解读，在某种程度上代表着官方声音和意见，因而应具有准规范性效力。况且政府部门的一些官方行为已把

---

〔1〕 参见《政府信息公开条例》第13条。

〔2〕 参加原国家环境保护总局《环境信息公开办法（试行）》第5条。

〔3〕 参见曹康泰主编：《中华人民共和国政府信息公开条例读本》，人民出版社2007年版，第21页。

外国人和组织默认为权利主体，并设置了专门的信息公开渠道，为外国人和组织利用或获取信息提供便利。[1] 我国一些地方政府就信息公开权利主体问题作出了明确规定。如2002年《广州市政府信息公开规定》规定“个人和组织是公开权利人”，“外国人、无国籍人、外国组织”同中国国民、组织有同等申请信息公开的权利和义务。[2] 笔者认为，我国政府信息公开权利主体应包括两类：①中国公民和组织；②符合对等原则的外国人和组织。

2. 权利主体的学理探讨

我国公民和组织及符合对等原则的外国人和组织是政府信息公开的权利主体。那么，公用企业信息公开权利主体的范围是否也应划定为中国国民和组织及符合对等原则的外国人和组织？笔者认为，与政府信息公开的权利主体相比而言，需要对我国公用企业信息公开权利主体的范围作出更为宽泛的界定。无论是在公用企业信息公开立法上还是实践运作过程中，诠释公用企业信息公开权利主体的指导思想是：尽可能地扩大权利主体的范围，直至把其外延确定为“任何人”。其具体理由如下：

（1）信息公开制度的本意在于赋予权利。信息公开的整体制度安排不应当以权力为导向，从某种程度上来说，信息公开制度是一项权利表述和确认的制度。尽管信息公开有益于提升公用企业的服务质量和效率，但这并不能改变其制度性质和设计初衷。信息公开的本质是通过公众要求公用企业公开相关信息来监督和制约公用企业，促进其有效履行政府“让渡”的那部分行政职能。信息公开的目的在于“揭开行政的神秘面纱，将行政行为纳入公众监督视野之

〔1〕 如我国中央政府门户网站（www.gov.cn）的“服务”频道专门开设了“外国人”栏目，为外国人提供出入境、移民定居、旅游观光、婚姻收养、文化教育、在华就业、商务投资等社会信息和相关服务。

〔2〕 参见《广州市政府信息公开规定》第4、33条。

下”。[1] 也正是基于这一目的，公用企业信息公开在实际运作过程中显然需要更多地给公众赋予信息获取权，以实现对政府“让渡”职权的全面监督。

（2）获取信息权属于一项基本权利。获取信息权因涵摄于知情权之内而具有了基本权利效力。“基本权利效力是指基本权利的价值与具体内容能够得到实现的一种力量，具体表现为基本权利对社会生活领域产生的拘束力，其目的在于保障宪法规定的人权价值实现。”[2] 基于基本权利效力理论，公民享有充分行使权利的自由，这种自由直接拘束立法、行政与司法等活动领域。公民可以行使其获取信息权，也可以不行使，可以基于任何理由、任何目的行使，甚至可以毫无理由、毫无目的地行使，但不得滥用。这也就意味着，权利属性与主体国籍、所处地域及信息用途等因素没有任何必要联系。从权利保障的角度来说，既然是公民的一项基本权利，公民就有在不干涉他人或者不损害公共利益的情况下不受约束和限制的自由。法律及任何组织不但不应对这一自由作出限缩，还要为其实现给予必要保障。

（3）公用企业向社会提供公共服务的宗旨使然。公用企业是社会公共服务的提供者，其负有持续不间断地提供符合社会需求的产品或服务的义务，况且这种持续不间断地服务所针对的群体也是极为广泛的。而尽可能地扩大信息公开权利主体的范围，是公用企业服务对象广泛性的必然要求。如果以国籍、地域、信息使用目的为理由直接或者变相限制公民获取信息的权利，会将部分本国公民和组织或者外国人和组织排除于信息公开权利主体之外，进而有碍于公用企业普遍服务宗旨的实现。毕竟公用企业有别于一般性企业，

---

〔1〕 Department of the Air Force v. Rose, 425 U. S. 352, 361 (1976).

〔2〕 韩大元：“论基本权利效力”，载王利明主编：《判解研究》2003 年第 1 辑，人民法院出版社 2003 年版，第 47 页。

它有着较为特殊的管理领域和服务群体，因此，在法律权利义务设置上应给予公用企业的使用者特别的关注和照顾。如 1978 年修改的《西班牙宪法》第 51 条规定："公共权力保障捍卫消费者和使用者的防卫，通过有效法律程序保护他们的安全、卫生以及他们合法的经济利益。公共权力为消费者和使用者扩大信息并进行教育，根据法律加强他们的组织，并在有关问题上倾听他们的意见。"〔1〕上述义务是公用企业对社会中的不特定主体承担的一项由特别法律规定的信息公开义务，这项义务也是与公用企业的职能定位相一致的。

3. 权利主体的边界

尽管各国普遍要求对权利主体范围作较为宽泛的界定，并且大多也在信息公开法中将权利主体范围规定为"任何人"，〔2〕但是，我们并不能将法律条文字面上规定的"任何人"简单地理解为"对权利人资格没有任何限制"或者"立法不能加以任何限制"。从某种意义上讲，这里的"任何人"并不等同于"所有人"，仍存在一定的范围和边界。

实际上，域外不少国家或者受到公开费用、时间和精力等成本的客观限制，或者出于国家安全等因素的主观考虑，都不同程度地为信息公开权利主体设置了一些限制条件。譬如，允许"任何人"提出公开申请的美国，在信息公开权利主体方面就存在两种例外情况：①逃犯不能提出信息公开申请，也得不到法院的保护；②联邦

〔1〕萧榕主编：《世界著名法典选编（宪法卷）》，中国民主法制出版社 1997 年版，第 506 页。

〔2〕如《欧洲理事会部长委员会关于获得官方文件给成员国的 2002 年第 2 号建议》第 3 条规定："成员国应保证每个人都有权经申请获得公共机构所拥有的官方文件。这一原则的使用不应有任何理由的歧视，包括国别歧视。"参见周汉华：《外国政府信息公开制度比较》，中国法制出版社 2003 年版，第 748 页。

政府机关也被排除于“任何人”之外。[1] 尤其是2001年“9·11”事件发生后，美国就信息公开权利主体作出了进一步的限缩。2003年国会通过的《情报授权法》（Intelligence Authorization Act for Fiscal Year 2003）规定外国政府不具有信息公开申请主体资格。再如，南非的信息公开法中虽然存在“任何人都可以向企业提出获取信息要求”的规定，但南非还是对信息获取权进行了必要的限制。根据南非《信息公开促进法》第50条（1）款的规定，获取私营机构信息的权利只用在行使信息是为了行使或者保护某项权利时。[2]

上述国家的信息公开实施表明：①法律文本中的“任何人”是存在一定边界的；②这种边界应由立法来确定。也就是说，立法者可以基于对公共利益和知情权两者间关系的权衡对公用企业信息公开权利主体的范围加以限缩。但是，这种限制必须以逐项列举的形式予以明确，而不能仅作出较为原则、概括性的规定或者将此项设置限制的权力授予其他机关。

显然，权利主体的立法表述也面临着价值选择。正如有学者所言：“假如在我们所有的行动中都存在取舍，我们必须面对的问题是如何作出最佳的选择。”[3] 公用企业信息公开权利主体的范围问题也需要作出合理的取舍。由于在我国立法中并不存在公用企业信息公开权利主体的规定，“任何人”只是学理上的概念。“任何人”作为未付诸实践的理论问题，仍存有较大探讨空间，其意涵需要加以诠释和解读。

---

〔1〕 参见周汉华：“美国政府信息公开制度”，载《环球法律评论》2002年第3期。

〔2〕 参见［加］托比·曼德尔：《信息自由：多国法律比较》，龚文库等译，社会科学文献出版社2011年版，第127页。

〔3〕［美］罗杰·理若·米勒、丹尼尔·K. 本杰明、道格拉斯·C. 诺斯：《公共问题经济学》，楼尊译，上海财经大学出版社2002年版，第9页。

（三）对权利主体内涵的解读

公用企业作为替代政府为社会公众平等提供公共产品和普遍服务的主体，其在公开信息过程中，需要兼顾公共利益、社会绝大多数人的利益以及特殊群体的内在需求。公用企业信息公开一方面要尽可能满足公众、政府部门及相关组织获取信息的要求，为社会获取公用企业信息提供便利条件；另一方面还要充分考虑某一部分群体的实际情况，使这部分群体能够获得自身需要的信息。因此，需要在辨析相关主体与公用企业之间关系的范围的基础上，对我国公用企业信息公开权利主体的范围进行探讨。

1. 消费者

随着公共行政职权向社会转移，政府垄断管理公用事业的局面得以改变，传统的政府控制管理体制也逐步过渡为社会选择型管理体制。[1] 在社会选择型管理体制下，公用企业因承担公共行政职权而具有了不同于一般企业的特殊身份，这也使得公用企业与消费者间产生了两对特殊法律关系：

（1）公用企业可以与消费者形成服务供给关系。这种服务供给关系既隐含着公法的要求，也包括了私法契约的内容。就公法属性而言，公用企业是除政府部门之外，受社会关注最广泛、公众依赖程度最高的一类社会组织。公用企业的生产、经营活动事关千家万户，与社会经济发展及群众生产生活紧密相连，因此，公用企业负有向消费者不间断提供高质产品或者服务的义务。应该说，这种不间断的产品供给是公法赋予公用企业的一项强制义务。而就私法契约层面而言，公用企业需要按照事先同消费者签订的公共服务合同的约定提供相关服务，并且享有收取一定服务费用的权利。

（2）公用企业可以与消费者形成行政管理关系。公用企业不但

---

〔1〕 参见蔡定剑主编：《公众参与：风险社会的制度建设》，法律出版社 2009 年版，第 182 页。

承担着公共产品和普遍服务供给职能，而且拥有对企业在正常筹备和运作过程中所牵涉的特定行业、特定区域的事项的行政管理权。例如，铁路运输企业的架设路轨、铺设网络以及随后在正式营运中行使的行政管理行为，都可以与消费者或者消费者以外的第三方发生行政管理法律关系。[1] 基于此种法律关系，“对损毁、移动铁路信号装置及其他行车设施或者在铁路线路上放置障碍物的”消费者或者消费者以外的第三方，铁路运输企业及其职工有权施以必要的强制性措施。[2]

从法律关系的性质来看，无论是服务供给关系还是行政管理关系，都存在一定程度的不对等性。就信息而言，这种不对等性主要表现在，公用企业在掌握和利用信息方面处于绝对优势地位，消费者的利益处于比较容易被侵犯的地位。[3] 基于公用企业的优势地位，在实践中经常出现公用企业利用垄断地位和信息不对称损害消费者利益的问题。然而，由于公用企业的行业差异较大，可能出现问题的领域、环节和内容各有不同，而且不同服务对象和消费群体的期望和需求也存在一定差异。因此，在公用企业信息公开制度建设中有赖于发挥政府主管部门、行业协会和公用企业自身的作用，同时需要在满足社会公众基本信息需求的基础上，设计出既能有效规范同类行业或企业又符合消费者“个性化”要求的信息公开机制。

2. 商业组织

对于权利主体是否包括商业组织问题，在《政府信息公开条

〔1〕 参见郭朋：“论行政分权与行政主体多元化问题——兼论公用事业企业之行政主体的法律地位”，载《齐鲁学刊》2005 年第 5 期。

〔2〕 参见我国《铁路法》第 49 条。

〔3〕 参见邓敏贞：“论公用事业消费者的权利——基于公私合作背景的考察”，载《河北法学》2014 年第 4 期。

例》颁布之前就存在争议。[1] 在《政府信息公开条例》第13条明确规定“公民、法人或者其他组织”可以申请获取信息后，争议也随之消失。但是，《政府信息公开条例》第37条仅以“参照”方式施以公用企业信息公开，而并未涉及权利主体问题，使得商业组织能否享有获取信息权问题又成为公用企业信息公开领域的一个新问题。

一直以来，对于是否赋予商业组织完全的公用企业信息公开权利主体资格，无论是在理论界还是实务部门，都存在着一定顾虑。在美国一些学者看来，在民营化的背景下，如果过分强调公用企业信息公开义务，信息公开法就可能被那些有不良用心的商业组织所利用，从而演变成为其获取竞争者商业秘密的工具。[2] 这一论断构成了美国反对信息公开法适用于公用企业特别是民营化后的公用企业的主要观点。我国行政法学界也存在类似观点。譬如，有学者认为，商业秘密权主要是私法保护的权利，基于商业秘密权而产生的信息也大多属于私人性的。“作为一种私人性的个人信息，只需自身拥有和使用，在法理上没有义务、在情理上也没必要对其他人或组织进行公开。”[3] 商业组织不应通过信息公开法这一公法渠道获取商业秘密。

那么，商业秘密保护是否能成为限制权利主体资格的理由？笔者认为，这项理由不成立。商业组织属于公用企业信息公开的权利主体。其具体理由如下：

（1）公用企业信息公开的核心目标在于公开而非保密。在制度

---

〔1〕 参见张明杰：《开放的政府——政府信息公开法律制度研究》，中国政法大学出版社2003年版，第125页。

〔2〕 See Stephen S. Madsen, “Protecting Confidential Business Information from Federal Agency Disclosure after Chrysler Corp. v. Brown”, *Columbia Law Review*, 80 (1980), 113.

〔3〕 成协中：“高校信息公开义务的展开与个案解读——以复旦大学教师职称评审案为例”，载《行政法学研究》2013年第3期。

设计过程中，需要让公众或商业组织知晓公用企业的基本情况和运营活动，以增强对公用企业的外部监督。一旦作出商业组织不能必然获取信息的例外性解读，就可能演变成对公用企业信息公开权利主体范围的变相限缩。这种约束和限制不仅与扩大权利主体范围的趋势向左，而且也会阻碍知情权和公用企业服务宗旨的实现。因此，商业秘密保护并不能作为限制权利主体行使知情权和监督权的条件。

（2）限制商业组织信息获取权的做法不具有实践操作性。商业组织的信息获取权是公民个体权利的延续，以商业秘密保护来限制信息获取权的做法不但有违权利保障理念，更为重要的是，在实践中不具有现实可能性。即便限制商业组织依据信息公开法提出信息公开申请的权利，该商业组织仍可以通过其他途径（如商业组织内部的自然人）获取到信息。处理商业组织间的不正当竞争问题，还是要在实质审查阶段对商业秘密是否属于例外信息进行辨别，而非事先在程序上限制申请主体的范围来解决。

此外，即便是公用企业认为某类信息属于商业秘密，并不意味着该信息就不会被公开。对于是否公开该信息，需要其他部门（如行政机关、司法机关）在对信息公开过程中的各方权益予以充分衡量后，才能最终确定。在美国著名的“国家公园和自然资源保护区协会诉莫顿案”（National Parks & Conservation Association v. Morton）[1] 中，哥伦比亚特区巡回法院创立了一个公认的标准，即只有在公开某类商业秘密会“妨害政府未来获得必要信息的能力”或者“对拥有信息者的竞争地位造成实质性损害”时，才能限制信息申请主体的权利。这一判例为我们确定权利主体提供了参考思路。“对拥有信息者的竞争地位造成实质性损害”可以成为能否设置限

〔1〕 National Parks & Conservation Association v. Morton, 498 F. 2d 765 (D. C. Cir. 1974).

制的衡量标准。如果公开特定商业秘密不但不会对公用企业竞争地位构成实质性损害，反而能促进公用企业服务质量和效率的提升，就不能成为限制权利主体申请公开的条件。

3. 行政机关

行政机关在公用企业信息公开中拥有多重身份。行政机关既是公用企业信息公开的规制主体，也是公用企业信息公开的对象或权利主体。行政机关的获取信息权主要来自于三个方面：①所有权人或控股股东的信息需求。行政机关代表国家对国营或公营的公用企业行使所有权和管理权时同其他股东一样，享有私法上所赋予所有权人或控股股东的包括知情权在内的所有权利。②平等契约主体的信息需求。行政机关可以成为公用企业所供给公共产品和公共服务的购买对象，行政机关更多是以民事主体身份参与交易之中的，此时其信息获取权的确定和救济途径的选择也是主要依据私法规范的。③企业规制者的信息需求。信息规制是行政机关依据法律法规授权，通过评议考核、监督检查、行政处罚、行政裁决等对公用企业公开信息的行为实施的直接干预。实践中大量行政机关作出经济决策所依据的“经济信息”[1] 就是通过信息规制的途径获取的。

由于前两种获取信息权源于私法的信息披露义务，主要由《公司法》《合同法》《证券法》等私法加以规范，信息公开法一般不将其列于研究范畴。而基于企业规制者身份而产生的信息获取权则属于公法范畴，是信息公开法研究的一项非常重要的内容。行政机关因获取信息权性质的不同而导致行政机关在企业信息的获取手段及行政机关权责上产生较大差异。基于企业规制者身份而产生的信

〔1〕 尽管大多数情况下经济信息是以国家为中心的，但由于经济信息大多来自于企业、协会和行会收集的经济数据，这些信息是行政机关无法得到的。为了实现国家对经济信息的收集、处理和加工，企业、协会和行会因此也依法负有了向行政机关报送信息的义务。参见［德］乌茨·施利斯基：《经济公法》，喻文光译，法律出版社 2006 年版，第 123～124 页。

息获取权能够衍生出行政规制权。此种行政规制也是避免公用企业通过将公法上的信息公开转化为私法中信息披露问题来逃避公法责任的有效手段。

从行政规制内容来看，行政机关对公用企业的规制是十分广泛的，主要包括：①行政许可证明的审查和发放；②国营或公营的公用企业重大人事调整和安排；③为保障公共利益和社会特殊群体利益要求而设立产品质量标准、服务标准、安全生产标准及价格统一标准；④规范指导、工作考核及检查监督。行政机关对公用企业此种规制既是一项行政权力，也属于对公共利益和市场秩序的一种管理义务。“行政主体对信息的管理义务若具体到行政法关系中就是其所行使的行政权力或享受的行政权利，因此，管理信息的义务与提供信息的义务是不能同日而语的，它们不能是同一意义的法律行为。”[1] 作为公用企业管理者的行政机关并不是提供信息的义务主体，而是市场秩序的管理主体和公共服务的监督主体，其所承担的是对公用企业、社会公众、特殊类型消费者及社会组织等社会主体的信息保障职能。在此种情况下，行政机关作为公用企业信息公开对象而具有权利主体资格。

当然，在履行行政规制职权过程中，行政机关及其工作人员的不当行为也会给公用企业正当权益带来损害。行政机关及其工作人员的越权管理、滥用职权及失职渎职行为，致使公用企业信息不能及时有效公开，不仅可能让信息公开义务企业的名誉遭受侵害，更会造成企业及其利害关系人（如消费者、合作经营者等）蒙受巨大经济损失。在因行政机关及其工作人员失职渎职而出现行政机关信息规制不当或者越权规制时，受害公用企业当然享有救济权利，该受害企业既可以提出复议申请也可以发起诉讼，要求行政机关和有

〔1〕 关保英：“行政主体信息义务的行政法理析解”，载《法律科学》2003 年第 2 期。

关人员承担相应行政责任。在经济损失能够有足够证据证明且数额确定的情形下，受害公用企业还可以要求行政机关及相关责任人给予经济赔偿。

4. 行业协会

“在传统社会的模式中，政府承担着主要的公共责任，而在现代社会中，企业、社会团体或非政府组织在承担公共责任中扮演着越来越重要的角色”。[1] 一般认为，行业协会介于政府、公用企业之间，不仅独立于政府部门，而且独立于公用企业，是联系社会公众与政府部门、公用企业的纽带和桥梁。有学者提出，在政府信息公开制度推进过程中，需要大力培育和发展律师协会、工商联等非政府组织，通过培养利益集团的“代言人”，形成不同利益群体的要求表达，从而影响公共政策的制定。[2] 在公用企业信息公开中，此种传递不同利益群体声音的“代言人”依然有存在的必要。如在日本的信息公开建设中，民间团体起到了十分显著的推动作用，日本的信息公开正是在部分民间团体倡导和参与下完成的。鉴于民间团体在社会管理领域中的重要地位，有学者甚至认为：“在一个民主化程度较高的社会，社团章程中自治的事项应由社团自主决定，主要依靠社团内部民主的力量加以实现。”[3] 尽管此种对于包括行业协会在内的社团之于社会管理的作用和力量的论断，在一定程度上有夸大的成分，但其却充分表明了行业协会在政府职能社会化过程中的积极作用。我国正处于市场经济和政府职能转型时期，原由政府承担的公用事业管理和服务职权在“让权”或者“放权”于社会的同时，各种类型的行业协会亦如雨后竹笋般得以发展，尤其

[1] 林喆：“论私权保护和公共责任观念的建立”，载《政治与法律》2001 年第 6 期。

[2] 参见丁世洁：“政府信息公开制度构建研究”，载《河南社会科学》2009 年第 2 期。

[3] 袁曙宏、苏西刚：“论社团罚”，载《法学研究》2003 年第 5 期。

是公共服务领域的协会在制定行业服务标准、规范本行业企业行为等方面展现出了不可替代的作用。

在此背景下，行业协会如何定位问题就成为建构公用企业信息公开制度中不可忽视的课题。毋庸否认，行业协会作为公用企业与公共产品使用者或消费者的桥梁属于信息公开中的一类重要主体。但是，笔者认为，行业协会是否能够成为公用企业信息公开权利主体是值得探讨的。

从历史发展来看，行业协会具有监督管理作用。如美国历来有着支持非政府组织运作、发展的传统，目前活跃在美国大小城市间的各类非政府组织共100万个左右，非政府组织的普遍产生和蓬勃发展，促进了美国政府管理模式的“小政府，大社会”的格局，政府和非政府组织之间形成了良好的合作伙伴关系。[1] 包括行业协会在内的非政府组织较好地代表了每一行业领域及每一类型的利益群体，并且自觉拓展了监督空间。在我国，随着市场经济改革的深化和政府职能社会化的推进，计划经济条件下的行政命令型管理模式也嬗变为政企职能分离的市场型模式，行业协会在社会经济发展中的作用日益凸显。而行业协会也并非只是私法上的平等主体那么简单，仍具有着浓厚的行政色彩及“一业一会”的官方背景。“行业协会在日常组织与管理过程中对其内部成员具有绝对的管理权限且二者并非处于平等地位，这与传统的私权有着很大差别，因此，其自治权从本质上来说应当是一种‘权力’而非‘权利’。”[2] 行业协会扮演着监督者的角色，它一方面听取政府部门和社会公众的意见，另一方面则根据收集的意见对协会会员单位进行指导和监督。尤其是在公共服务领域，行业协会只是单向收集公用企业信息

〔1〕 参见蒋学基：“美国社区非政府组织的运行情况及启示”，载《浙江社会科学》2002年第4期。

〔2〕 曹锦秋、狄荣：“论行业协会的自治权及其限制”，载《辽宁大学学报（哲学社会科学版）》2011年第1期。

的主体，一般不直接从公用企业获取信息，即便获取也是协助或监督公用企业履行信息公开义务。也正是基于此，笔者认为，不应将行业协会归入公用企业信息公开权利主体范围之内。

需要特别注意的是，在行业协会对公用企业的信息监管中也会带来与行政机关同样的效果。行业协会在对公用企业信息公开行使监管权时亦存在侵害公用企业合法权益的情况，因为“行业协会作为一种社会自治组织享有对自治事务的管理权限，它必然具有所有权力的共同之处：存在被滥用的可能性……对组织权力的合理制约和有效监督是必需的。”[1] 因此，需要在行业协会不当侵犯公用企业合法权益的情况下，赋予公用企业启动行政诉讼自行救济的权利。马怀德教授也认同此种观点，并认为未来我国行政诉讼法的理想模式是“行政机关、行政机关的内设机构、临时机构以及其他公法性行为的作出者，都可以成为被告”[2]，行使公法上权力的所有主体与公民发生的争议都可以纳入行政诉讼的受案范围之列。

5. “任何人”的基本内涵

通过以上的分析可见，公用企业信息公开权利主体是极其广泛的，其基本上被纳入了“任何人”的范畴。这些权利主体的资格并不因相关主体与公用企业信息没有法律上的利害关系或者没有特定的申请理由而被剥夺，也不会因迫切需求者比其他普通公众对公用企业信息具有更大的利益而赋予更多内容。因此，笔者认为，公用企业信息公开的权利主体在“任何人”的视角下，可归纳为：①政府部门。政府部门需要了解公用企业的信息，以制定相应的政策、作出重要的经济决定。②投资者。既包括政府投资者也包括私人主体投资者。公用企业的管理制度、资源综合利用效率以及违法记录

---

〔1〕 黎军：“论司法对行业自治的介入”，载《中国法学》2006年第4期。

〔2〕 马怀德：“《行政诉讼法》存在的问题及修改建议”，载《法学论坛》2010年第5期。

等信息，直接关系到投资的权益能否实现。因此，公用企业应当尽可能多地向投资者提供相关信息，以保障双方信息通畅。③消费者。消费者需要了解公用企业对其权益的影响。④可能受公用企业影响的公众和商业组织。

二、公用企业信息公开的义务主体

公用企业信息公开义务主体是制作、收集和公开信息义务的承受、实施主体。如果没有明确的义务主体，公用企业信息公开制度运行的有效性必将大打折扣。公用企业信息公开义务主体甚至关系到应公开信息范围的大小和公众可获得信息的多寡。从某种意义上讲，它是衡量公众信息获取权实现效果的标尺。

（一）对义务主体的解读

从字面上看，公用企业信息公开义务的主体理所当然是医疗卫生、公共交通、供水、供电、供气、供热等公用企业。但并非字面上那么简单，公用企业信息公开义务主体问题在理论和实践方面仍然存在诸多可探讨之处。

从世界范围内看，除了日本等国家在立法中界定义务主体问题外，大多数国家并未专门规定公用企业信息公开的具体义务主体，而是把公用企业、行政机关等统一作为政府信息公开义务主体来看待。“从世界各国的政府信息公开法所规定的义务主体的内涵来看，一般比较大，即便义务主体内涵较小的国家，其发展趋势也是正在逐步扩大义务主体的范围。”[1] 我国信息公开立法和司法实践对信息公开义务主体范围的解读也采用了此种方式。《政府信息公开条例》规定了四类政府信息公开义务主体，即行政机关、法律法规授

---

〔1〕 王勇：《政府信息公开论》，中国政法大学2005年博士学位论文，第84页。

权组织、公用企业和事业单位。[1] 司法实践同样将公用企业认定为政府信息公开的义务主体。例如，在河南南阳市民王聚才诉中国联通案中，王聚才在2010年7月19日向中国联通南阳分公司申请公开2009至2010年度相关计时计费的检定证书报告，至法定期限届满未获得中国联通南阳分公司的任何答复。王聚才随即诉至南阳市卧龙区法院，要求法院确认被告该行为违法并责令被告限期作出答复。在判断联通公司是否属于信息公开义务主体时，卧龙区法院认为，根据《政府信息公开条例》第37条的规定，公用企业已被纳入政府信息公开的主体，应当承担政府信息公开义务。[2] 由此可见，政府信息公开实践意图将所有掌握政府信息的主体都纳入信息公开义务主体范围之中。如果遵循这一逻辑，公用企业信息公开义务主体范围也是非常广泛的，其在理论上不仅包括公用企业，还应涵盖包括行政机关在内的所有掌握公用企业信息的组织。但是，我国公用企业信息公开实践并没有采用上述理论逻辑。

在实践中，我国公用企业信息公开义务主体是非常不明确的。从法律规范的角度来看，《政府信息公开条例》第37条仅仅规定"公用企业信息"需要公开，而没有从正面诠释公用企业信息义务主体问题，因而无法从信息公开法中得到明确的结论。有些参照《政府信息公开条例》制定的一些实施细则却对公用企业信息公开义务主体问题作出了直接规定。譬如，住房和城乡建设部《供水、供气、供热等公用事业单位信息公开实施办法》第5条规定，"供

---

〔1〕 也有学者认为，公用企业不属于政府信息公开的义务主体。公用企业在提供社会公共服务过程中制作、获取的信息的公开，只是参照我国《政府信息公开条例》执行，政府信息公开的义务主体为行政机关和法律、法规授权的具有管理公共事务职能的组织两类。参见黄全："我国政府信息公开立法的两种风格——基于《政府信息公开条例》与地方规范的文本分析与比较"，载《政法学刊》2011年第6期，第12页。

〔2〕 参见范传贵、曾庆朝、李靖玥："全国首例公民诉通信公司信息不公开案有果"，载《法制日报》2011年11月3日。

水、供气、供热等公用事业单位（企业）”属于“信息公开的实施主体，承办本单位具体的信息公开工作”。[1] 在主管公用企业事务的政府部门看来，公用企业应当是承担公用企业信息公开义务的具体主体，因为在提供公共产品和普遍服务过程中，其向社会公众公开公用企业信息责无旁贷。

尽管实务部门对公用企业信息公开义务主体进行从严解读，但在实践操作中却存在扩大义务主体的情况。为获取公用企业信息，公众会同时向公用企业和公用企业主管部门提出申请。在北京大学三教授申请公开高速公路收费信息案件中，王锡锌、沈岿、陈端洪三名教授不仅向首都高速公路发展有限公司提交公用企业信息公开申请，还请求北京市发改委和北京市交通委进行信息公开。申请的结果是：首都高速公路发展有限公司未予答复；北京市发改委和北京市交通委两机关作出了信息公开决定。[2] 在北京市民刘巍申请公开“一卡通”相关信息案件中，刘巍也同时向北京市政交通“一卡通”有限公司、北京市发改委、北京市财政局、北京市政府、北京市审计局等五个主体提交了公用企业信息公开申请。另外，还有公众绕开公用企业，直接向政府部门提出公开公用企业相关信息的请求。在郑州消费者赵正军申请公开热力公司相关信息案件中，赵正军向郑州市物价局提出申请，要求公开郑州市热力总公司近三年的经营状况、职工人数、财务决算报表、人均产值、人均收入水平、与其他地区同行业的比较、近三年供求状况及公司财务报告或审计报表等信息。郑州市物价局在向郑州市热力总公司征求意见

---

〔1〕《四川省公共企事业单位办事公开实施办法（试行）》对公用企业信息公开义务主体问题作出了类似规定，该办法第4条第2款规定：“公共企事业单位应当按照办事公开的法定时限和承诺时限公开办事内容、办事过程和办事结果。对公众普遍关注和涉及其切身利益的重要事项，实行决策前公开、实施过程动态公开和实施结果公开。”

〔2〕 参见郭爱娣：“三教授不满意答复内容”，载《京华时报》2008年6月25日。

后，作出了免于公开信息的通知书。[1] 在自贡市民申请公开燃气安装成本信息案件中，自贡市民仅向自贡市发改委提交了公开自贡市燃气安装成本监审信息的申请，而自贡市发改委则以成本监审信息不属于信息公开的范围为由予以拒绝。[2] 这种实践操作与立法实践的标准不一引发了理论上的疑问。究竟行政机关是否是公用企业信息公开义务主体？如果不是，那么又基于何种理由作出信息公开决定？

从广义上来看，行政机关不但包括信息公开义务，还存在着对公用企业信息进行监管义务。如原建设部在 2004 年出台的《市政公用事业特许经营管理办法》第 11 条要求获得特许经营权的公用企业应当“按规定的时间将中长期发展规划、年度经营计划、年度报告、董事会决议等报主管部门备案”。由此，行政机关可以在规制公用事业的过程收集到大量与公用企业相关的信息。对于这部分公用企业信息来说，社会公众完全享有从行政机关处获取的权利。目前我国一些法律规范也对公民的此项权利进行了表述。如国家电力监管委员会在 2005 年出台的《电力市场监管办法》第 30 条规定：“电力监管机构按照电力监管信息公开的有关规定向电力投资者、经营者、使用者和社会公众公开电力市场监管信息”。遵循这一规定，行政机关似乎已承担了公开公用企业信息的职责，并且成为公用企业信息公开义务主体。不过，如果对信息性质进行细致推导，却发现情况并非如此。从内容上看，某类信息虽然属于与公用企业相关的信息，但其因持有主体的差异而在性质上分属两个不同范畴。仍以北京大学三教授申请公开高速公路收费信息案件为例，“机场高速的贷款总额”、“收费资金流向” 等信息在首都高速公路

---

〔1〕 参见李广宇：《政府信息公开判例百选》，人民法院出版社 2013 年版，第 217～227 页。

〔2〕 参见兰江：“要求信息公开遭拒，自贡一市民状告发改委”，载《华西都市报》2013 年 2 月 20 日。

发展有限公司持有情况下属于公用企业信息，而报送主管部门备案后，其性质就会因北京市发改委和北京市交通委的“获取”而转化为政府信息。这也就意味着北京市发改委和北京市交通委向三位教授公开“公用企业信息”所履行的义务实为政府信息公开义务。同样道理，自贡市民申请公开的燃气安装成本监审信息无疑属于与公用企业相关的政府信息，自贡市发改委是否公开则需要根据《政府信息公开条例》规定内容而定。质言之，行政机关承担公用企业信息公开义务只是一种表象，其本质上是在公开履行信息管理和市场规制职责过程中获取的政府信息。

鉴于上述分析，笔者认为，公用企业信息公开义务主体仅指公用企业。之所以这样界定，主要是基于公用企业信息公开义务的性质。具体而言，公用企业信息公开义务具有两个面向：

（1）公用企业信息公开义务是由公用企业所履行社会公共服务职能抽象出的义务，具有普遍性和服务性的特征。由于该项义务是政府公共服务、生存权照顾等职能的延伸，公民有权利知悉和监督公用企业在提供社会公共服务过程中是否按照平等原则向社会供给产品和服务，是否满足了普遍服务和公民生存基本照顾的要求。从某种意义上讲，信息公开义务是公用企业公共服务义务的延伸。

（2）公用企业信息公开义务是从政府规制活动中演绎出的义务，具有强制性和法定性的特征。公用企业应受政府规制的特性在民营化后的公用企业信息公开中表现得更为明显。“民营化之后，社会公共服务最显著的特征便是国家不再承担直接的服务给付功能，但是，在社会公共服务领域依然担负某种程度的次级责任，这些次级责任主要体现在规制机构的设置以及对民营化后的公用企业行为的规制层面。”〔1〕民营化后的公用企业因此也就存在着向主管部门报送信息的义务。而对于国家出资或控股的公用企业而言，政

〔1〕 Paul Craig, *Administrative Law*, London: Sweet & Maxwell, 2008, p. 347.

府部门无论是代表国家履行出资人职责还是依法行使市场监管职能，都建立在充分占有公用企业信息的基础上，所以要求公用企业及时报送信息也就成了政府部门的一项权力。

（二）义务竞合时的主体选择

当公用企业信息仅由公用企业这一单一主体持有时，公用企业具有义务主体资格是毋庸置疑的。然而，由于信息具有可复制性和强流动性的特征，某一信息经常会由两个或多个主体同时持有。譬如，需要公用企业依法报送主管部门备案的中长期发展规划、年度经营计划、年度报告、董事会决议等企业信息，[1] 就是实践中普遍存在的被公用企业和政府部门所持有的一类信息。在此种情况下，哪一主体是信息公开义务主体则成为需要讨论的问题。

1. 义务竞合的两种解决路径

当同一信息被两个或多个主体所持有时，谁应当负有公用企业信息公开义务呢？对此问题，理论界存在着两种不同的思路：

（1）多重义务主体。该种思路由以周汉华教授为首的信息社会与政府信息公开制度研究课题组最先提出。课题组从权利保障的角度出发，提出了所有持有信息的主体均应承担公开义务。[2] 在他们看来，对于两个或多个主体都持有信息的公开问题，应当由信息持有主体通过内部沟通和协调来解决，而不应以持有主体众多来责难申请主体。因此，被申请的任何一方都有依程序进行公开的义务。

如果将这一思路运用到公用企业信息公开领域，那就意味着，任何拥有公用企业信息的主体都可以成为公开义务主体。明确任何持有主体都存在公用企业信息公开义务的优点有二：①有利于避免

---

〔1〕 参见原建设部《市政公用事业特许经营管理办法》第11条。

〔2〕 参见周汉华主编：《政府信息公开条例专家建议稿——草案·说明·理由·立法例》，中国法制出版社2003年版，第63～64页。

公用企业信息公开义务主体之间相互推卸责任，致使公众知情权难以实现。②便于健全信息资源管理制度。因为收到公用企业信息公开申请的一方在公开信息前，必然会征求该信息制作主体或者其他持有主体的意见，这在间接上强化了多方持有主体间的沟通和协商。

（2）单一义务主体。该种思路认为，应当“选择其一”作为公用企业信息公开义务主体。基于选择方式的不同，又分为两种具体方案：

第一，从强化政府责任的角度考虑，确立“行政机关”作为公用企业信息公开义务主体。“在现在的法律还没有具体规定的情况下，还是向行政机关直接申请较为妥当。当前许多公用企业对于自身的信息公开工作任务意识不强，很多也没有独立的信息处理部门和工作人员，处理信息的能力和意识还在逐渐的培养过程中。行政机关相比之下能更好地胜任该项任务，也更具有权威性。”[1] 朱芒教授认为，在出现两个或多个主体持有公用企业信息时，申请主体拥有向任何一方提出信息公开申请的选择权。如果向公用企业提出申请，则收到申请的公用企业既可以自行公开，也可以告知申请主体该信息已经提交于行政机关，同时将申请转交已获取信息的行政机关。[2] 也就是说，如果向行政机关提出申请，则收到申请的行政机关只有依据法定程序对公用企业提交的信息作出公开与否的决定，而不能将申请转交公用企业。

第二，从信息公开便利的角度考虑，预设“制作主体”作为公用企业信息公开义务主体。此种解决方案源于政府信息公开理论。“只要信息是某一行政机关制作的，无论其是否通过获取的方式为

〔1〕 王冰：《论公用企业的信息公开——〈政府信息公开条例〉第37条评述》，浙江工商大学2013年硕士学位论文，第25页。

〔2〕 参见朱芒：“公共企事业单位应如何信息公开”，载《中国法学》2013年第2期。

另一行政机关保存，仍由制作该信息的行政机关公开。获取政府信息的机关只有权公开从公民、法人和其他组织处获取的非由行政机关制作的信息。”〔1〕因为公用企业信息的制作主体与其他持有主体相比，在掌握信息的制作情况及节约审查成本方面存在着优势，所以确定由制作主体公开公用企业信息具有一定合理性。

2. 义务竞合下公用企业主体地位的确立

从某种意义上说，解决义务竞合问题的关键在于价值选择和制度定位。在现代社会，随着公共行政社会化和权力多元化，为了适应社会发展和保障知情权的需求，域外关于信息公开义务主体的规定呈现着扩大化趋势。如英国、韩国等国家对政府信息公开法中规定的“公共机关”，尽可能地进行宽泛解释来囊括众多类型的信息公开义务主体；美国联邦最高法院和各州法院在公用企业如何成为政府信息公开义务主体方面也作出着积极努力。尽管各国信息公开实践在一定程度上推动了公用企业信息公开初步发展，但它们大多立足政府信息公开制度来探讨公用企业信息公开问题，这难免有喧宾夺主之嫌。

从长远来看，即便是在公用企业信息公开与政府信息公开的义务竞合的情况下，仍需要以公用企业为中心来展开义务主体制度的建构。特别是在目前公用企业信息公开制度建设的起步阶段，更需要明确公用企业在信息公开中的义务主体身份。之所以作出上述抉择，主要基于以下三方面原因：

（1）公用企业信息公开制度的主体框架是公用企业公开责任。公用企业的责任来源于政府职能社会化过程中行政机关“让渡”的那部分公共服务职能，这部分职能必然包括了政府应当履行的信息公开的职责，因此，公用企业理应在职责范围内承担信息公开义

〔1〕凌维慈：“政府信息公开的义务主体”，载季卫东主编：《交大法学》（第2卷），上海交通大学出版社2011年版，第240页。

务。而“隐退”的行政机关除了极为特殊的情况之外，不再承担公用企业信息公开义务。

（2）信息创建主体和公开主体同一性有实践价值优势。公用企业是制作、获取公用企业信息的主体，属于原始创建主体。确定作为创建主体的公用企业为信息公开义务主体除了有利于节约成本之外，同时更便利于对公用企业信息进行甄别。由于创建主体是公用企业信息原始制作主体或最初采集主体，其对信息的形成过程、相关背景资料及具体内容都有较全面、深入的了解，在判断公开该公用企业信息是否会泄露国家秘密、商业秘密、个人隐私等方面更易于做出合理科学的判断。[1]

（3）公用企业作为义务主体能防止逃避责任。现实中，公用企业总是倾向于“不公开”信息，而其使用最多的借口莫过于不是义务主体。如在河南南阳市民王聚才诉中国联通案中，中国联通始终认为《政府信息公开条例》并没有将通信行业列入信息公开义务主体范围，并且至今为止也没有任何具有法律效力的文件、解释将其列为信息公开义务主体，因而其不应当承担信息公开义务。[2] 由此看来，如果在信息公开立法中明确公用企业的义务主体资格，这种可供公用企业选取的“不公开”借口也会随之消失。

三、风险社会视角下的特殊主体

风险社会下的信息公开是相对于公用企业信息常规公开来说的，它属于公用企业信息公开的一种特殊形态。在风险社会背景下，公用企业信息公开需要遵照特殊的规则，公开义务主体也就具有了特殊性。对此进行研究同时也就有必要性。

〔1〕 参见莫于川主编：《中华人民共和国政府信息公开条例释义》，中国法制出版社2008年版，第110页。

〔2〕 参见范传贵、曾庆朝、李靖玥：“全国首例公民诉通信公司信息不公开案有果”，载《法制日报》2011年11月3日。

（一）公用企业信息公开与风险社会

“风险社会”理论的主要创始人是德国著名社会学家乌尔里希·贝克（Ulrich Beck）。贝克在1986年出版的《风险社会》一书中首次使用了“风险社会”概念，并指出“在现代化进程中，生产力的指数式增长，使危险和潜在威胁的释放达到了一个我们前所未知的程度”[1]。在贝克看来，在全球化背景下，人类处于诸多“人为性”风险的严重威胁之中，“任何时候都会有一些可能存在的风险，哪怕这些风险的可能性极小到几乎可以忽略不计的时候，但仍然难以完全避免和排除。”[2] 在现代社会，风险是无处不在，无时不有的。苏联切尔诺贝尔核电站事故、美国“9·11”恐怖袭击、我国“非典”和纽约停电事件等实例不仅证实了“风险社会”理论的前瞻性，同时也构成了解读风险社会的典型样本。在这里，笔者无意也不准备对复杂的风险社会问题进行全面深入探讨，只是仅就风险社会视角下公用企业的信息公开问题加以分析。

在风险社会下，公用企业生产经营过程中的突发事件时常发生。而信息公开是应对突发事件的最起码要求。因为所有突发事件的爆发都会对公众生活造成不利影响甚至巨大危害，所以公众享有对突发事件过程、处置等信息的知情权。从某种意义上讲，全面、及时公开突发事件征兆、事中及事后信息，既能增强公众对政府和公用企业的信赖和支持，又能平息社会中的无端猜测和慌乱，避免事态的扩大。在现今信息化社会，阻止信息的传播是根本无法实现的。无论何时何地，一旦公用企业在生产或提供公共服务过程中发生了突发事件，大量相关或不相干的信息会通过各种渠道迅速传

---

〔1〕［德］乌尔里希·贝克：《风险社会》，何博闻译，译林出版社2004年版，第15页。

〔2〕［德］乌尔里希·贝克：“从工业社会到风险社会（上篇）——关于人类生存、社会结构和生态启蒙等问题的思考”，王武龙译，载《马克思主义与现实》2003年第3期。

播，公开信息的真实性也遇到前所未有的挑战。如果一味按照原有的信息公开方式来处理突发事件只会起到副作用，结果必然是社会公众的猜疑甚至是恶意炒作。在这里，我国2003年爆发的“非典”事件就是最大的教训。2002年12月15日，全国第一例确诊的“非典”病人在广东省河源市被发现。2003年1月21日，当认识到“非典”有较强的传染性时，有专家建议向社会公开信息，但到2月11日才正式向外公开。[1] 广州市政府和广东省卫生厅先后召开的新闻发布会尽管表现出了政府坦诚和负责的态度，但政府在信息公开方面的不作为与此前广东各地出现大面积传播的谣言、市民集中抢购药品及社会的巨大恐慌不无关系。北京“非典”疫情的信息公开也存在同样问题。由于信息渠道不畅、应急机制及管理体制不健全等多种因素，北京地区的疫情信息并没有得到全面、准确的公开，进而导致了“非典”疫情传播范围的扩大。从首例“非典”病例在广东发现到政府公开疫情信息的大部分时间里，各级地方政府和医院的集体失语致使一些不正确的信息甚至是流言蜚语的广泛传播，不但给社会公众造成不必要的恐慌，也延误了控制“非典”疫情的最佳时机。

此外，风险社会中公众心态的平静程度与公用企业信息公开的程度是成正比的。2003年纽约停电事件则是典型的例证。美国东部时间2003年8月14日下午4时11分发生了北美有史以来最大规模的停电事件。停电事件涉及美国整个东部电网，当时至少有21座电厂停运，其中包括位于美国4个州的9座核电厂，约5000万人受到影响，纽约州80%供电中断。[2] 由于经历了1967年和1977年两次大停电及“9·11”事件，纽约已建立了较完备的信息公开

〔1〕 参见曹丽萍：“从‘非典’谈突发公共卫生事件信息公开”，载《中国公共卫生》2003年第7期。

〔2〕 参见印永华等：“美加‘8·14’大停电事故初步分析以及应吸取的教训”，载《电网技术》2003年第10期。

体系。在停电后一个小时内，纽约市长布隆伯格就举行新闻发布会向公众公布了事件情况，这对稳定民心、消除慌乱起到了至关重要的作用。[1] 也正因为停电事件的及时公开，纽约平稳度过了近30个小时的无电瘫痪时期。

（二）行政机关的特殊信息公开义务

就风险社会而言，公用企业提供公共产品和普遍服务的过程中随时可能会发生突发事件。在突发事件中，公用企业掌握的信息如何进行公开也就成为理论和实践必须予以探讨的现实课题。笔者认为，为了避免突发事件引发的不稳定因素甚至是社会动乱，应当在公用企业出现突发事件时，设置特殊的公用企业信息公开义务主体和公开方式，及时让不知真相的社会公众得知事件情况，以此将可能因事件不可预知性或信息不准确而造成的损失降至最小。

1. 行政机关的特殊主体身份

究竟由谁来承担特殊情形下的公用企业信息公开义务？如果将视线转移到管理学领域，也许我们能够寻找到可资借鉴的方法。英国著名危机公关专家迈克尔·里杰斯特（Michael Regeste）在其《危机公关》一书中提出了应对突发事件的“三T原则”。所谓“三T原则”，是指以我为主提供情况（tell your own tale）、尽快提供情况（tell it fast）、提供全部情况（tell it all）。[2] “三T原则”强调了危机时期信息公开的特殊性和重要性，并提出了统一信息公开义务主体的设想。对于公用企业出现的突发事件来说，笔者认为，公用企业信息公开的义务主体应为行政机关。其主要理由是：

（1）预防和处置突发事件本来就属于政府职能，即便公用企业拥有提供公共服务的部分政府职能，但这并不意味着其承担社会管

---

〔1〕 参见石国亮：《国外政府信息公开探索与借鉴》，中国言实出版社2011年版，第205～206页。

〔2〕 参见［英］迈克尔·里杰斯特：《危机公关》，陈向阳、陈宁译，复旦大学出版社1995年版，第68页。

理中的全部行政职能。公用企业突发事件或者安全事故的发生，必然会在极短的时间内影响到公共利益，甚至危害到公众健康、生命和财产安全。而维护公共利益和促进社会福祉不仅是公用企业的任务，同时也是政府不可推卸的职责。因此，在突发事件中由行政机关履行信息公开义务具有理论依据。

（2）行政机关处置突发事件能力优于公用企业，信息由行政机关统一公开有利于及时尽快消除突发事件的不利影响。尤其是在危机时期，“市场中存在较多错误信息的情况下，政府不但有足够的公信力支持其成为最佳的辟谣主体，而且与单个的市场主体相比，由政府直接辟谣可以节约更多的辨认、筛选、处理错误信息并予以公示的成本。”[1]

（3）从社会公众的角度来说，面对突如其来的各种危机事件，人们往往更愿意信任政府的权威性。“对于突发事件的真实情况，公众最希望听到具有权威的政府的声音，如果政府对于事件的发生不做出及时的反应，那么公众脆弱的心理底线很容易崩溃，从而将导致谣言四起。”[2] 在公用企业出现突发事件或者安全事故时，由行政机关公开相关信息实属实践理性之要求。

2. 行政机关的特殊信息公开义务内容

基于生存照顾和服务行政理论，行政机关不仅肩负着监督“让渡”于公用企业的公共职能的职责，而且在特殊情况下还担当着“补充”行政的角色。在现代民主宪政国家，对于社会公共服务任务的履行，政府永远负有最后的责任，并不会因执行任务机构的不同而有所差异。正是因为突发事件的发生，信息公开义务产生了转移，行政机关成为公用企业信息公开义务主体，而公用企业则成为

---

〔1〕 李玉梅：“论政府在企业信息公开中的多重身份及权责”，载《海南大学学报（人文社会科学版）》2009 年第 6 期。

〔2〕 贺红梅、周定平：“论突发事件应付的信息公开原则”，载《政法学刊》2009 年第 2 期。

次义务主体，或者说是信息公开的辅助主体。从行政机关的角度来说，在公用企业出现突发事件时，行政机关需要履行以下三方面信息公开义务：

（1）行政机关主导信息公开。“在突发公共事件中，公众的理性以及充足的准备程度和良好的预防措施是有效降低灾害和成功应对危机事件的根本途径……政府通过公布权威的、可信的信息来争取舆论主动权，在危机事件治理中处于主动地位，有利于控制事态在有序的范围内发展。”[1] 因此，在涉及公用企业的突发事件中，行政机关应当享有公用企业信息公开的最终判断权，并承担主要信息的公开义务。

（2）第一时间主动公开信息。在风险社会背景下，很多事件是在公共话语的视野之外静悄悄地发生的，公众一般不会知道事情的发生，依申请公开更将无从谈起。[2] 因此，突发事件中的公用企业信息公开的方式必然要以主动公开为主。此外，因突发事件具有紧迫性和复杂性，这里的主动公开时限要比一般信息的公开时限短。行政机关应在突发事件发生后 24 小时内将掌握的信息予以公开。

（3）全面公开信息。全面公开信息既包括事件发生过程信息又包括事件发生原因信息，既包括正面信息又包括负面信息。尽管公开负面信息可能会引起公众一定的不满情绪，但社会公众对客观负面信息的承受力要远远大于隐瞒信息行为的承受力。唯有信息的全面公开，才能为受众理性思考和判断创造条件，才能有效避免公众无端猜疑和不必要恐慌。

基于风险社会的考虑，对于涉及公用企业的突发性事件，其信

---

〔1〕 王春业：“突发公共事件中谣言传播与政府信息公开”，载《政法论丛》2009 年第 2 期。

〔2〕 参见应松年主编：《突发事件应急处理法律制度研究》，国家行政学院出版社 2004 年版，第 15 页。

息公开应当建立以行政机关为主、公用企业为补充的义务主体架构。当然，行政机关承担了突发事件中的公用企业信息公开义务，并不表明公用企业就不能发挥任何作用。在行政机关履行信息公开义务过程中，公用企业需要配合并向行政机关报送其所掌握的信息，即便突发事件是因公用企业工作失误或不当行为所引起的，公用企业也不得隐瞒信息，更不能阻挠行政机关的信息公开行为。另外，如果行政机关不履行或不适当履行义务时，公用企业有权公开或者寻求第三方（如新闻传媒等）公开其掌握的相关信息，以免因缺乏正确信息引导而造成事件的扩大化。

第五章

公用企业信息公开的范围

公用企业信息公开范围是公用企业信息公开制度中的核心问题。自从信息公开法产生以来，无论是法学界还是实务部门针对信息公开的范围问题展开讨论，形成了不同的理论观点，衍生了一些观点的碰撞，围绕这一问题的争论也尚未结束，依然是理论界争论的热点之一。公用企业信息公开的范围，尽管需要讨论的问题很多，但就其亟待解决的问题而言，主要涉及应公开信息范围与豁免公开信息范围两项内容，而我国法律规范对这两项内容均未作出详细规定，理论上也尚未完全厘清。基于此，本章将结合我国和域外信息公开实践，就公用企业应公开信息范围与豁免公开信息范围加以分析、界定。

一、信息公开范围的规定模式

公用企业信息公开的范围决定了公众知情权的实现程度，也是衡量一个国家信息公开程度的重要指标。在一定意义上讲，公用企业信息公开的目的在于保障政府、公众获取足够的信息，如果信息公开范围规定得较窄或者应当公开而未公开抑或不应当公开而公开，就会影响信息公开法治的基本价值。那么，公用企业应以何种方式公开，是否需要规定一定的方式，则成为公用企业信息公开范围需要研究的内容。

（一）制约公用企业信息公开范围的因素

厘定公用企业信息公开范围的边界并不是一项容易的工作，因为其范围的确定需要考虑诸多因素，而研究制约信息公开范围的这些因素有助于我们认清信息公开推行过程中的困难，并在分析疑难的基础上作出选择，也有助于找准问题的重点，以便对症下药，从而排除限制公用企业信息公开发挥效用的障碍，为其信息公开范围的合理确定提供依据支持。具体而言，制约因素主要源于以下三个方面：

（1）从宏观环境上看，制约因素源于保密文化传统。“作为一个立法主导型的法治发展国家，在通过立法推进一项制度变革时，若没有观念的跟进，特别是公务人员观念没有转变，落后于时代，便会遭遇制度运行的观念壁垒。”[1] 信息公开的范围正遭遇到保密文化传统的束缚。我国自古有着“民可使由之，不可使知之”的封建愚民统治传统，信息封闭和消息不畅成为一种制度常态。新中国建立后，政务院1951年《保守国家机密暂行条例》首次将我国保密文化导入法律文本。随着1987年《档案法》、1988年《保守国家秘密法》及《保守国家秘密法实施办法》相继通过，一套完整的保守国家秘密法律体系在我国初现端倪。这套法律体系与信息公开的价值理念无疑存在内在的冲突。尽管2010年我国对《保守国家秘密法》进行了修改，但对国家秘密范围的界定仍无实质性突破，基本延续了“以保密为原则，公开为例外”的传统观念。由于信息公开的范围与一国的文化传统、法制化程度息息相关，我国根

[1] 李牧：“论公民信息申请权的实现障碍及其克服途径”，载《法学评论》2010年第4期。

深蒂固的保密传统势必对公用企业信息公开的范围产生一定的影响，这种影响也必然会成为制约公用企业信息公开的重要因素。

(2) 从国家法规范来看，制约因素源于公法领域对公用企业的拘束程度。公用企业具有特殊的法律地位，这主要表现在公用企业既要受到公法的拘束又要受私法的规范。公用企业存在受私法调整的业务领域，但并不意味某些行为方式受公法拘束的程度就小。这一点在公用事业特许经营合同中表现得尤为明显。由于公用企业一旦获得某一特定领域的特许经营权，就具有了对该特定领域的垄断经营权，公用企业为了维护企业的私利往往会利用垄断地位阻挠主管部门获取与规制有关的信息，这在一定程度上加剧了公用企业与主管部门间信息不对称的程度。这种信息不对称状态不但会侵害主管部门的利益，同时还使得消费者及潜在竞争者的权益遭受损害。[1] 此时，信息报送就成为一种很好的规制手段。为全面履行信息规制职能，行政机关会要求公用企业根据法律规定及时、准确地报送信息，这种信息报送义务显然属于公法上的拘束。公法规定的信息报送强度存在一定差异，不同类型的公用企业需要报送信息的内容是不相同的，而且接受信息报送的主体也不一致。这就需要对公用企业信息公开范围的规制程度、报送信息内容作出不同要求，甚至保持一定的差异性。而这种差异性在规定方式中未能充分体现，就有可能成为影响公用企业信息公开的障碍因素。

(3) 从实施主体性质来看，制约因素来源于公用企业的私利性。利益最大化是理性经济人的追求目标，公用企业也不例外。这种利己的经济人不仅存在于经济社会领域，也存在于信息公开领域。由于公用企业所掌握的信息是一种稀缺资源，这种资源会为公用企业带来一定的经济利益，甚至创造无限的价值。因此，公用企业对待信息公开的态度不必然保持积极，它们大多会倾向于尽可能

---

〔1〕 See Paul Craig, *Administrative Law*, London: Sweet & Maxwell, 2008, p. 47.

地缩小信息公开的范围。实践中，公用企业在某一信息是否属于公用企业信息、是否存在豁免公开情况等公开范围问题的判断上有裁量权。作为理性经济人的公用企业，在作出信息公开范围的界定时必定会考虑如何利用这种裁量权来实现自身的利益。在利己心理的驱使下，公用企业刻意缩小信息公开范围甚至假借裁量之名行应当公开而不公开之实在所难免。

鉴于诸多制约信息公开的因素，对公用企业信息公开的范围进行理论探讨和实证探讨尤为必要。就目前来看，在构建公用企业信息公开制度时需要注意解决的问题是，采用何种立法方式来明确公用企业信息公开的范围，如何处理好公用企业信息公开与豁免公开的关系。只有解决好上述问题，才能从制度规范上限缩不利因素对公用企业信息公开的影响与制约。

（二）信息公开范围的规定方式

关于公用企业信息应当公开的范围及具体内容问题，在我国现有的法律规范中尚无明确统一的规定，但从《政府信息公开条例》、国务院有关主管部门制定的具体办法及个别省市的实施细则的零星规定中，我们大致可归纳出公用企业信息公开范围的规定方式。具体而言，公用企业信息公开范围的规定方式主要有以下三种：

1. 明确列举式

明确列举式，是将应当公开或者豁免公开的公用企业信息于法规范中逐一列明。该规定方式又可分为肯定列举和否定列举。如环境保护部2014年颁布的《企业事业单位环境信息公开办法》就采用了肯定列举的方式，该办法要求“重点排污单位”应当公开“基础信息”、“排污信息”、“防治污染设施的建设和运行情况”、“建设项目环境影响评价及其他环境保护行政许可情况”、“突发环境事件应急预案”等环境信息。[1] 除了肯定列举的方式之外，否

[1] 参见环境保护部《企业事业单位环境信息公开办法》第9条。

定列举也普遍存在于法律规范之中。如住房和城乡建设部《供水、供气、供热等公用事业单位信息公开实施办法》关于“不得公开涉及国家秘密、商业秘密、个人隐私及有可能影响公共安全和利益的信息”的规定。[1] 该实施办法以否定列举方式规定的“涉及国家秘密、商业秘密、个人隐私”的公用企业信息，属于信息公开豁免的范围。

虽然有学者对逐一列举的方式提出了批评，[2] 但该种方式的优点仍是不可否定的，其至少存在以下两个方面的优点：①便于实务操作。对公用企业信息公开采用明确列举的规定方式，在一定程度上可以弥补一般性规定过于宏观和模糊而造成实践中对范围界定的困难。尤其是在我国公用企业信息公开制度刚刚起步阶段，尽可能列举应当公开信息的内容有助于提高立法的可操作性，并且便于指导司法审判以及保障公众知情权。②有利于促进公用企业公开信息。虽然不能以列举的方式将所有公用企业信息囊括在内，但肯定列举可以结合不同类型的公用企业信息的特点，作出有针对性的特殊规定，从此种意义上看，这种规定方式有利于公用企业信息的公开。

当然，这种明确列举的做法也存在一定的弊端和风险。由于公用企业信息类型非常丰富，无论立法者进行了多么精准的列举，都难以涵盖所有公用企业信息的类型，总会有遗漏的情况出现。正因如此，对应公开公用企业信息范围的不完全列举会使部分信息游离于信息公开法的控制之外。

2. 一般概括式

一般概括是以较原则、概况的表述来划定应公开公用企业信息

---

〔1〕 参见住房和城乡建设部《供水、供气、供热等公用事业单位信息公开实施办法》第10条。

〔2〕 参见张明杰：《开放的政府——政府信息公开法律制度研究》，中国政法大学出版社2003年版，第140页。

的范围的一种方式。如《湖南省实施〈中华人民共和国政府信息公开条例〉办法》将公用企业应主动公开的信息归纳为“收费、价格和其他涉及公众切身利益的信息”、“社会普遍关心的信息”两类。[1] 这种归类就属于一种概括性规定。住房和城乡建设部《供水、供气、供热等公用事业单位信息公开实施办法》则是将应公开的公用企业信息分为四类：“涉及用水、用气、用热等群众切身利益的信息”、“需要社会公众广泛知晓或者参加的信息”、“反映公用事业单位机构设置、职能、办事程序等情况的信息”、“其他依照法律、法规、规章和有关规定应当主动公开的信息”。[2]

从上述规范文本来看，一般概括式会产生大量不确定法律概念，而不确定法律概念的存在，使公用企业信息公开范围的内涵和外延变得相对模糊。此种规定方式有助于避免立法明确列举可能出现的僵化现象，因为其可以由公用企业按照法律规定的判断基准动态设置信息公开范围。但是，这种制度设计的风险较大，公用企业信息公开范围可能因公用企业的不同而不同。公用企业不仅能够从不同认知出发，对信息公开的范围作出或大或小的解读，更能够基于“理性经济人”利己性回避甚至恶意阻碍公用企业信息公开。也就意味着，如果公用企业不愿公开某一信息，其完全可以通过解释将该信息纳入“豁免范围”而拒绝公开。诚如有学者所言：只要信息公开义务主体对这些意涵“政治性”的概念作扩大化解释，在这些含义不定、但分量沉重的词汇面前，公民的知情权将变得微不足道。[3] 由此可见，一般概括这一规定方式，必须借助于其他方式或者保障机制才能够得到良好运行。

---

〔1〕 参见《湖南省实施〈中华人民共和国政府信息公开条例〉办法》第35条。

〔2〕 参见住房和城乡建设部《供水、供气、供热等公用事业单位信息公开实施办法》第7条。

〔3〕 参见王玉林：“政府信息不予公开规则的分析——以《政府信息公开条例》为例”，载《理论月刊》2011年第12期。

3. 综合概括加列举式

在此方面，《四川省公共企事业单位办事公开实施办法（试行）》、住房和城乡建设部《供水、供气、供热等公用事业单位信息公开实施办法》比较具有典型性。《四川省公共企事业单位办事公开实施办法（试行）》采取的信息公开范围规定方式是综合概括加肯定列举。该实施办法首先对信息公开的范围予以概括描述，规定公用企业信息公开应遵循“以公开为原则，以不公开为例外”“按照办事公开的法定时限和承诺时限公开办事内容、办事过程和办事结果”，其次要求“对公众普遍关注和涉及其切身利益的重要事项，实行决策前公开、实施过程动态公开和实施结果公开”[1]。而住房和城乡建设部《供水、供气、供热等公用事业单位信息公开实施办法》则采用了综合概括加否定列举的方式。该实施办法一方面规定了“凡在提供社会公共服务过程中与人民群众利益密切相关信息，均应当予以公开”；另一方面则又规定了公用企业应公开“除涉及国家秘密以及依法受到保护的商业秘密、个人隐私等事项外”的信息。[2]此种规定方式综合了明确列举式和一般概括式的优点，但其对立法技术提出了更高的要求。在制定法律规范过程中，只有实现综合概括的宣示性内容和明确列举的规范性内容的相互融洽，才能保证法律规定的公用企业信息公开范围严谨周密，切实可行。

（三）信息公开范围的规定方式之选择

从总体上看，任何国家的信息公开法都没有像我国这样采用了如此之多种类且极其不固定的方法来规定公用企业信息公开范围，这种规定方式在某些领域体现得淋漓尽致，在一定程度上也显示我

---

〔1〕 参见《四川省公共企事业单位办事公开实施办法（试行）》第4条。

〔2〕 参见住房和城乡建设部《供水、供气、供热等公用事业单位信息公开实施办法》第5条。

国信息公开的范围分类标准的混乱及具体内容内在逻辑和表述的不严谨性。如住房和城乡建设部《供水、供气、供热等公用事业单位信息公开实施办法》基本涵盖了上述所有的方法。

如果对此规定方式寻根溯源,《政府信息公开条例》可能是罪魁祸首。因为《政府信息公开条例》本身就采用了三种信息公开范围的规定方式。[1] 就现有国内信息公开的相关规定来看,公用企业及其主管部门可以根据本行业或企业相关实际对《政府信息公开条例》规定的范围作出取舍和变通,但基于“参照执行”的规定,公用企业信息公开属于政府信息公开的延伸,因此公用企业的信息公开范围不得违反《政府信息公开条例》所规定的基本原则和精神。[2] 公用企业及其主管部门制定的公用企业信息公开规范作为《政府信息公开条例》的操作细则,在信息公开范围的规定方面,简单照搬《政府信息公开条例》规定的内容俯拾皆是。即便相关主管部门遵照“参照执行”精神实行一定变通,也只是在现有信息公开立法模式的基础上作出一些细化性规定,其与《政府信息公开条例》规定如出一辙,未见有创新意义上的规定方式,也不可能实现信息公开范围规定方式的实质性突破。当然,我们也不能过分责难公用企业相关主管部门及地方立法部门。因为基于法规范的制定权限,国务院有关主管部门及个别省市制定的公用企业信息公开规范毕竟只能是执行性的,在一定意义上说,无法从根本上突破上位法已确定的信息公开范围的规定模式。

鉴于以上分析,笔者认为,在未来制定的信息公开法中首先需要确立合理信息公开范围的规定方式。就公用企业而言,我国规定其信息公开的范围应采用综合概括加否定列举的方式。主要理由

---

〔1〕《政府信息公开条例》第 9 条采取一般概括的方式,第 10 ~ 12 条作出肯定列举的方式,第 8 条、第 14 条第 3 款采取否定列举的方式。

〔2〕莫于川主编:《中华人民共和国政府信息公开条例释义》,中国法制出版社 2008 年版,第 48 页。

为：①综合概括加否定列举能够促进公用企业尽可能提供最大范围的信息，实现公用企业信息最大限度地公开。②综合概括加否定列举是各国信息公开法在界定信息公开范围时普遍采用的方法，并且这种方式在各国信息公开制度中发挥了有效作用。③综合概括加否定列举便于实践操作。一方面，对于应公开信息而言，豁免公开事项之外的信息都要公开，无需对号入座；另一方面，明确列举豁免公开事项，既有利于平衡信息公开与信息保密的关系，又能限制公用企业作出信息不予公开决定的随意性。

二、公用企业应当公开信息的范围

公用企业信息的内容和类型较为庞杂，逐一列举哪些公用企业信息应当公开，无论是在技术上还是在理论上都是难以实现的。但不可否认的是，从理论上探讨应当公开信息范围的应然状态，对于准确把握公用企业应公开信息的具体内容和类型具有指向意义，对于科学建构公用企业信息公开制度亦有裨益。

（一）域外应当公开信息的范围

从域外信息公开实践来看，信息公开范围经历了一个由窄到宽、逐渐扩大的过程。大多数国家采取公开假定的方式确定信息公开的范围，而不是以逐一列举哪项信息需要公开来限定公开范围。因为面对公开范围日益扩大的趋势以及公众获取信息的需求越来越广泛的现实，即便是立法技术再完备、立法者考虑再周详也难以涵盖所有应当公开情况，因此，确定公开为常规状态实属一种实践理性和必然抉择。以下将对几个典型国家的信息公开范围加以介绍，以求发现契合我国信息公开要求的公开范围。

美国是信息公开立法较完备的国家。经过多年的信息公开探索和实践，美国形成了比较成熟的信息公开法律体系。[1] 尽管美国信息公开法中并不存在公用企业信息公开范围的专门性规定，但其通过拓宽法律内涵的方式完成了对公开范围的界定。其实践的具体做法是：如果公用企业信息与政府职能、公共利益等因素相关，那么此类公用企业信息就可以列入公开范围。不过，私人主体运营的公用企业的信息公开范围及界定标准，则是比较难把握的问题。美国曾一度将私人主体所拥有的信息排除在信息公开范围之外，但晚近时期的一些美国联邦最高法院判例认为，一旦公用企业的公共职能与政府职能存在相当程度的关联，即便该公用企业由私人主体负责运营，也无法以民营形式来对抗信息公开义务，依然需要将该私人主体履行公共职能中制作或获取的信息归入信息公开范围之中。也就是说，如果公用企业信息与政府运作相关或者被政府部门以某种方式利用，就应该视为《联邦信息公开法》语境下的“政府信息”。[2] 由此可见，公用企业信息是否公开最终取决于信息的性质和内容，只要信息内容属于公共利益的范畴，并且公开该信息将有益于实现社会公众对公用企业运作、管理知情的利益，就可以视为“政府信息”并纳入《联邦信息公开法》规范对象。这时，该公用企业应公开信息的范围也等同于政府信息公开范围。

英国应当公开信息的范围是以排除例外事项的方式来界定的。英国《信息公开法》没有从正面明确应当公开信息的内容，而是规定公共机构拥有的信息除了不能公开的例外事项之外都应当公开。这就意味着，英国《信息公开法》所划定的信息公开范围，属于最大限度公开，即除了法定排除信息以外，公共机构拥有的信息都必

〔1〕 美国信息公开法律体系并不是凭借《联邦信息公开法》这一部法律支撑起来的，其制度框架是由《联邦行政程序法》《联邦信息公开法》《阳光政府法》《隐私权法》等一系列法律规范组成。

〔2〕 参见高秦伟：“私人主体的信息公开义务：美国法上的观察”，载《中外法学》2010 年第 1 期。

须公开。不过，由于公共机构拥有数量众多的信息，公众对某信息被哪些主体持有并不清楚。为便于公众了解某一公共机构应公开的信息，每个公共机构都会编制信息公开摘要。[1] 作为公共机构，公用企业亦会制定信息公开摘要，就其应公开信息的种类进行详细说明。即便民营化后的公用企业不直接适用信息公开法，也需要制定相应的信息公开规范或者与规制机关签订信息披露特殊条款来实现信息公开。这些信息公开规范和披露契约虽然基于公用企业从事行业不同而存在一定差异，但都必须遵循信息公开法的基本价值理念。从这一意义上来说，民营化后的公用企业也会制定并实时更新信息公开摘要内容来方便公众了解其应公开信息的范围。

与美国、英国信息公开法不同，日本信息公开法就负有信息公开义务的特殊法人应当公开信息的范围作出了明确规定。对于应公开信息的内容，日本《独立行政法人等拥有信息公开法》采取了界定信息公开对象内涵的方式加以阐述。《独立行政法人等拥有信息公开法》第2条第2项规定的“法人文书”的范围包括“独立行政法人等官员以及职员职务上作成或者取得的文书、图画以及电磁记录（指以电子方式、磁性方式及其他以人的知觉不能感知的方式制作的记录），该独立行政法人等的官员以及职员在组织上使用的，作为该独立行政法人等保有的”。[2] 据此，公用企业信息公开的范围主要以“法人文件”为限，只要某一公用企业信息属于“法人文书”，该信息就可以列入公开范围。而就“法人文书”的内涵而言，日本沿用了《行政机关拥有信息公开法》在界分“行政文件”时使用的三个要件：①公开的对象是独立行政法人及其职员基于职务活动制作或获取的文书；②独立行政法人及其职员在组织上使用

[1] 参见周汉华主编：《外国政府信息公开制度比较》，中国法制出版社2003年版，第158页。

[2] 参见刘杰：《日本信息公开法研究》，中国检察出版社2008年版，第114页。

的文书；③独立行政法人所拥有的文书。

基于上述国家信息公开范围的规定与实践，我们不难发现，尽管各国对公用企业应公开信息范围的界定方式有所不同，但各国信息公开立法的发展态势是基本相同的，即普遍坚持把最大限度公开作为信息公开制度的理念，并以此推动公用企业信息公开的范围不断扩大。在实践中亦对信息公开范围进行宽泛的解释，通过尽可能地扩大信息公开的范围来回应、满足社会对公用企业信息公开的需求。

（二）我国公用企业应当公开信息的内容

我国一些国家法规范、部门法及地方规章中存在的关于公用企业应公开信息内容的零星规定，[1] 尽管这些法律规范的规定比较笼统、分散，却能反映出公用企业信息公开领域的实际要求。总体而言，应当公开的公用企业信息需要符合以下条件：

（1）公用企业应当公开的信息是以一定形式记录、保存的信息。从信息存在形式看，公用企业信息必须是有一定载体的信息。没有固定载体的企业信息，本身就是不确定的信息。对于不确定的信息，公用企业是没有提供义务的，也是不可能提供的。另外，公用企业信息必须是具有可提供性的现实信息，而不是未来形成的信息。譬如，申请主体要求公开未来几年内企业用户可能达到规模的信息，公用企业是不可能提供的，因此其不属于应公开信息的范围。不过，如果公用企业在申请主体提出申请前曾做过此方面的预测并形成了一定的材料，那么就属于应公开信息的范围。总而言之，公用企业的信息公开义务仅仅限于提供业已存在的、静态的与原始状态的信息，不能因申请主体的特殊需要要求公用企业提供尚未形成的需要加工、梳理或者汇总的信息。

[1] 如《政府信息公开条例》第37条、住房和城乡建设部《供水、供气、供热等公用事业单位信息公开实施办法》第2条都对公用企业应公开信息的范围作出了界定。

（2）公用企业应当公开的信息是公共性信息。公用企业信息可以分为两类：①具有公共性的信息；②与提供社会公共服务无关联的信息。公用企业应公开的信息属于与履行政府所“让渡”的公共行政职权密切相关的信息，也即具有公共性的信息。一方面，因为公用企业的信息公开义务是基于政府职能社会化而引发的，信息公开的范围也应与其履行公共职能内容相适应；另一方面则因为公用企业信息公开强调对公用企业提供公共产品和普遍服务内容、标准的监督。一般而言，公众广泛关注的、需公众广泛知晓或广泛参与的公用企业信息都是与公共利益相关的信息。对于与公共利益密切相关的这部分信息，公用企业不仅需要公开，而且还应当主动进行公开。而就与提供社会公共服务无关联的信息而言，由于这类信息属于不受公法拘束的“私人”信息，公用企业不需要向公众公开。不过，公用企业在确信公开该类信息不会导致国家秘密、其他人利益受到侵害的情况下，也可以公开，这属于公用企业的自治权范畴。

（3）公用企业应当公开的信息是企业自身制作或获取的信息。所谓公用企业自身制作的信息，是指由公用企业加工、梳理或者汇总的信息，包括工作行为规范、服务标准、服务承诺、违反承诺应承担的责任及相应处理办法等。至于公用企业获取的信息，可以从两方面理解：①从公民、法人或其他组织获取的信息。这类信息必须是公用企业依照明确的法律规定在履行职能过程中获得的信息。如果不是，则不属于公用企业应当公开的信息。②由其他机关或组织制作的信息。这类信息本身不是公用企业信息，只是因被公用企业取得而转化为公用企业信息，如行业主管部门下发的某些管理性文件等。对于此类信息，如果不是在履行公共服务职责过程中获取的，也不是用于提高公共服务效率和质量的，一般不列入应当公开信息的范围。

（三）我国公用企业应当公开信息的类型

从世界范围内来看，各国信息公开法极少列举哪些信息需要公开，一般转而列举豁免公开事项来界定公开的范围。这是因为，公用企业应当公开的信息众多，很难逐一列举，只能规定重点公开的信息或者大致划分相应的类型。但是，这并不意味着研究应当公开信息的类型就不具有价值。在公用企业信息公开制度建设的起步阶段，对公用企业应当公开信息的类型作理想化界定，对于把握信息公开的范围、豁免公开事项是有所助益的。具体来说，公用企业应当公开信息的类型包括以下四项：

（1）企业的基本信息。该类信息主要包括企业名称、机构设置、企业领导及其分管情况、工作职能、下设单位、业务范围、营业网点和联系方式等。

（2）涉及公民切身利益的信息。与公民切实利益密切相关的信息是公用企业信息公开中最重要的内容。该类信息主要包括服务项目、行为准则、与公共服务有关的规范性文件、办事时限、办事流程、办事结果、服务标准、服务承诺及价格、收费信息等。在必要时，公用企业应当制作以办事流程、服务标准及销售价格为内容的汇编或索引，以规范、明确的表述向公众提供相关信息。同时还要对相关公共设施安全使用常识和安全提示、咨询服务电话、报修和救援电话等联系方式予以公开。

（3）便于监督公用企业的信息。该类信息主要包括重大项目招投标项目建设情况、物资设备采购情况，与服务对象密切相关的变动事项、工作方案及重要信息，企业资产运营情况、生产经营情况、政府补贴情况及其他重大事项，监督投诉方式和渠道信息等。这些信息不仅是主管部门实现有效监管所需信息，还是社会公众和消费者作出一定选择和监督的依据，对于促进社会秩序稳定和社会经济有效运行意义重大。

（4）国家法规范规定公开的其他信息。该类信息所涉及的国家法规范散布于我国现行法律体系的各个部门法内。如我国《突发事件应对法》要求公共交通工具的经营单位“应当制定具体应急预案，为交通工具和有关场所配备报警装置和必要的应急救援设备、设施，注明其使用方法，并显著标明安全撤离的通道、路线，保证安全通道、出口的畅通。”〔1〕也就是说，公用企业应当公开突发事件应急预案、预警信息、应对情况及突发事件的评估调查报告等信息。

三、公用企业信息公开的例外

公用企业信息公开虽然是向外界公开企业信息的制度，但公开并非是制度的全部内容，其也存在豁免公开的事项。豁免公开与信息公开就像硬币之两面，它们存在着对立统一、互为消长的关系。不过，豁免公开与信息公开在公用企业信息公开制度体系中的价值并不冲突，两者的根本价值和最终目标都在于保障公民知情权和维护社会公共利益。豁免公开的事项犹如“阳光下的阴影”，是决定公用企业信息公开范围的关键因素之一。只有厘清公用企业信息公开中的例外事项，才能真正划清公开的范围，才能有效保障和维护国家安全、公民隐私及公用企业正常经营秩序。

（一）豁免公开的范围

公用企业信息公开并不意味着所有的企业信息都要公开，也不表明所有的企业信息都能够公开。“资讯‘公开’究非唯一、至高之价值。遇有更优越之公、私利益，仍需退让。”〔2〕也就是说，信息公开虽然应在保障公民知情权、促进公共利益实现的价值目标下实施，但其仍具有保护私利益之使命。为了平衡社会多元主体间的利益冲突，需要设置豁免公开事项来限制公民知情的权利范围。

---

〔1〕参见我国《突发事件应对法》第24条。

〔2〕参见翁岳生编：《行政法》，中国法制出版社2009年版，第1068页。

1. 域外豁免公开的范围

从世界范围内看，各国虽然对例外事项的规定均采用了列举的方式予以规定，但在免于公开的具体事项上却存在较大差异。总体而言，对于哪些事项应被列入豁免公开的范围，这与各国的法治情况、国情、公用企业的性质等均有很大关系。

美国虽然没有直接规定公用企业信息公开的范围，但其通过将公用企业归类为行政机关的方式来完成对公用企业信息公开范围的界定。基于公用企业隶属关系和投资主体性质的不同，存在两种解释方式：其一，由政府直接投资或政府控制的公用企业因被视为行政机关而直接适用美国《联邦信息公开法》规定的豁免公开事项；[1] 其二，由私人投资的公用企业，或者说是民营化的公用企业不承担公法上的信息公开义务。但美国法院通过“行为等同”和“实质控制”标准将私人主体行为解释为政府行为，民营化的公用企业因此也就成为美国《联邦信息公开法》拘束的信息公开义务主体。由此一来，无论政府企业或者政府投资企业，还是民营化的公用企业都是可以适用美国《联邦信息公开法》列举的豁免公开事项。根据美国《联邦信息公开法》第2款的规定，豁免公开事项共有9项。其内容具体为：①为维护国防安全和保护外交政策的利益而保密的事项以及根据总统执行令定密的文件；②机关内部人事规则和习惯；③特别法明确规定不能公开的信息；④商业秘密、从其他主体处获取的具有秘密性质的商业或金融信息；⑤机关之间和机构内部的备忘录、信件，主要是讨论性信息；⑥公开后会明显地不正当侵犯公民隐私权的个人档案、医疗档案和类似档案；⑦为执行法律目的而收集的某些记录和信息，主要包括可能会干涉执法程序、剥夺公正审判或无偏私的裁决、侵犯个人隐私、泄露调查的技

[1] 美国《联邦信息公开法》中规范的信息公开义务不仅包括了行政机关、军事部门、独立规制委员会，还包括政府性企业以及政府控制的企业或其他机构等。

术和程序、泄露秘密信息的来源、造成执法风险以及危害个人人身安全的事项；⑧金融监管信息，主要是金融机构监管部门准备的、适用的检查、实施或者条件报告中的信息；⑨地理和地球物理信息及数据，包括地图、油井等。[1] 如果申请主体要求公开与上述9项豁免条款相关的信息，信息公开义务主体可以予以拒绝。当然，这也并非是绝对的。如果经正当程序裁量判定后，信息公开义务主体认为公开豁免条款所规定的事项（除国家秘密以外），并不会造成国防安全和保护外交政策的利益、社会利益及私人主体利益的损害，也可以予以公开。

英国信息公开范围是建立在界定例外事项的基础之上的。英国《信息公开法》规定，不在豁免公开事项之列的所有信息都需要公开。就例外事项而言，公共机构不需要公开的例外信息有25类。其主要包括：①能够以其他方式获得的、即将公开或者已经公开的信息；②与国家安全有关的信息；③损害国防的信息；④损害国际关系的信息；⑤损害大不列颠联合王国内部关系的信息；⑥损害经济利益的信息；⑦与公共机构实施侦察和诉讼有关的信息；⑧与法律实施有关的信息；⑨法院档案；⑩与审计职能有关的信息；⑪与议会特权有关的信息；⑫与政府政策的制定有关的信息；⑬与英王、王室成员及其家族的通信有关的信息；⑭与公众健康、安全有关的信息；⑮与个人信息有关的信息；⑯获得信息的基础是以保密为前提的信息；⑰法律职业特权信息；⑱与商业秘密有关的信息；⑲法律禁止公开的信息；等等。[2] 英国除了通过立法明确列举出例外事项的具体内容之外，实务部门可以自行确定例外信息的内容：其一，公共机构对例外信息拥有一定的裁量权。英国把《信息

---

〔1〕 参见王敬波："阳光下的阴影：美国信息公开例外条款的司法实践"，载《比较法研究》2013年第5期。

〔2〕 参见张红菊："英国信息公开制度及其特点"，载《中国监察》2009年第2期。

公开法》中列举的例外信息分为绝对例外和相对例外。对于绝对例外信息，公共机构不得公开；对于相对例外信息，公共机构则可以通过评估检验进一步判断是否可以公开。[1] 另外，公共机构提供信息的一般义务也存在范围广泛的排除规则。如公共机构可以以提供的成本异常之高或者是一项令人头痛的（vexatious）重复申请为理由，拒绝一项信息公开申请。[2] 其二，部长可以根据情况确定豁免公开的范围。信息公开法不仅赋予了部长废止或修改限制信息公开的法律的基本权力，[3] 而且“还授权部长可以通过部长令增加例外的范围”[4]。

日本在规定公用企业信息公开的例外事项时采取了明确列举的方式。根据日本《独立行政法人等拥有信息公开法》第5条，豁免公开的事项共有四类。这些事项具体包括：①关于个人的信息；②关于法人及其他团体的信息、经营事业的个人关于该事业的信息；③国家机关、独立行政法人、地方公共团体以及地方独立行政法人的内部或互相之间审议、讨论或者有关协议的信息；④属于国家机关、独立行政法人、地方公共团体或者地方独立行政法人进行的事务、事业有关的信息。[5] 与日本《行政机关拥有信息公开法》规定的例外事项相比，[6]《独立行政法人等拥有信息公开法》并没

〔1〕 参见张红菊：“英国信息公开制度及其特点”，载《中国监察》2009年第2期。

〔2〕 参见张越编著：《英国行政法》，中国政法大学出版社2004年版，第525页。

〔3〕 参见［加］托比·曼德尔：《信息自由：多国法律比较》，龚文庠等译，社会科学文献出版社2011年版，第166页。

〔4〕 张越编著：《英国行政法》，中国政法大学出版社2004年版，第528页。

〔5〕 参见刘杰：《日本信息公开法研究》，中国检察出版社2008年版，第114~115页。

〔6〕 日本《行政机关拥有信息公开法》第5条规定的六类例外事项具体包括：个人信息；法人营业信息；有关国家安全和外交的信息；有关公共安全的信息；公开可能会对本机关与其他机关之间的关系产生不良影响的信息；公开可能使行政机关的公务活动造成妨碍的信息。

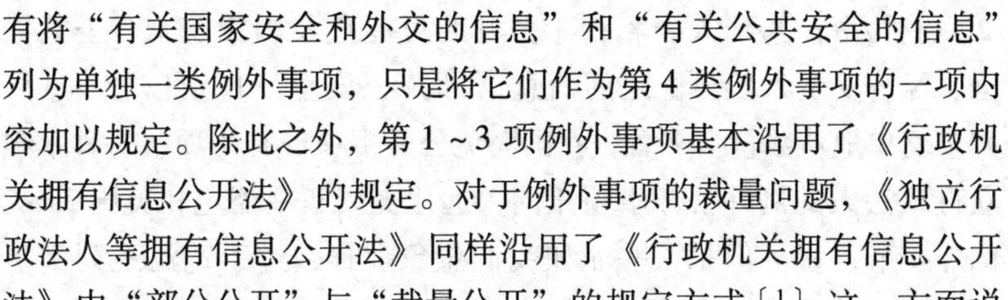

有将“有关国家安全和外交的信息”和“有关公共安全的信息”列为单独一类例外事项，只是将它们作为第 4 类例外事项的一项内容加以规定。除此之外，第 1 ~ 3 项例外事项基本沿用了《行政机关拥有信息公开法》的规定。对于例外事项的裁量问题，《独立行政法人等拥有信息公开法》同样沿用了《行政机关拥有信息公开法》中“部分公开”与“裁量公开”的规定方式。[1] 这一方面说明例外事项设置的目的在于保护、协调公共利益和私人权益；另一方面则是肯定了独立行政法人在某些信息公开过程的自主判断权。

2. 我国豁免公开的范围

在我国，公用企业信息公开适用的法律主要为两类：一是《政府信息公开条例》及其相关实施办法；二是与公用企业信息公开相关的法律规范。前者尤其是《政府信息公开条例》规定了政府信息豁免公开的范围，而相关实施办法“参照”《政府信息公开条例》设置了公用企业信息豁免公开的范围。这样，公用企业与政府信息豁免公开的范围是否契合就成为一个值得探讨的问题。后者主要是对公用企业进行信息规制的相关规定，散见于诸多法律规范之中。如我国《医疗事故处理条例》中规定的“在医疗活动中，医疗机构及其医务人员应当将患者的病情、医疗措施、医疗风险等如实告知患者”[2] 就属于此类。这些规范虽然在法律上明确了公用企业信息公开义务，但规范的内容大多是公用企业应公开信息类型的规定，基本不涉及豁免公开事项问题。因此，参照《政府信息公开条例》的豁免公开是我们研究的重点。

《政府信息公开条例》并没有对豁免公开的信息予以逐项列举，只是将例外事项归纳为四类。[3] 这四类例外事项为：①国家秘密；

---

〔1〕 参见日本《独立行政法人等拥有信息公开法》第 6、7 条。

〔2〕 参见我国《医疗事故处理条例》第 11 条。

〔3〕 也有学者认为《政府信息公开条例》总共规定了七类法定不予公开的信息。参见朱芒：“公共企事业单位如何公开信息”，载《中国法学》2013 年第 2 期。

②商业秘密；③个人隐私；④公开后可能危及国家安全、公共安全、经济安全和社会稳定的信息（即“三安全一稳定信息”）。[1]如果简单地从数量上来看，我国豁免公开事项仅有4项，与日本独立行政法人的例外公开事项相同，远比美国9项豁免和英国25类例外要窄得多。但是，并非如我们想象那样，过于宽泛地列举事项、过多不确定法律概念的使用以及极具弹性的行政解释和司法标准，构成我国信息公开立法中豁免公开条款的独特写照。[2]尤其是“三安全一稳定信息”这一粗线条式的豁免规定，其涵盖信息范围之宽泛及其具体指向的模糊性，已广为学界所诟病。在信息公开实践中，一旦出现不应公开或者公开后可能会给公用企业带来不必要麻烦的情形，公用企业就会借助这些不确定法律概念和弹性的解释方法极力回避公开，并于第一时间为“不公开”寻找合理化出路。此时的“三安全一稳定信息”或许就将演化成一个“无底洞”，成为公用企业信息公开的挡箭牌。这样一来，信息公开权利主体的基本权益是根本得不到保障的。

从豁免公开事项之间的关系来看，“三安全一稳定信息”与国家秘密间的界限是十分模糊的，有些涉及“三安全一稳定信息”可能本身就属于国家秘密，但在实践中却被人为归入“三安全一稳定信息”。正因如此，笔者认为，与其说存在重叠，不如在信息公开立法中去掉“三安全一稳定信息”这一类例外事项，并将其保障的权益划入国家秘密。这样，既能够与国际上豁免公开范围中的例外事项接轨，亦可以对我国现有豁免公开事项加以有效整合。况且，这种整合在实际操作中也是可行的。由于公用企业信息公开是“参照”模式下的信息公开，在豁免公开范围设置上，公用企业既可以

---

〔1〕 参见《政府信息公开条例》第8、14条。

〔2〕 参见蒋红珍：“从‘知的需要’到‘知的权利’：政府信息依申请公开制度的困境及其超越”，载《政法论坛》2012年第6期。

完成适用4类例外事项，也可以对《政府信息公开条例》中的例外事项予以变通和细化。

3. 豁免公开的实质范围

纵观域内外信息公开实践，各国大多采用列举例外事项的方式来界定公用企业信息豁免公开的范围。尽管一些国家存在某些独特的例外事项，如美国《联邦信息公开法》规定的"地理和地球物理信息及数据"、英国《信息公开法》规定的"与英王、王室成员及其家族通信有关的信息"，但是总体来说，各国公用企业信息豁免公开范围的确定与本国政府信息公开的例外事项大致相同或大体相似，而且基于国家保密形势的相似性，国与国之间关于公用企业信息豁免公开的基本框架内容、设置目的等也保持了一致性。

究其原因，各国规定例外事项主要是为了维护三类权益：①国家利益和社会公共利益；②个人信息权益；③商业自主权。从具体规范来看，对这三类权益予以明确并逐一细化是各国信息公开法中最常见和最通用的方式。这是因为，"法律的终极原因是社会的福利，未达到其目标的法律规则不可能永久性地证明其存在是合理的。"〔1〕信息公开法虽然以保障公民知情权为重要内容和主要任务，但作为一部保障权利的法律，其需要对豁免公开所保护权益进行界定，使公用企业信息公开的范围更加明确，以利于知情权和豁免公开所保护权益的落实。

鉴于上述分析，笔者认为，通过立法明确规定豁免公开事项，既有助于维护信息公开权利主体获得公用企业信息的权益，也有利于保护公共利益和企业等主体的利益。从某种程度上来说，如果作为例外的豁免公开的范围"模糊不清"，则"公开为原则"将受制

〔1〕［美］本杰明·卡多佐：《司法过程的性质》，苏力译，商务印书馆1998年版，第39页。

于飘忽不定的“不公开为例外”，而无法具有操作性和实效性。[1]那么，豁免公开的范围如何确定，豁免公开事项是否与豁免公开所保护权益相对应？答案是肯定的。公用企业信息豁免公开的情形应包括：国家秘密豁免、个人信息豁免和商业自主权豁免。

（二）国家秘密与豁免公开

有研究者认为，公用企业信息公开鲜有涉及国家秘密的问题。[2]其实并非如此，公用企业在建设、管理和维护公用设施时会产生大量涉及国家秘密的信息。这一点在原建设部、国家保密局1997年发布的《建设工作中国家秘密及其密级具体范围的规定》中得到了印证。该规定展示了大量国家秘密存在于公用企业建设过程中的现实。[3]总的来说，国家秘密在任何国家都属于信息公开的禁区。因此，对公用企业涉及“国家秘密”事项的公开问题进行探讨是有必要的。

国家秘密是公用企业信息豁免公开事项中最重要的内容。我国是世界上极少几个专门颁布保密法并对国家秘密概念作出明确法律界定的国家。在我国，法定意义上的国家秘密需要同时具备三项要件：①从本质特征来看，该信息关系国家安全和利益，这是国家秘密有别于其他秘密信息的实质要件；②从程序要件来看，该类信息需要依照法定程序确定；③从时空要素来看，该类信息在一定时间内只限一定范围的人员知悉。结合《保守国家秘密法》《国家安全法》《政府信息公开条例》来看，我国对涉及“国家秘密”的信息

---

〔1〕 参见胡锦光、王书成：“美国信息公开推定原则及方法启示”，载《南京大学学报》2009年第6期。

〔2〕 参见陶品竹：“公共企事业单位信息公开的范围及适用”，载《法制与社会》2011年第32期。

〔3〕 原建设部、国家保密局《建设工作中国家秘密及其密级具体范围的规定》第3条第3项第2目规定：“涉及城市电力、电讯、给排水、供热、供气、防洪、人防各专业工程的整体规划、现状图及管线的综合图文资料，属于秘密级的国家秘密”。

采用了从严政策，将其纳入绝对豁免事项之列。与我国相同，为了维护国家安全和国家利益，美国、英国等国家都把国家秘密作为一类绝对豁免事项。但不同的是，我国关于“国家秘密”的内涵十分丰富，它不但涵盖了损害国家职权行使、破坏社会安定和民族团结的事项，还包括影响经济实力乃至社会层面的诸多事务的内容。尽管从捍卫国家利益的角度来说，国家秘密的实际范围越宽泛越利于保护国家安全及稳定，但这需要建立在完善的保密审查制度之上，如果保密制度陈旧、老化甚至与公开制度相冲突，对“国家秘密”这一豁免公开事项的宽泛界定将会可能被人为地任意放大或滥用，从而异化为阻塞信息公开的工具。因此，将“国家秘密”确定为绝对豁免公开事项之后，我们需要对保密审查制度加以重点研究和探讨。

从某种意义上讲，保密审查及其制度设计不但直接影响信息公开的范围，还关系到信息公开制度运转的实际效果。在保密审查中，对国家秘密范围的界定过于随意、宽泛，很容易造成信息公开的困难和不畅。目前，我国保密制度的价值取向是存在一定偏差的，如王锡锌教授就对我国现有的保密审查程序提出了批评。在王锡锌教授看来，公民申请公开受阻与苛刻的保密审查关系密切，“一旦申请人提出信息公开的申请，而负有公开义务的机关认定目标信息可能涉及国家秘密，保密审查部门就会启动保密审查程序。”[1]笔者认为此种规避公开的行为是普遍存在的。实践中的倪某诉上海市城市规划管理局案就是很好的例证。尽管倪某诉上海市城市规划管理局案发生在《政府信息公开条例》实施之前，但其不失为申请公开公用企业信息的典型案例。2007 年完工的上海市一家电力企业的 12 根高压线，从青浦区金米村和大联村十余户人家

〔1〕 王锡锌：“政府信息公开语境中的‘国家秘密’探讨”，载《政治与法律》2009 年第 3 期。

的房顶上方穿行而过。在该工程施工过程中，金米村倪某等多名村民曾多次向有关部门提出修改线路图的请求，但一直未果。为判断工程实施与规划图纸是否一致，2007 年 11 月 30 日，倪某向上海市城市规划管理局提出申请，要求向其公开变电站相关图纸信息。2008 年 1 月 11 日，上海市城市规划管理局向倪某送达《政府信息公开告知书》，认为申请信息属于公开范围，但由于与变电站相关的图纸较大，将根据他的实际需要范围提供复印件。4 天后，上海市规划管理局向倪某公开了加盖公章的 7 张图纸。不过，因图纸缺乏标示且无法看出高压线具体位置及走向，倪某认为上海市规划管理局提供的信息没有任何实际意义。同年 1 月 27 日，倪某向住房和城乡建设部提出复议申请，请求住房和城乡建设部责令上海市规划管理局公开其申请的信息。住房和城乡建设部作出复议决定，维持上海市规划管理局向倪某送达的《政府信息公开告知书》，倪某不服遂向上海市黄浦区人民法院提起诉讼。在法院开庭审理过程中，被告上海市规划管理局以高压线线路图属于国家秘密为由提出抗辩。上海市黄浦区人民法院认可了被告的主张，并判决驳回倪某的诉讼请求。[1] 在这一案件中几乎能够反映或者引申出与国家秘密豁免审查相关的所有问题。

究竟谁有权确定某类信息是否属于国家秘密？上海市城市规划管理局在处理信息公开申请和诉讼活动中对高压线规划图纸作出了前后截然不同的认定，这种反复无常、有损行政权力严肃性的问题暂且不谈。给我们带来的问题是，作为信息公开权利主体的上海市城市规划管理局既是受理信息申请机关又是定密机关，是否有失公允？再进一步说，如果倪某当时并未向上海市城市规划管理局提出信息公开申请，而是直接请求同样持有该信息的电力企业公开相关

〔1〕 参见焦红艳："政府信息公开遭遇'国家秘密'瓶颈"，载《法制日报》2008 年 6 月 29 日。

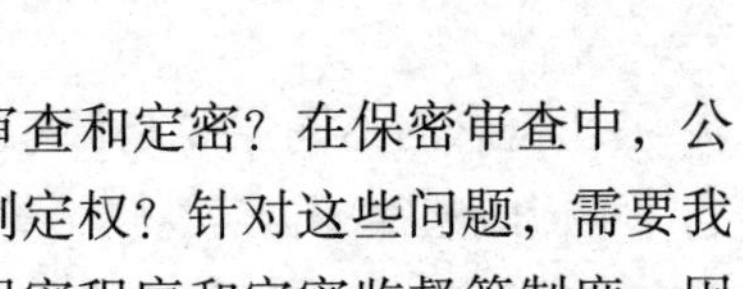

信息，那么，这又需要哪些主体来审查和定密？在保密审查中，公用企业是否拥有对国家秘密范围的判定权？针对这些问题，需要我们逐步完善国家秘密的审查主体、保密程序和定密监督等制度，因为这些制度是影响公用企业信息公开的广度和强度的实质性因素。具体而言，当申请主体与公用企业因信息是否涉及国家秘密发生争议时，可以采用以下解决方案：首先由保密工作部门判定该信息是否属于国家秘密，决定是否向申请主体公开。而在公用企业信息公开中，行政复议机关和法院对涉及国家秘密的争议有审查权。除此之外，无论公用企业还是行业主管部门都不应当赋予审查和定密权。

不过，要想真正解决上述问题仅仅依靠保密审查是远远不够的，还需要我们从公用企业信息公开制度本身寻找突破口。质而言之，应在科学设置豁免公开边界的基础上，建构合理的信息公开义务主体制度、申请公开程序和救济机制等来弥补保密审查与信息公开制度的不协调性之困，以降低因其他配套制度残缺或不健全所带来的风险。

（三）个人信息与豁免公开

在我国，“个人信息”这一提法，无论是在学理上还是立法上都并非是一个通用的名称。[1] 从域外立法来看，不同国家对个人信息保护问题亦采用了不同的立法表述。如美国《联邦信息公开法》中有关“不得公开明显侵犯个人隐私的人事、医疗等档案信息”的规定，就使用了“个人隐私”术语，而英国、日本、韩国等国家则在立法中使用“个人信息”这种表述。尽管各国立法表述上有一定差异，但这一问题并没有引起理论界的特别关注。有学者

---

〔1〕 由于我国个人信息保护法暂且尚付阙如，“个人信息”这一称谓并未被理论界所普遍采纳。在理论上，除了“个人信息”的提法外，还同时存在“个人资料”“个人数据”“信息隐私”“资讯隐私”等其他类似提法。参见肖登辉：《行政法中的个人信息保护问题探究》，湖北长江出版集团、湖北人民出版社2011年版，第12页。

认为:“概念的不同主要是源于不同的法律传统和适用习惯，实际上并不影响法律的内容”。[1] 笔者对此种观点并不赞同。不同表述极有可能引发概念内涵的模糊，“而造成学术讨论之隔阂与误解，乃因彼此对概念内涵认知不同所致”，[2] 因此，需要借助于理论解读来凝聚学理上的共识。

从信息公开立法来看，我国并未就个人信息问题作出明确的规定。《政府信息公开条例》第 14 条仅仅是将“个人隐私”作为相对豁免公开信息予以规定，而对个人信息保护问题只字未提。显然，立法者在一定程度上认为个人信息与个人隐私的内涵具有一致性，并且认同以保护个人隐私的方式足以保障个人信息不受非法侵害。但情况并非如此，2009 年通过的《刑法修正案（七)》专门增设了“非法获取公民个人信息罪”，以严惩公用企业“出售或者非法提供公民个人信息”的行为。[3] 2014 年最高人民法院《关于审理利用信息网络侵害人身权益民事纠纷案件适用法律若干问题的规定》明确了个人信息保护的范围。由此看来，个人信息还是与个人隐私存在一定差异的。

尽管个人信息和个人隐私的范围有诸多交叉重合，但它们却有着不同的内涵。个人隐私保护的核心价值在于保护个人“私”的内容。个人信息首先是因为属于“私人”才“隐藏”，而并非是基于“隐藏”而成为“私人”信息。可见，有许多“隐藏”信息并不一定是隐私。这也就意味着个人信息的范围要远远宽于个人隐私。具

---

〔1〕 周汉华:《中华人民共和国个人信息保护法〈专家建议稿〉及立法研究报告》，法律出版社 2006 年版，第 28 页。

〔2〕 蔡志方:《行政救济法新论》，元照出版公司 2007 年版，第 1 页。

〔3〕《中华人民共和国刑法修正案（七)》在刑法第 253 条后增加一条，作为第 253 条之一:“国家机关或者金融、电信、交通、教育、医疗等单位的工作人员，违反国家规定，将本单位在履行职责或者提供服务过程中获得的公民个人信息，出售或者非法提供给他人，情节严重的，处 3 年以下有期徒刑或者拘役，并处或者单处罚金。”

体而言，个人信息“包括人之内心、身体、身份、地位及其他关于个人之一切事项之事实、判断、评价等之所有信息在内。换言之，有关个人之信息并不仅限于与个人之人格或私生活有关者，个人之社会文化活动、为团体组织中成员之活动，及其他与个人有关联性之信息，全部包括在内”[1]。而个人隐私则包括过往的生活史、个体的特殊性格爱好、私人交往情况、生活私密细节等可能引起尴尬的事实以及有关住址、联系方式、收入、财产状况、婚姻状况等可能造成某人自由遭受不当骚扰的信息。[2] 从上述界定来看，涉及个人隐私的信息的边界是十分模糊的。按照理查德·A. 波斯纳（Richard Allen Posner）的说法，隐私是一个“非常模棱两可并且感情色彩非常强烈的词”。[3] 尽管如此，各国似乎达成了对个人隐私予以宽泛解释的共识，以至于通过尽可能扩大隐私权的内涵来保护个人信息已成为一种趋势。从此角度来看，在目前我国缺省个人信息或隐私保护法的情况下，采用“个人信息”措辞对公民权益加以保障更符合世界立法发展的趋势。

值得注意的是，个人信息豁免公开并非是绝对的。有学者认为涉及企业经营管理层的经济状况的个人信息也是需要公开的信息。[4] 笔者认为此举值得肯定。事实上，一些国家信息公开法已对个人信息豁免公开事项的例外情况作出了规定，如南非《信息公开促进法》规定“个人信息豁免公开事项不适用于公职人员职位相

---

〔1〕 范姜真微：“政府信息公开与个人隐私之保护”，载《法令月刊》2001 年第 5 期。

〔2〕 参见湛中乐、苏宇：“论政府信息公开排除范围的界定”，载《行政法学研究》2009 年第 4 期。

〔3〕［美］理查德·A. 波斯纳：《正义 / 司法的经济学》，苏力译，中国政法大学出版社 2002 年版，第 239 页。

〔4〕 参见冯鸿光：“国有企业信息公开立法初探”，载《中山大学学报论丛》2006 年第 4 期。

关的个人信息”。[1] 南非的这种梯级保护模式显然是对个人信息保护的最理想状态。反观我国个人信息保护制度，目前仅存在一般化的“个人信息”或者“个人隐私”概念，部分特殊群体特别是公用企业高管的个人信息公开一直未能提上日程，这会给公众监督作用的有效发挥带来严重的制度障碍。因此，在未来的《信息公开法》或《个人信息保护法》中需要对个人信息的梯级保护予以明确。

(四) 商业自主权与豁免公开

单纯从企业性质来看，公用企业拥有私法上的企业法人资格。公用企业的私法主体地位意味着其需要更多地借助于合同、自治等私法的手段来提供公共服务。但并非仅限于此，公用企业的私法主体地位还意味其具有在商业自主权的范围内追逐企业自身利益的正当性和合法空间。这也就意味着，公用企业在不违反国家法规范的前提下拥有着自主经营、管理和处置自身事务的权利。为了维护公用企业的主体地位，涉及商业自主权的信息属于豁免公开事项。

1. 商业秘密的豁免公开问题

商业秘密亦是企业信息之一，其专指不为公众所知悉、能为权利人带来经济利益、具有实用性并经权利人采取保密措施的技术信息和经营信息。[2] 在欧美国家，商业秘密历来被视为企业的经济生命，是创造企业经济效益最重要的无形资产。对公用企业拥有的商业秘密加以保护，能激励企业主体意识和自主创新潜能，在一定程度上也有助于繁荣市场经济、促进社会有序发展。正因如此，各国在信息公开实践中也是不约而同地将商业秘密列为豁免公开事项。

---

〔1〕 参见南非《信息公开促进法》第34条。

〔2〕 我国1993年颁布的《反不正当竞争法》第10条最早对“商业秘密”这一概念予以明确界定，1995年国家工商行政管理局发布并经1998年修改的《关于禁止侵犯商业秘密行为的若干规定》第2条对商业秘密的内涵作出了进一步解释。

不过，商业秘密的豁免公开有时会引发一些负面效应。从理论上讲，任何一家企业都存在商业秘密。如果不对商业秘密加以区分，公用企业可以很容易地利用商业秘密来对抗信息公开，损害市场竞争者和社会公众的正当权益。因此，各国立法都把商业秘密作为一项相对豁免公开的信息。也就是说，某项信息被确立为商业秘密后，不必然导致信息不公开。公用企业在面对与商业秘密相关的信息公开申请时，需要对该信息公开与否作出判断。此种判断权是以公用企业拥有商业自主权为基础的，它反映了对公用企业主体身份和商业秘密权的尊重。

然而，公用企业在信息公开中的判断权显然是一项理想化的权利，毕竟没有任何一家企业会自愿地把能够给自身带来利益或竞争优势的商业秘密公布于众。为了避免公用企业的判断权沦为幌子权利，需要设置必要的保障机制，确保公用企业作出判断时能真正以公共利益为导向。笔者认为，需要设置三项保障机制：

(1) 公用企业作出信息不公开的判断时，必须书面告知申请者决定不公开的法律依据、裁量所考虑因素等。在行政程序中，说理程序能够避免行政行为的随意性和武断性。“说明理由的首要作用是行政机关的自我监督。说明理由迫使行政机关事先充分考虑行政行为的事实根据和法律依据，并且确保其充分。”[1] 公用企业在信息公开中的说理义务也有同样效果，“公众对决定程序的信任，因了解必须说明可支持的理由而提高。”[2]

(2) 建立行业主管部门审查和责任考核机制。借助于行政权的强制力和行政机关在特定领域的专业优势对公用企业的判断权进行监督，防止其侵犯公共利益和公众知情权。行业主管部门可以对滥

〔1〕［德］哈特穆特·毛雷尔：《行政法学总论》，高家伟译，法律出版社2000年版，第237页。

〔2〕［英］卡罗尔·哈洛、理查德·罗林斯：《法律与行政》，杨伟东等译，商务印书馆2004年版，第964页。

用商业秘密恶意阻挠信息公开的公用企业及其相关责任人进行相应处分与处罚。

（3）对公用企业信息是否涉及商业秘密进行司法审查。“有效的司法审查机制就是信息公开和公民知情权的守护神。只有倚靠司法审查的切实维护，公民的知情权才有可能转化为具体而积极的现实权利。”[1] 在司法实践中，法院应对公用企业是否进行了利益衡量、不公开的理由是否充分等进行审查，从而实现公民知情权与商业秘密保护的平衡。

2. 企业事务性信息的豁免公开问题

作为社会公共服务供给者，公用企业必然要承担公法上的信息公开义务，向社会公开其在提供公共产品和普遍服务过程中制作或获取的信息。尽管公用企业因承担社会公共服务职能具备了类似于行政机关的地位，但毕竟其与组织法上的行政机关存在差异。作为从事生产经营的特殊商业组织，公用企业一方面有着不同于一般企业的业务领域和具体服务内容；另一方面则拥有着与一般性企业相同却有别于行政机关的“私人”领域。就业务领域内的信息而言，因公用企业特殊的业务源于公法领域，基于特殊业务而产生的信息自然需要公众广泛知晓，属于公用企业应当公开的信息内容。与业务领域内的信息相比，“私人”领域内的事项并不受公法拘束，应当排除于信息公开范围之外。因为法人自身事务性信息属于公用企业“私人”信息，公用企业没有法定义务公开这部分信息。

如何判断公用企业特有的事务性信息？一般来说，界定政府信息公开例外事项需要遵循三个原则，即合法性原则、合目的性原则和合理性原则。[2] 这三项原则也适用于公用企业信息公开。公用

〔1〕 章志远：“信息公开诉讼运作规则研究”，载《苏州大学学报》2006 年第 3 期。

〔2〕 参见张志铭：《法理思考的印迹》，中国政法大学出版社 2003 年版，第 145 页。

企业在判断某一信息是否属于其“私人”领域内的事务性信息时，其遵循的原则需与保障国家利益的要求相契合、与保障商业自主权的要求相契合、与个人信息保护相契合。同时，公用企业判断某一信息是否需要公开，要经过三个阶段的分析。第一阶段：公用企业要确定是否持有申请者所要求公开的信息；如果持有这一信息，则进入下一阶段。第二阶段：公用企业需要判断申请公开的信息是否属于其特有的事务性信息；如果属于特有的事务性信息，就进入第三阶段。第三阶段：公用企业需要将不公开特有的事务性信息的利益与公开的利益进行权衡；如果不公开可能会造成公共利益或广泛主体利益的损害时，就需要进行公开。

第六章

公用企业信息公开的方式和程序

公用企业信息公开的方式和程序在公用企业信息公开中有着极其重要的作用。从某种意义上来说，公开方式明确与否、公开的方式是否理性及公开的程序是否正当、科学、完备直接决定着公用企业信息公开制度运作的实际效果，也决定着公众知情权和公用企业公共服务职能的实现程度。公用企业信息公开方式和程序无疑是衡量公用企业信息公开制度法治化程度的重要指标。正如美国学者杰里·马修（Jerry Mashaw）所言，程序理性是公认的按照实质标准作成决定的最可靠方法，[1] 而公用企业信息公开制度同其他制度一样，在实施过程中也需要有一定的方式、步骤、顺序以及时间的延续性。正因如此，本书将公用企业信息公开的方式、程序的选择问题作为公用企业信息研究的重要内容予以探讨。

一、公用企业信息公开方式

公用企业信息公开与政府信息公开的方式具有一定相似性，然

〔1〕 See Jerry Mashaw, *Due Process in the Administrative State*, New Haven: Yale University Press, 1985, p. 26.

而现实中的政府信息公开却存在“公开方式比较简单”、“未区分主动公开方式与依申请公开方式”以及“可操作性不强”等诸多问题。由于“公开方式比较简单”以及“可操作性不强”等问题可以通过程序予以纾解，本书重点从公开启动主体的角度对公用企业信息公开方式问题进行阐述。基于公用企业信息公开涉及行政机关、公用企业、社会公众等主体间的关系，一般来说，公用企业信息公开主要包括主动公开方式、依申请公开方式以及强制公开方式。其中，强制公开可以作为公用企业信息公开特有公开方式。在以下内容中，笔者对主动公开、依申请公开和强制公开这三类公开信息的方式进行探讨。

（一）主动公开方式

公用企业信息主动公开的方式是公用企业在没有特定主体提出申请的情形下，根据国家法律规定或自身判断向外界传递信息的途径、形式和载体。主动公开不存在明确的请求主体，任何人都能够成为潜在的信息接收主体，故其也被称作普遍性公开。对于此类公用企业信息，公民、法人或者其他组织一般可以任意查询，不受限制。

1. 信息主动公开方式的价值

从世界范围内看，大多数国家都在信息公开法中规定了主动公开的方式。例如，美国在《联邦信息公开法》的开篇就明确规定了两种主动公开方式：在《联邦登记》上登载；通过印刷出售其他出版物或者放置在特定阅览室供公众阅读。[1] 美国的这一规定也被众多国家所效仿。加拿大《信息获取法》完全移植了美国的主动公开模式，该法关于主动公开方式的规定在字里行间渗透着美国信息公开法的“影子”。[2] 即便对公开方式规定比较灵活的澳大利亚，

---

〔1〕 参见王名扬：《美国行政法》，中国法制出版社2005年版，第955页。

〔2〕 参见加拿大《信息获取法》第5、71条。

也要求将特定信息制作成复本并置于“信息查阅室”，以供公众随时利用、查阅和获取。[1] 此外，荷兰、新西兰、保加利亚等国家的信息公开法也相继将主动公开列为法定公开方式。

信息主动公开方式之所以受到众多国家的青睐，是因为其在整个信息公开体系中具有任何其他公开方式无法比拟的重要地位和功能。具体而言，其价值主要体现在以下三个方面：

（1）主动公开表现出信息公开义务主体的开放立场和坦诚姿态。主动公开方式属于公用企业向外界主动传递信息、澄清事实的形式，其背后隐含着开放透明的文化内涵。尽管有时这种主动公开并非完全出于本意或自愿，但从公开过程和结果来看，即便是迫于法律强制、外界压力或其他情况而做出的公开行为，公用企业信息却是在公用企业的主导下公之于众的，况且这一公开行为具有积极主动的外部表象，在一定程度上展现出公用企业为了满足公众对公用企业信息的关切和需求、自愿向社会公开信息的态度。

（2）主动公开的良性运作是公用企业信息公开得以落实的基础。信息公开方式作为信息公开制度的操作台，其效率的高低、配置的好坏，直接关系到公用企业信息公开的实现程度。对于涉及公共利益或较广泛主体切身权益的、需要社会公众周知的公用企业信息，通过主动公开方式及时有效地公开，不仅有益于畅通公民实现知情权的渠道，更能够发挥公用企业信息支持政府宏观经济调控以及服务公共设施建设和社会发展的效用。

（3）主动公开能够有效降低公用企业信息公开的人力、时间和资金成本。社会关注的热点和对信息的需求比较集中，在很多情况下公众所期望得到的公用企业信息往往是相同或者类似的。如果公用企业仅仅被动、消极地依照公众申请公开信息，而并非以主动的

---

〔1〕 参见石国亮：《国外政府信息公开探索与借鉴》，中国言实出版社 2011 年版，第 98 ~ 99 页。

方式来回应社会需求，其必将陷入疲于面对繁多、重复信息公开申请的境地。特别是在像中国这样人口众多的国家，主动公开能极大减少公用企业信息公开的工作量，节约信息公开成本。

2. 我国主动公开方式的实证分析

主动公开的重要价值决定了它在信息公开制度中的不可或缺性。我国《政府信息公开条例》不仅明确规定了主动公开方式这一方式，更设计出多种可供信息公开义务主体选择的公开渠道。从法律的规定来看，我国政府信息主动公开渠道的数量和种类呈现多样化。行政机关既可以通过政府公报、政府网站、新闻发布会、报刊、广播、电视的方式公开信息，亦可以在国家档案馆、公共图书馆等地点设置政府信息查阅场所，或者在办公地点或公共场所设立公共查阅室、资料索取点、信息公告栏、电子信息屏等场所或设施，向公众公开政府信息。[1] 可以说，这些种类繁多的主动公开方式已成为了我国信息公开立法的一大特色。

出于信息公开制度惯性和立法理念的传承，公用企业主管部门和有关地方政府参照《政府信息公开条例》制定的规范性文件基本上沿袭了政府信息公开的立法模式，即在法律规范文本中尽可能详尽地列举公用企业向社会传递信息的主动公开方式和途径。例如，住房和城乡建设部《供水、供气、供热等公用事业单位信息公开实施办法》采取列举的方式明确了企业网站、公开栏、办事大厅、电子显示屏、便民资料、新闻媒体、信息发布会、咨询会、论证会等九种主动公开的渠道，同时要求供水、供气、供热等公用企业应选取一种或多种便于公众知晓的形式公开信息。[2] 2014 年 12 月 15 日，环境保护部部务会议审议通过的《企业事业单位环境信息公开

---

〔1〕 参见《政府信息公开条例》第 15、16 条。

〔2〕 参见住房和城乡建设部《供水、供气、供热等公用事业单位信息公开实施办法》第 11 条。

办法》第10条规定："重点排污单位应当通过其网站、企业事业单位环境信息公开平台或者当地报刊等便于公众知晓的方式公开环境信息，同时可以采取以下一种或者几种方式予以公开：①公告或者公开发行的信息专刊；②广播、电视等新闻媒体；③信息公开服务、监督热线电话；④本单位的资料索取点、信息公开栏、信息亭、电子屏幕、电子触摸屏等场所或者设施；⑤其他便于公众及时、准确获得信息的方式。"这种列举模式在一些地方政府制定的规范性文件中亦有所体现。《四川省公共企业事业单位办事公开实施办法（试行）》把公用企业信息主动公开的方式细化为六种类型、二十多项。[1]《鞍山市公共企事业单位办事公开暂行办法》、《南宁市公共企事业单位办事公开制度（试行）》、《成都市公共企业事业单位办事公开实施办法（试行）》、《黄山市公用企事业单位办事公开暂行办法》等规范性文件也存在有关主动公开方式的类似规定。[2]

综合上述公用企业主管部门和有关地方政府制定的规范性文件可以发现，主动公开方式的主要类型有：①企业门户网站；②听证会、新闻发布会、座谈会和论证会；③报刊、广播、电视等新闻媒体；④办事大厅、服务台和咨询台等综合服务性平台；⑤对外公开的咨询、服务电话；⑥公共查阅点、资料索取点、信息公告栏和电子信息屏；⑦文件资料、办事须知、服务指南、便民卡片。

---

〔1〕《四川省公共企业事业单位办事公开实施办法（试行）》第10条规定，公用企业可以采取六类方式将主动公开的内容进行公开，即"①办事公开栏、公告牌、电子显示屏、触摸屏、公共查阅室、资料索取点；②咨询电话、咨询服务台、监督举报电话和监督台；③文件、资料、办事须知、办事指南、服务手册或便民卡片；④网站、报纸、广播、电视等媒体；⑤座谈会、听证会、咨询会和办事公开新闻发布会；⑥其他便于公众知晓的方式"。

〔2〕参见《鞍山市公共企事业单位办事公开暂行办法》第10条、《南宁市公共企事业单位办事公开制度（试行）》第9条、《成都市公共企业事业单位办事公开实施办法（试行）》第10条、《黄山市公用企事业单位办事公开暂行办法》第10条。

我国公用企业信息主动公开方式和渠道之多，是其他国家信息公开制度难以企及的。我国不仅规定了网站、公共查阅点等域外国家常规的公开方式，更是出现了一些独具中国特色的主动公开方式。这其中最具中国特色的莫过于，法律或规范性文件中出现了诸如新闻发布会、广播、电视、电子信息屏和信息公告栏等域外国家没有的公开渠道。仅从形式上来看，众多公开渠道值得称道，毕竟多一种主动公开形式，就存在可能增大公众知晓信息的概率，也就可能为公众获取或使用信息打开方便之门，便捷不同层次或者环境的公众获取或使用其信息。

不过，对主动公开方式及各种渠道间的关系进行仔细推敲，就会发现主动公开渠道数量众多的背后却存在着一系列亟待解决的问题。具体而言，我国公用企业信息主动公开方式存在以下主要问题：

（1）主动公开渠道定位不明、层次模糊。我国公用企业信息主动公开的渠道尽管非常多，但因立法上并没有明确哪些是首选或必须使用的主动公开渠道，哪些是辅助或可供选择使用的主动公开渠道，致使实践操作中公开方式选择上存在较大的随意性，以至于出现信息公开不充分或者资源浪费的情况。“南昌160秒新闻发布会”将上述问题展现得淋漓尽致。2010年3月31日，南昌市燃气公司就管道煤气价格上涨问题召开的新闻发布会，因只宣布价格通知、不设提问环节，使整场新闻发布会以160秒的用时创下了史上最短发布会的纪录。[1] 之所以出现这种情形，是因为我国信息公开立法并未规定义务主体在信息公开过程中是必须要使用特定的公开方式和途径，还是任意选择其一或者兼采多种公开方式，由此也就产生了各种主动公开方式主次不清以及基于信息公开主体的喜好来选

---

〔1〕 参见丁洪先：“新闻发布会只有160秒不如别开”，载《新京报》2010年4月5日。

择公开方式的弊病。如果公用企业能够基于自身喜好或者利益诉求来选择具体公开方式，这在现实中很有可能出现不同地域、不同类型的公用企业在公开方式选择上的标准不一、混乱不清的现象。此种情况一旦频繁发生就会造成公用企业信息公开的不充分，进而加剧了信息公开权利主体和义务主体间的信息不对称现象，严重损害了公众对公用企业提供社会公共服务职能的知情权。

（2）从现有规范性文件来看，公用企业信息与政府信息主动公开方式明显趋同。各地在拟制和选择主动公开方式过程中，或者完全照搬《政府信息公开条例》中的主动公开方式，或者仅作了少许修改，缺乏结合地域或行业实际的创新。一些地方政府制定的公用企业信息公开实施办法也是互相借鉴，有关公开方式的规定基本相同甚至如出一辙。例如，《黄山市公用企事业单位办事公开暂行办法》中包括除了《南宁市公共企事业单位办事公开制度（试行）》中“市政务服务中心、档案馆、图书馆”这一类公开渠道之外的所有主动公开方式。鞍山、成都、南通、南阳等地方政府制定的实施细则中关于主动公开方式的规定也基本相似。笔者不否认，在各地公用企业信息公开中存在着一些共识性、规律性制度与发展路径，但从实践层面看，公用企业信息公开更多表现出不同地域之间、不同行业之间、不同类型的公用企业之间的差异性。如果没有结合地域实际和行业特点提出适合本地区或本行业的公开方式，纵使规定再多的主动公开渠道也只是做表面文章而已，最终将无法逃脱公开渠道不具操作性、不切合地方实际的困境，也难以保证公用企业信息公开制度有效实施。

3. 完善主动公开方式体系的探索

随着时代的进步和科技的发展，信息传播载体在不断创新，从报纸、期刊纸面媒体到广播、电视空间媒体，再到互联网虚拟的媒体，信息公开可利用的方式、渠道和途径越来越多。针对实务操作中日渐多元的主动公开渠道，如果法律规范不能够根据公用企业信息的类型或者各类公开渠道的特点（如传播速度、耗费成本等）来确定合适的公开方式，而仅仅是以简单罗列作为应对，那么主动公开渠道的规定再多、再具体也会造成闲置，因为没有适用标准和选择规则，它们是无法发挥应有效用的。这种担心并非空穴来风，在信息公开实践中，公用企业因缺乏统一标准而规避选择主动公开渠道的现象较为常见。特别是在《政府信息公开条例》实施之初，作为信息公开第三类主体的公用企业普遍没有任何准备，它们在热热闹闹的信息公开运动中并无踪迹可循，甚至成为“隐形人”或仅作“壁上观”。例如，在2008年，北京市地铁运营有限公司、北京市热力集团、北京市电力公司、北京市自来水集团等公用企业甚至没有在企业网站设置“信息公开”栏目。[1] 此种现象的出现不乏与政府主管部门指导不力、公用企业公开意识不强等因素存在一定关系，但现行法律规范中规定的各类主动公开渠道的主次不分、定位不明也难辞其咎。通常情况下，面对主动公开方式的抉择问题时，公用企业为了实现自身利益、追求利润最大化，会毫无克制地选择利己而不利于公开对象的方式和途径，于是一些被公众喜闻乐见的公开方式和途径被束之高阁，一些能够获得较多信息而给公用企业公布信息带来不便的信息公开方式被弃之不用，有些作为首选的公开方式却成为一项“休眠”渠道。笔者认为，对于这些问题可从以三方面加以解决：

（1）厘清各类公开方式间的关系。信息公开立法需要把主动公开分为普适性方式和特殊性方式两类。普适性方式是在众多主动公开渠道中选择出的具有一般适用性的公开渠道。一旦某主动公开渠道被确立为普适性方式，就将无条件地适用于所有信息主动公开的情况。而特殊性方式是针对特殊类型的公用企业信息适用的主动公

〔1〕 参见朱雨晨：“公共企事业单位也是法定信息公开主体”，载《法制日报》2008年5月11日。

开渠道。至于哪些公用企业信息属于特殊类型的信息，即对“特殊类型”的选择问题，需要在公用企业信息主动公开程序中加以特别规定。

（2）创新主动公开渠道的类型。在信息公开制度建设初期，部分地方政府在制定信息公开法律规范过程中不乏创新之举，它们甚至把“公益广告”、“电话语音信息台自动应答”、“移动电话短信息”等特殊类型的公开渠道作为信息主动公开的方式和途径。[1]从某种程度上而言，尽管上述公开方式未必会对信息公开产生立竿见影的效果，但有一点是可以肯定的，这些结合地域环境和受众情况的创新和探索，丰富了主动公开方式体系，为各地信息公开实践提供了可供借鉴和参考的样板。鉴于此，为满足不同地域、不同群体的需求，信息公开主管部门和公用企业不应局限于《政府信息公开条例》中规定的主动公开渠道，而要结合公众对公用企业信息的需求，在遵循及时便民原则基础上，积极发挥主观能动性，探索适合地域实际、行业特点和企业特色的主动公开方式，以打造适合本地公众的主动公开方式体系。

（3）运用好新兴媒体公开渠道。与传统书面公开方式相比，新兴媒体在传播速度、搜索互动等方面具有重大的优势，其在公用企业信息公开中是一种最不应低估的渠道。在信息主动公开渠道的建

---

〔1〕《福建政务公开暂行规定》第12条规定：“政务公开可以采取下列形式：①通过墙报公示；②设立政务公开栏；③发布公益广告；④实行政务通报；⑤举行政务听证会；⑥建立政务信息网络；⑦实行政务公开的其它有效形式。”《昆明市政府信息公开暂行办法》（现已失效）第14条要求：“主动公开的政府信息，采取符合该信息特点的以下一种或者几种载体及时予以公开：①昆明市政务公众信息服务网站或各政府机关网站，以及昆明市党政机关电子政务信息系统；②《昆明市人民政府公报》；③市政府便民服务热线电话（含语音自动应答系统）；④政府新闻发布会以及广播、电视、报刊等公共媒体；⑤在政府机关主要办公地点等地设立的固定的政府信息公开栏、电子屏幕、电子触摸屏、资料索取点等设施或场所；⑥电话语音信息台自动应答、移动电话短信息；⑦其它便于公众及时准确获得信息的形式。”

设过程中，要加强企业网站、微博、微信和手机短信平台等信息公开数字化建设，确保能够发挥新兴媒体在现代信息社会中的应有作用。

4. 明确网络公开的地位

基于信息技术的发展和广泛应用，公用企业在选择主动公开的方式上，应当优先考虑和利用公众极易获取的公开方式尤其是网络公开这一渠道。现今一些国家在信息公开领域非常重视网络公开渠道的建设，并强制要求信息公开义务主体必须通过网络公开信息。

从政府信息公开来看，我国政府门户网站已被明确列为一项重要的信息公开方式。2006 年国务院办公厅发布的《关于加强政府网站建设和管理工作的意见》将政府网站定位为政府信息公开的重要窗口和建设服务政府、效能政府的重要平台。[1] 原国家信息化办公室提出，“到 2010 年，覆盖全国的统一的电子政务网络基本建成，目录体系与交换体系、信息安全基础设施初步建立……政府门户网站成为政府信息公开的重要渠道，50% 以上的行政许可项目能够实现在线处理”。[2] 2008 年国务院办公厅发布的《关于施行〈中华人民共和国政府信息公开条例〉若干问题的意见》对各级行政机

〔1〕 国务院办公厅《关于加强政府网站建设和管理工作的意见》明确了各级政府网站在信息公开中的功能定位，即“中央政府门户网站和国务院部门网站要着重加强全局性、宏观性、权威性政府信息发布，为公众和企业提供在线办事服务指引或特定内容的办事服务，增强与公众互动交流。省级人民政府及其部门网站要着重就区域性重大问题加强权威政府信息发布，提供相关内容的办事服务，积极开展与公众互动交流。市（地）级以下人民政府及其部门网站要及时准确地发布政府信息，搭建与公众互动交流平台，拓宽社情民意的表达渠道，着重为公众和企业提供在线办事服务、公益性便民服务”。

〔2〕 参见原国家信息化办公室于 2006 年制定的《国家电子政务总体框架》。

关加强政府网站建设提出了明确具体的要求。[1] 国务院办公厅分别于2012年4月和2013年7月发布的《2012年政府信息公开重点工作安排》、《当前政府信息公开重点工作安排》中也对“加强政府网站等公开渠道建设”“发挥政府网站信息公开第一平台作用”等事项作了强调和重申。

之所以网站公开受到如此重视，主要在于互联网自身所具有的众多优势。具体到信息公开实践中，通过网络公开信息的优点有四：①信息公开对象可以根据自身需求随时进行自主搜索和查询，其体现着以人为本的理念；②突破了时空障碍，信息公开可以随时随地进行；③信息延展性较高，使得信息公开的广度和深度可以被无限拓展，信息公开的全面性和系统性因此得到了极大提高；[2] ④网络公开“可以减少（相对较贵的）信息查询申请的数量”[3]，有效降低了信息公开所花费的成本。

在世界进入电子信息时代的大背景下，公用企业应逐步推进企业电子化建设，有效发挥企业网站的服务功能，并以此为中心为社会公众提供优质的信息服务。一些公用企业信息公开主管单位在指导公用企业信息公开时已注意到通过互联网公开信息的优势，并强制要求公用企业必须使用互联网这一渠道公开相应信息。例如，国家能源局2014年3月颁布的《供电企业信息公开实施办法》要求“供电企业应当将主动公开的信息，通过企业网站、营业厅、公开栏、电子显示屏、便民资料手册、信息发布会、新闻媒体等多种便

〔1〕《国务院办公厅关于施行〈中华人民共和国政府信息公开条例〉若干问题的意见》要求各级行政机关“要充分利用政府网站、政府公报等各种便于公众知晓的方式，及时公开政府信息，并逐步完善政府信息公开目录及网上查询功能，为公众提供优质服务”。

〔2〕 参见乔丽娜、李鹏编著：《政府信息公开工作制度与实施》，中国人事出版社2011年版，第68～69页。

〔3〕［加］托比·曼德尔：《信息自由：多国法律比较》，龚文庠等译，社会科学文献出版社2011年版，第193页。

于公众知晓的方式公开，同时通过网站链接、开设专栏等方式在国务院能源主管部门派出机构的门户网站进行公开"[1]。一些地方政府同样意识到网络公开的重大价值，并在其制定公用企业信息公开实施细则时作出了强化网络公开的规定。[2]

当然，现代信息网络技术在占有和应用层面有着不平衡性，尤其是"数字鸿沟"对网络公开渠道公平性问题提出了挑战。[3]"数字鸿沟"同样是制约我国信息公开的重大障碍和困难。由于硬件设备、经济状况和人员素质等限制条件，目前互联网并没有覆盖所有地区、行业和人群，"数字鸿沟"现象普遍存在，并呈现逐渐扩大的趋势。[4]尽管"数字鸿沟"这一问题还未从根本上解决，但仍然不能阻止互联网成为公用企业信息主动公开"主平台"的趋势。[5]因此，在未来立法中，需要把互联网确立为公用企业信息公开的第一平台，并将互联网传送或者在线查询作为一种重要的信息公开渠道加以明确规定，但也要重视新闻发布会以及报刊、广播、电视等便于公众知晓的方式公开，根据需要甚至可以利用公共

---

〔1〕参见能源局《供电企业信息公开实施办法》第9条。

〔2〕如《成都市公共企事业单位办事公开实施办法（试行）》第10条规定公用企业"采取两种以上方式公开的，应当同时在互联网上公开"。

〔3〕参见周汉华："中国的政府信息化及其面临的实践问题"，载《经济社会体制比较》2003年第2期。

〔4〕"数字鸿沟"是一种普遍的社会现象，其不仅体现在国与国之间，也反映在同一国家的不同地区、不同民族、不同行业和企业之间及不同社会群众之间。从我国网络化建设情况来看，城市和农村网络的普及率差异显著，城市居民的普及率达到21.6%，农村普及率却只有5.1%。城市和农村之间就会因网络化程度不同出现"信息差距"、"数字鸿沟"现象。参见段尧清：《政府信息公开：价值、公平与满意度》，中国社会科学出版社2013年版，第87页。

〔5〕如美国《联邦信息公开法》在1996年所作的重大修改就是为了适应信息化和电子网络建设的需求；我国台湾地区"政府资讯公开法"不但把互联网作为重要公开方式，而且还针对信息网络传输、在线公开和查询等渠道提出了明确要求。随着科学技术的发展和全球数字化进程的加快，互联网已成为世界众多国家和地区不可替代的公开渠道。

查阅室、资料索取点、信息公告栏、电子信息屏等场所、设施公开相关信息。

（二）依申请公开方式

依申请公开是信息公开法制的重心之所在。[1] 从已制定信息公开法的国家来看，只要推行信息公开都会规定依申请公开这一方式。申请公开对于保障公众获取信息权利和实现信息公开的目的有着至关重要的作用。

1. 依申请信息公开方式

作为民主转型国家的南非是申请驱动型信息公开模式的典型。南非 1993 年临时宪法规定了基于行使和保障自身权利而获取信息的制度，并首次将公众获取信息权利作为宪法权利加以明确。南非 1996 年通过的正式宪法在承继临时宪法基本精神的基础上，在公众申请公开信息的权利方面取得两项突破：①取消了临时宪法所规定的申请主体必须为行使和保护自身权利才能获取信息的限制；②将公众获取信息范围扩大到私人主体所持有的信息。此外，南非 1996 年宪法还强制性要求在宪法生效后的一定期限内制定国家信息公开法来保障公众申请公开信息的权利。2000 年 1 月，按照 1996 年宪法的精神，南非议会通过了《信息公开促进法》，旨在保障获取信息的宪法权利。《信息公开促进法》基本上未规定有关公共机构和私立机构应主动公开信息的义务，它将整个信息公开制度的良性运行完全寄托于获取信息权利的行使和保护层面，因此，权利主体提出申请几乎成为公共机构公开信息的唯一渠道。正如有学者在评价《信息公开促进法》时所言："作为分析和认识问题的起点，在看待信息公开促进法时，要尽可能把这部法律看作是获取信

〔1〕 参见法治斌："迎接行政资讯公开时代的来临"，载杨解君编：《行政契约与政府信息公开——2001 年海峡两岸行政法学术研讨会实录》，东南大学出版社 2002 年版，第 191 页。

息宪法权利的自然延伸。"[1] 基于同样道理，依申请公开是《信息公开促进法》中获取信息权利的一种延伸，它贯穿于南非整个信息公开制度。

从世界范围上看，目前采取类似于南非这种依申请公开形式来维系信息公开的国家不在少数。德国、英国、瑞典、日本等国家的信息公开法没有规定公共机构主动公开信息的义务，主要是以依申请公开的方式来驱动本国信息公开的。[2] 在这些信息公开渠道较为单一的国家，依申请公开具有以下两个作用：一是合法有效的申请是公用企业信息获得公开的必要前提，只有在权利主体提出申请的情况下公用企业才可能被公开；二是权利义务关系、公开程序和监督救济等各项制度都是围绕依申请公开方式展开的。由此可见，在申请驱动型信息公开国家，依申请公开是整个信息公开制度当之无愧的"拱心石"。

2. 依申请公开方式的功能定位

即便在同时兼采多种公开方式的国家，依申请公开方式在其公开方式中亦扮演着十分重要的角色。例如，在我国，预先提出申请是公民申请复议或提起诉讼的前置条件，"只有经过依申请公开程序，当事人才能够取得并行使政府信息公开诉讼的诉权。"[3] 依申请公开方式在申请驱动型信息公开国家和多种公开方式共存型信息

---

〔1〕 周汉华主编：《外国政府信息公开制度比较》，中国法制出版社 2003 年版，第 392 页。

〔2〕 参见法治斌："迎接行政资讯公开时代的来临"，载杨解君编：《行政契约与政府信息公开——2001 年海峡两岸行政法学术研讨会实录》，东南大学出版社 2002 年版，第 191 页。

〔3〕 吕艳滨主编：《行政诉讼法的新发展》，中国社会科学出版社 2008 年版，第 184 页。也有学者对"将主动公开行为排除于受案范围之外"的观点提出了反对，参见许莲丽："论政府信息主动公开的行政诉讼"，载《河北法学》2009 年第 10 期。但是最高人民法院《关于审理政府信息公开行政案件若干问题的规定》第 3 条在综合考量了诸多因素后，还是确立了对主动公开行为不服应当"申请前置"的起诉条件。

公开国家的地位和作用之所以不分伯仲，完全是由依申请公开的自身价值和功能定位决定的。其特殊功能主要表现在：

（1）依申请公开方式是完全以公众特殊需求为基础的一种公开方式。主动公开虽然在信息量、覆盖面等方面具有优势，但由于个体差异的存在，信息需求方在使用信息公开法律时存在着不同的目的和诉求，[1] 主动公开方式并不能满足每一个信息需求方对公用企业信息的需求。而依申请公开方式则是专门为公众特殊信息需求而设立的公开渠道，其能够弥补主动公开在个性化信息需求方面的不足。从另一层面来说，公用企业在提供公共服务过程中制作的和从其他信息拥有主体手中获取的信息非常庞杂，公用企业根本不可能做到把除属于豁免公开事项之外的信息都全部主动公开，为了保障公众获取公用企业信息权利，可以要求公用企业依申请公开。特别是在公用企业究竟拥有多少信息仍家底不清的状态下，公众的申请成为倒逼公用企业抛弃本位主义的利器，信息公开的主动权也因此从公用企业转移到申请主体一方，从而达到公众需求决定公用企业信息公开内容的现实效果。

（2）依申请公开属于一项积极权利。与公众在主动公开中的被动接受不同，依申请公开并非源自公用企业单方行动，公用企业所公开信息的内容是由申请主体主动作为或者申请主体与公用企业的互动行为来决定的。从某种意义上讲，依申请公开为公众提供了按其自身意愿获取公用企业信息的路径，是申请主体积极行使信息获取权利的集中体现。倘若现实中不存在通过申请要求公用企业公开信息的这项权利，也即公用企业信息的公开与否、公开到何种程度的判断权完全由公用企业把持，那么，公众对公用企业信息知情的

---

〔1〕 在我国，信息需求方通常是为不同利益或目的使用信息公开法律，如民众只关心与切实利益相关的信息、记者更多跟踪报道违反信息公开义务行为、法律从业者热衷于推动公共信息公开等。参见肖卫兵：《中国信息公开改革新解：从信息流通角度》，上海社会科学院出版社 2013 年版，第 161～169 页。

权利性质将被彻底改变，信息获取权利成为被动接受公用企业信息的消极权利。

（3）依申请公开拓宽了公众参与和监督的渠道。在外部表象上，尽管依申请公开方式运作的大多数结果是申请主体单方获益，由于这一方式属于公众主动要求公用企业信息公开的一种具体形式，公众表达信息诉求过程中实质参与了公共服务事项的管理。这种参与在无形中给公用企业施加了一种外部压力，迫使公用企业在“按民所需”公开信息的条件下接受信息需求方的验收。特别是在目前缺乏对公用企业履行主动公开义务监督的现实困境面前，依申请公开赋予了申请主体通过行使获取信息权利及后续复议、诉讼等救济权来监督公用企业履行法定义务，为公共服务公平、透明开辟了通道。

3. 依申请公开方式的内在属性

依申请公开源于知情权。“知情权不仅仅限于接受信息这类消极性权利，其还是对信息源提出获得信息要求的积极性权利……为了形成具体的权利，必须以规定具体的请求权人的资格、可公开信息的范围、公开的程序和要件、救济方法等事项的法律为依据。”〔1〕也正是因为知情权的这一属性，各国将信息公开法定性为一部赋权法案。在赋权方面，信息公开法可谓不辱使命，不仅明确了公众接受信息的消极权利，而且还赋予公众申请获取信息的积极权利。因此，在理论层面产生了依申请公开源自何种权利的追问。

由于依申请公开方式的背后涌动着信息公开立法领域在“知的需要”与“知的权利”间长期而艰难斗争的暗流，〔2〕拷问依申请公开本质属性的任务也就演变成对“知的需要”与“知的权利”

〔1〕［日］芦部信喜：《宪法》，林来梵等译，北京大学出版社2006年版，第153页。

〔2〕参见蒋红珍：“从‘知的需要’到‘知的权利’：政府信息依申请公开制度的困境及其超越”，载《政法论坛》2012年第6期。

这组概念的辨析。“知的需要”产生的信息获取权适用不公开推定主义，以公众对信息的需要为正当性基础。也就是说，在“知的需要”的理念下，只有当申请主体需要某一公用企业信息时，该类信息才可能被信息持有人公开。与“知的需要”不同，“知的权利”适用公开推定主义，其不以信息被认为有用或一定发挥功能为公开前提。在“知的权利”的理念下，只有在公用企业信息属于法定的豁免事项时，该信息才具有不被申请公开的合法理由。显然，从依申请公开形式中延伸出来的信息权属于一种“知的权利”，而不属于“知的需要”层面的权利。在目前已有信息公开法的近八十个国家和地区中，绝大多数国家和地区不对申请公开公用企业信息的主体条件设置资格限制。例如，在日本，任何人都可以依据《独立行政法人等拥有信息公开法》第3条的规定，向独立行政法人请求公开该独立行政法人拥有的法人文书。当然，笔者不否认，域外一些国家存在要求填写姓名、联系地址、请求公开的信息及其用途等情况，但是，信息用途并非是检测个体动机的工具，而只是作为适用例外规则的参考。[1] 因此，“所有人”在信息公开实践中都享有使用依申请公开形式获取相关信息的权利，国家不得附加任何条件对公众的此项权利加以限制。

4. 我国依申请公开方式的新发展

从立法层面来看，《政府信息公开条例》以国家法规范形式明确了依申请公开这一信息公开形式。[2] 从某种意义上讲，依申请方式在我国法律中得以确立，是《政府信息公开条例》“向法治发

〔1〕 如在美国，信息公开法不强制申请主体提供或解释其申请的原因，但是如果申请主体希望申请费用减免、快速获取信息时，这种解释会有所助益。参见［加］托比·曼德尔：《信息自由：多国法律比较》，龚文庠等译，社会科学文献出版社2011年版，第174页。

〔2〕 参见《政府信息公开条例》第13条。

达国家水准的信息自由立法迈进的标志”。[1] 尽管《政府信息公开条例》第13条之规定在我国信息公开立法进程中富有里程碑意义，但其对于信息公开申请主体的界定不仅模糊而且也不具象。如果仅从字面上看，似乎意味着唯有符合“生产、生活、科研等特殊需要”这一条件的公民、法人或者其他组织才享有获取信息权。这种留有余地的表述不但给理论界对申请公开方式的解读造成困难，还直接导致实践操作中申请公开信息的主体资格受到限制，进而导致依申请公开方式运行范围的限缩。

究竟什么是“可以根据自身生产、生活、科研等特殊需要”？这一问题一度成为社会关注的焦点。[2] 2008年4月29日国务院办公厅发布的《关于施行〈中华人民共和国政府信息公开条例〉若干问题的意见》对此进行了解释。[3] 尽管该意见只是使用“可以不予提供”的表述，但实质上却赋予信息公开义务主体以“知的需要”拒绝申请主体知情权的权力。在实践中，信息公开义务主体俨然将“生产、生活、科研等特殊需要”作为启动信息公开申请的必备条件。而令人遗憾的是，2010年1月国务院办公厅发布的《关于做好政府信息依申请公开工作的意见》重申了“可以不予提供”这一内容，从而进一步强化和肯定了信息公开义务主体在信息公开过程中为申请主体设置申请目的条件或其他资格限制的做法。上述行政规范性文件不仅影响了公用企业信息公开中依申请公开方式的具体设置，而且为我国信息公开立法向法治发达国家迈进带来了负

〔1〕 蒋红珍：“从‘知的需要’到‘知的权利’：政府信息依申请公开制度的困境及其超越”，载《政法论坛》2012年第6期。

〔2〕 参见莫于川、林鸿潮主编：《政府信息公开条例实施指南》，中国法制出版社2008年版，第237~238页。

〔3〕《国务院办公厅关于施行〈中华人民共和国政府信息公开条例〉若干问题的意见》第14条规定“行政机关对申请人申请公开与本人生产、生活、科研等特殊需要无关的政府信息，可以不予提供”，由此明确“生产、生活、科研等特殊需要”和信息公开申请之间的关系。

面因素。

不过，我国依申请公开方式的主体资格限制存在逐渐放宽的趋势。《政府信息公开条例》实施初期，法院会严格要求起诉人提供所申请公开的信息与其自身生产、生活、科研等特殊需要相关的证据，如果起诉人无法提供相应证据，法院就会以与申请主体所申请的信息没有利害关系为由不予受理。而最高人民法院于 2010 年作出的《关于请求公开与本人“生产、生活、科研”等特殊需要无关政府信息的请求人是否具有原告诉讼主体资格问题的批复》以及 2011 年颁布的《关于审理政府信息公开行政案件若干问题的规定》表明了最高人民法院对此问题的基本立场和积极态度。两者将与本人“生产、生活、科研等特殊需要”的审查纳入实体审理的内容，这就意味着“任何人”针对任何信息向被申请机关提起公开要求，无论被申请机关答复与否，都有权启动诉讼程序。

由此可见，对于“生产、生活、科研等特殊需要”的解读，法院更倾向于宽泛的解释与适用，即“生产、生活、科研等特殊需要”并不是对依申请公开方式进行限制的法定条件，仅仅是确立一些特殊程序问题的依据。从这一角度来看，我国信息公开申请主体界定标准正在潜移默化中向国际上普遍适用“所有人”标准靠近。申请主体界定标准的变化同样会对依申请公开制度产生积极影响，依申请公开方式由此也正朝向以充分保障知情权为基础的制度发展。

（三）强制公开方式

强制公开有广义和狭义之分。广义的强制公开不但包括国家法规范课以公用企业必须公开特定之公用企业信息的法定公开，[1]

---

〔1〕 有学者把强制公开理解为法律上的强制，认为强制公开等同于主动公开，属于立法者课以信息公开义务主体必须公开某些信息的义务。参见齐爱民、张万洪主编：《电子化政府与政府信息公开法研究》，武汉大学出版社 2008 年版，第 191 页。

还包括行政机关在执法中强制要求公用企业公开相应信息而出现的公开。狭义的强制公开以知情权受到损害为前提，是行政机关对公用企业违法不公开信息的一种动态监管。鉴于立法者课以公用企业的强制公开，也即主动公开已在前文探讨，此处的强制公开限定为狭义上的强制公开，专指基于行政权运行而产生的公开方式。

一般而言，公用企业对待信息公开的态度往往是消极的。[1]此种消极状态体现在两个方面：①在主观上表现为极不情愿，尤其针对自身经营性或者对信用声誉、未来利益产生不利影响的公用企业信息，公用企业不但不会以主动的姿态示人，更不可能将此类信息以主动公开的方式公布于众；②在行动上表现为拖延或直接排斥公开，隐匿对自身不利的公用企业信息而出现信息公开不完整、不全面的情况。即便接到申请主体的申请，公用企业通常采取公开部分信息或公开其他无关紧要的信息来敷衍申请主体提出的信息公开要求。

为了消除和抑制公用企业在信息公开中的消极态度和不作为，需要借助行政机关这一强有力的外部规制力量加以制衡，以保障公众知情权和促进公用企业信息公开。而在主动公开和依申请公开形式之外设置强制公开方式便是利益平衡原则和权利保障机制在公开方式上的具体体现。尽管其他国家信息公开法中并没有针对公用企业专门规定此种强制公开方式，但笔者认为，确立强制公开是信息本质属性和公用企业信息公开特殊性的应有之义。具体而言，在公用企业信息公开中设置强制公开方式的意义在于以下三方面：

（1）从信息的本质属性来看，信息并非中立性概念，其蕴含权力与利益的属性。公用企业信息作为一种具有很强流动性和支配性

---

〔1〕实践中出现的诸如“一卡通押金”、“机场高速收费”等个案，虽然仅是公用企业信息公开的冰山一角，但却折射出公用企业公开意识不强及消极对待信息公开等问题。参见徐隽、吴天添：“信息公开，公共企事业单位须照办”，载《人民日报》2013年8月21日。

的稀缺资源，其不但能够衍生出诸多权力，还会在特殊情况下于企业、投资者和消费者等不同主体之间诱发权益或利益的分配问题。“信息是权力的信息，有时候在短暂的一瞬间，它是权力的基本工具。没有哪一个人在信息交往时不提防与他的权力状况有关的结果。信息的占有不仅仅是一种感情现象，它同时是一种统治（或反统治）的合理手段。”[1] 强制公开可以大大降低公用企业滥用从信息中衍生出的权力的机会，同时迫使其按照信息公开法的基本精神履行信息公开义务。

（2）从实施形态来看，公用企业信息公开的过程需要动态监控。众所周知，信息公开领域的裁量权是广泛存在的。裁量权属于在法律许可的情况下，对作为或者不作为以及如何作为进行选择的一项权力。[2] 因此，公用企业在处理信息公开具体个案过程中，需要结合具体情况进行主观评判，并作出一定的行为选择。以信息豁免公开为例，信息豁免公开的例外情形可以分为无保留的例外和有保留的例外。保留的例外所涉及的内容是，那些一旦公开将会损害相关利益的信息。如果被请求的信息的公开可能损害相关的利益，就可以有保留地公开，这就是赋予信息公开义务主体一定的裁量权。[3] 如同掌权者总是不失时机地把权力的能量施展到极致一样，信息公开领域的裁量权亦会被义务主体发挥得淋漓尽致。由于公用企业信息公开是尊重自主基础上的公开，裁量权贯穿于信息公开的整个实施过程，公用企业就是否属于公用企业信息、是否存在豁免公开情况等方面存在诸多选择余地。面对如此多的判断机会，如果缺乏对公用企业的动态监督和规制，必将出现无休止运用及滥

---

〔1〕［法］克罗齐埃：《被封锁的社会》，狄玉明、刘培龙译，商务印书馆1999年版，第57页。

〔2〕参见余凌云：《行政自由裁量论》，中国人民公安大学出版社2009年版，第39页。

〔3〕参见张越编著：《英国行政法》，中国政法大学出版社2004年版，第527页。

用权力的现象。由此看来，对信息公开中的裁量权进行动态监控具有现实意义，强制公开的存在相对公用企业信息公开而言是十分必要的。

（3）从制度基础来看，公用企业的信息公开是以行政规制为主导的强制性信息公开制度。除了负担社会公共服务和公共产品供给外，公用企业还存在企业的私利属性。作为经济社会中一类商业组织，公用企业在信息公开过程中将权力运用至边界甚至越线的情况很难避免。实践中公用企业以信息公开之名行违法之实的情况不在少数。公众知情权与企业信息权益不但存在潜在冲突，甚至有时两者间的矛盾难以调和。“当个人权利发生冲突时候，政府的任务就是要区别对待。如果政府作出正确的抉择，保护比较重要的，牺牲比较次要的，那么它就不是削弱或者贬损一个权利的观念，反之，如果它不是保护两者之间比较重要的权利，它就会削弱或者贬损权利观念。”〔1〕 当公用企业违法不公开造成公众知情权的侵害时，蕴含浓厚行政规制属性的强制公开也就具有了存在价值。公众知情权与企业信息权益之间的冲突，考验着行政机关在行政权运行中的法益平衡能力，也为创设强制公开方式提供了必要理论基础和确立此项制度的理据。

行政法领域广泛存在着政府监管问题，〔2〕 公用企业信息公开

---

〔1〕［美］罗纳德·德沃金：《认真对待权利》，信春鹰等译，中国大百科全书出版社 1998 年版，第 255 页。

〔2〕 自 20 世纪 80 年代以来，行政法学界将研究疆域转移至传统行政法学鲜有涉及的政府监管领域，以美国现代行政法学中政府监管学派（Government Regulation Scholarship）的出现为标志，政府监管研究在各国逐步兴起。关于政府监管理论形成过程的介绍，参见董炯：“政府管制研究——美国行政法学发展新趋势评介”，载《行政法学研究》1998 年第 4 期；朱立新、宋华琳：“现代行政法学的建构与政府规制研究的兴起”，载《法律科学》2005 年第 5 期；［英］卡罗尔·哈洛、理查德·罗林斯：《法律与行政》，杨伟东等译，商务印书馆 2004 年版，第 580 页；Joseph P. Tomain，Sidney A. Shapiro，“Analyzing Government Regulation”，*Administrative Law Review*，49（1997），377.

亦是政府监管的重镇。“虽然有部分学者敏锐地观察到了这一问题，但是，从整体而言，这一问题还未引起普遍的关注，中国的行政法学仍然囿于原有的以‘司法审查’为中心的研究，而疏于研究监管政策形成实质层面的问题”。[1] 有学者建议在公用企业信息公开制度中赋予行政机关诉讼救济权，并进一步指出，在公用企业没有依法适当履行信息公开义务时，行政机关完全可以采取向人民法院提起信息公开诉讼的方式，要求违法企业公开信息。[2] 笔者认为，此种方案陷入以司法审查为中心的原有研究范式，缺乏对行政过程层面的考量，不利于行政法学的研究从传统的疆域拓展至与社会经济发展、市场主体竞争等息息相关的政府监管领域。况且行政机关本来就属于公共权力机关，拥有对公用企业信息公开进行监管的职能，因此，赋予其诉讼救济权利在一定意义上显得多余。其具体理由是：

（1）行政机关拥有凌驾于包括公用企业在内的社会组织之上的特殊权力。在行政执法过程中，行政机关与社会中的一般性组织存在本质区别，它可以基于《行政处罚法》、《行政强制法》等法律直接对违法的公用企业施以警告、罚款等行政处罚或者扣押财物、冻结存款、汇款等强制措施。[3] 也正是因为拥有国家法规范所赋予的、社会上其他法人或者组织难以与之抗衡的行政权力，行政机关才无需依附于立法者、司法机关等其他机关来完成对公共利益和社会特殊群体的保护。

（2）强制公开方式足以约束和制止公用企业为谋求私利而制造的信息不对称。借助于行政监管的强制力对公用企业、社会公众和特殊群体之间的利益加以平衡，行政机关完全可以解决公用企业和

---

〔1〕 马英娟：《政府监管机构研究》，北京大学出版社 2007 年版，第 6 页。

〔2〕 李玉梅：“论政府在企业信息公开中的多重身份及权责”，载《海南大学学报（人文社会科学版）》2009 年第 6 期。

〔3〕 参见我国《行政处罚法》第 8 条、《行政强制法》第 9 条。

信息公开权利主体间的利益冲突问题。而作为一种动态监督，强制公开方式有利于逐步减少公用企业信息公开过程中的障碍，促进公用企业信息公开制度的良性发展。

（3）从行政诉讼的角度来看，行政机关成为诉讼原告的做法与我国现行行政诉讼体制不相契合。虽然在特殊情况下，行政机关可以作为原告提起诉讼，实践中也不乏存在一些行政机关为原告的判例，例如，河南省鹤壁市人民政府经济技术协作办公室、鹤壁市经济技术开发总公司诉北京市海淀区工商行政管理局投机倒把行政处罚案和河北省平山县劳动就业管理局诉平山县地方税务局行政处理决定案,〔1〕但“行政机关如果以行政主体身份出现，是否具有原告资格尚缺乏深入探讨。这首先有待于我国行政诉讼类型的规范化及行政诉讼受案范围的扩展”〔2〕。在目前我国行政诉讼体制下，行政机关以启动行政诉讼的方式监督公用企业的信息公开行为，不但缺乏应有的制度基础，同时也不具备现实可行性。

退一步来讲，即便采用民事诉讼的方式来回避行政机关在公用企业信息公开诉讼中原告资格问题也是不可取的。从法院和权利保障的角度来看，行政机关通过诉讼手段监督信息公开势必产生大量案件，会给法院业已沉重的审判工作增加额外负担，从而影响以公民、法人或其他组织为原告的信息公开案件的审理质量。从政府监管的角度来说，尽管以诉讼判决形式解决公用企业信息不公开问题利于提升行政机关的执法公信力，但其却因对政府监管效率的损害而有违行政权设立的初衷。而由于信息具有较强的时效性，如若通过法院确认公用企业在信息公开是否存在违法，会因较长的诉讼期

〔1〕 这些行政机关作为原告提起诉讼的案件多数是因20世纪90年代一些行政机关“下海”从事经营性活动或其他经济活动而产生的。随着行政体制改革的进展，行政机关成为原告的情况越来越少见。参见何海波：《行政诉讼法》，法制出版社2011年版，第178页。

〔2〕 参见马怀德主编：《行政诉讼法原理》，法律出版社2009年版，第219页。

间延误了信息公开的最佳时间。因此，在信息公开方面选择行政权力的制约比采取司法途径更具有意义。

鉴于上述分析，在公用企业信息公开制度中增加强制公开这一公开方式，具有正当性基础和高度的理论自洽性。强制公开方式的建立，不仅便于从政府监管和信息公开过程的向度规制公用企业信息公开行为，使公众获取信息权利得到更为及时有效的保障，更为重要的是，增设强制公开渠道能够为信息公开救济分流，这在某种程度上可以缓解复议机关、人民法院等机关的沉重负担，也能够满足公众对信息公开及时性的诉求。

二、公用企业信息公开程序

程序是一个具有独立价值的要素，缺失完备的程序要件的法制是难以协调运作的。[1] “程序正义是保障人权的基本手段。”[2] 正当的公用企业信息公开程序是法律规定的信息获取权成为现实权利的前提和基础，只有公用企业信息公开的各方主体遵循一定的方式、步骤、时限和顺序，才能使公众知情权的行使得以实现，以免因无行使空间沦为徒具权利的名称而不具有实质意义。与公开方式相对应，公用企业信息程序分为主动公开程序、依申请公开程序和强制公开程序。

（一）主动公开程序

公用企业信息主动公开主要涉及两方面程序问题：确定主动公开的范围；选择具体公开渠道。在这两项程序中，公开范围的确立程序处于核心地位，只有确立了明确公开范围，才可能对具体公开渠道进行选择。因此，首先应就公开范围确定程序加以探讨。

---

〔1〕 参见季卫东：《法律程序的意义》，中国法制出版社2012年版，第15～16页。

〔2〕 徐亚文：《程序正义论》，山东人民出版社2004年版，第312页。

1. 公开范围确定程序

确定主动公开的实质范围是主动公开程序的首要任务。就公用企业信息而言，哪些信息需要主动公开、哪些信息不必主动公开以及哪些信息需经过保密或其他途径处理，通常与各国法制状况和信息公开制度成熟度息息相关。

从域外信息公开实践来看，对主动公开范围的设置，主要存在两种模式：①由法律预先设定应主动公开信息的类型，并对哪些信息属于主动公开的事项进行逐一列举。例如，美国《联邦信息公开法》明确规定了必须在《联邦登记》上登载的四类事项及可供公众查阅与复制的五类信息。[1] ②法律只作原则性规定，授权信息公开义务主体自行确定公开范围。例如，英国承担信息公开义务的公共机构需要根据《信息公开法》和信息专员颁布信息公开指南，编制本机构的信息公开摘要，并通过信息公开摘要来最终确定该公共机构的信息公开范围。[2]

第一种由立法机关作出选择的方式，能为公用企业提供直接、明确的指引，但在一定程度上会极大限缩公用企业对信息公开范围的裁量和判断权，不利于发挥公用企业的主体地位。第二种范围确定程序更具灵活性，公用企业能更加主动选择应主动公开信息的范围，但最大的弊端在于，该种程序设置加大公用企业自主规避信息公开的风险。因此，与第一种方式相比，第二种范围确定方式更需要借助于与之相配套的外部制约机制和规制机关的监管来发挥其作用。也就是说，只有构建较高强度地监管体系，才能保障第二种范围确定程序的良性运作。

从我国信息公开立法来看，《政府信息公开条例》采用了第一

〔1〕 参见周汉华主编：《外国政府信息公开制度比较》，中国法制出版社 2003 年版，第 52 页。

〔2〕 张红菊："英国信息公开制度及其特点"，载《中国监察》2009 年第 2 期。

种模式，以明确列举的方式规定了各级政府应主动公开事项。[1]国务院主管部门及一些地方政府在制定公用企业信息公开实施细则关于公用企业信息公开范围的规定的，无一例外地选择了与《政府信息公开条例》相同的模式。例如，原卫生部（现国家卫生和计划生育委员会）《医疗卫生服务单位信息公开管理办法（试行）》要求医疗卫生服务单位应当主动向社会公开三类信息。[2] 住房和城乡建设部、环境保护部等主管部门及四川等地方政府也作出了类似的规定。除了明确界定公开范围之外，部分信息公开主管部门还根据行业性质与企业类型的不同，就各类公用企业需要重点公开的信息进行补充列举。

公用企业信息公开实施细则中诸多应主动公开信息类型的规定，不仅规范了公用企业信息公开的内容，也在一定程度上为公用企业主动公开提供了行为依据。不可否认的是，如此细化的列举也存在一定负面效应：①尽管明确列举的模式直接、明了地展现了主动公开的具体范围，但法律规范过分细致的规定极有可能出现适用“教条主义”，致使公用企业主动公开信息范围张力不足。②受立法技术局限和立法主体思维定式的影响，一些被社会公认的应主动公开信息可能被遗漏于法规范所预设的范围之外，极易给公用企业造成未被列举的公用企业信息不需要公开或公开意义不大的假象。长此以往，那些被遗漏的公用企业信息自然也就会被忽视或者置于信息公开之边缘。

---

〔1〕《政府信息公开条例》第 9 条以列举的形式对政府应主动公开的信息作了一般规定，而《政府信息公开条例》第 10、11、12 条又就地方各级政府需要重点主动公开的信息类型作了补充性规定。

〔2〕 原卫生部《医疗卫生服务单位信息公开管理办法（试行）》第 7 条规定，医疗卫生服务单位应向社会主动公开的信息包括：①需要社会公众广泛知晓或者参与的信息；②反映医疗卫生服务单位设置、职能、工作规则、办事程序等情况的信息；③其他依照法律、法规和国家有关规定应当主动公开的信息。

鉴于此，结合域外经验和我国公用企业信息公开实施情况，笔者认为，在建构主动公开范围确立程序过程中，需要侧重解决两个层面的问题：

（1）法律规范层面的问题。从我国目前的现实情况来看，在立法中直接规定公用企业信息主动公开的内容存在一定必要性。因为我国公用企业信息公开正处于起步阶段，公用企业在选择主动公开具体内容方面存在诸多困惑和迷茫，如若缺乏公用企业信息公开范围的统一性规定，则不利于保障公众知情权和制度的整体推进。在现阶段，将主动公开的范围完全交由公用企业判断，未免有些强人所难，公用企业既没有此项能力，也缺乏必要的动力。因此，需要在立法上明确规定公用企业应当主动公开信息的基本类型，以此划定公用企业信息主动公开的重点、标准和要求。

（2）公用企业层面的问题。仅从立法上规定公用企业信息主动公开的类型是不够的，还需要发挥公用企业在信息公开中的主体地位。在主动公开范围确定程序中，应赋予公用企业一定自主权，允许其在法律划定的范围内确定应主动公开的具体内容。而对于公用企业这项自主权，需要设置一定监督和制约机制，以避免自主权滥用。在具体程序设置上，可以借鉴英国信息公开的做法：由公用企业编制信息公开规划来确定自身的公开范围。[1] 当然，信息公开规划需要报行政主管部门审核，只有经行政主管部门批准的信息公开规划，才属于法定意义上的主动公开范围。

2. 公开方式选择程序

确定某一类公用企业信息属于公开范围之后，选择何种方式和途径公开就成为需要考虑的问题。对于属于主动公开范围的公用企业信息来说，能否在程序上选择科学合理的公开方式进行公开，意义十分重大。因为公用企业所选择的公开方式和途径适当与否直接

〔1〕 参见张越编著：《英国行政法》，中国政法大学出版社2004年版，第525页。

关系到信息公开的效率、公众获取信息权和基于信息公开而衍生利益的实现。

从信息公开实践现状来看，我国对所有公用企业信息的公开方式均采取了“一刀切”模式，而没有针对不同信息类型和不同地域环境，分门别类地设置相应的公开渠道。对此问题，需要从公开方式选择程序设计层面加以考虑，并结合各类特殊要求，为特殊类型的信息设置不同公开方式和途径。对于如何辨别“特殊类型”问题，应当建立两项选择标准：

（1）以内容的重要程度为依据来确定公开的具体方式。不同类型的公用企业信息的公开渠道是不同的。对于一般性的公用企业信息，可以由公用企业根据信息的特性自行确定公开方式；对于影响公众重大利益的公用企业信息，应当选择企业网站、听证会、信息发布会等公开渠道，同时辅以报刊、电视、广播等形式；对于急需公众知情的公用企业信息，应以电视、广播等形式同时公开，在必要时甚至要采取上门告知方式。需要特别指出的是，无论公用企业自行确定公开渠道还是兼采多种公开方式，都要遵循及时便民原则，把便于民众知情作为选择公开渠道的宗旨。

（2）以地域环境为标准来确定公开的具体方式。在偏远地区和城市地区的公开方式选择上是存在差异的。在较为偏远的地区特别是广大农村地区，应更多地采用信息公告栏、服务指南、便民卡片等形式，使群众更容易、更有效地了解到相关公用企业信息。而在城市地区则需要更多运用互联网、电视等公开渠道对公用企业信息进行公开。

（二）依申请公开程序

除了主动公开的公用企业信息外，社会公众及公共服务的使用者或消费者还可以向公用企业提出信息公开申请，要求其提供相关信息。实践中，大部分公用企业持有的信息是通过申请主体的申请公开的。因此，建立健全依申请公开程序，对公众信息获取权利的保障至关重要。具体来说，依申请公开程序主要包括提出申请、形式审查与受理、征求意见、公开信息等内容。

1. 提出申请

公民、法人或者其他组织提出信息公开申请是整个申请公开程序的第一阶段，也是最为关键的一个步骤，因为提出申请是依申请公开程序启动的唯一前提，没有程序的启动，其申请也就失去意义。

对于提出申请阶段来说，主要涉及如何确立法定申请形式的问题。从世界范围内看，各国信息公开法所规定申请形式不尽相同，在具体做法上也有较大差异。各国普遍的做法是书面形式，例如，韩国《公共机关信息公开法》要求申请主体应采取书面的方式向持有信息或管理信息的公共机关提出申请。[1] 但也有国家规定了其他申请形式，如在南非，申请主体既可以在办公场所提出申请，也可以填写规定格式的电子表格，以传真或者电子邮件的形式发出申请，亦可以采取口头形式提出，并在信息官员协助下将口头申请记录在案。[2] 由此看来，提出信息公开申请可采用三种形式：书面形式、电文形式[3]和口头形式。

从我国立法层面来看，《政府信息公开条例》原则上要求申请主体采用书面形式提出申请，但同时也规定了例外情形，即“采用书面形式确有困难的，申请人可以口头提出，由受理该申请的行政机关代为填写政府信息公开申请”[4]。公用企业信息公开领域的法

---

〔1〕 参见韩国《公共机关信息公开法》第8条。

〔2〕 参见［加］托比·曼德尔：《信息自由：多国法律比较》，龚文庠等译，社会科学文献出版社2011年版，第128～129页。

〔3〕 尽管也有学者认为电文形式属于书面形式，并非为一类申请形式的类型。但笔者认为，电文形式在承担载体、固化模式等层面与传统的书面形式存在差别，故应将其单列为一类申请形式。

〔4〕 参见《政府信息公开条例》第20条。

规范所规定的申请形式与《政府信息公开条例》一脉相承，都尽可能全面地列举申请形式。例如，《四川省公共企事业单位办事公开实施办法（试行）》第13条规定："申请可以采用信函、电报、传真、电子邮件等方式向公共企事业单位提出；因法定事由不能自行申请的，可委托他人申请。"这样看来，我国公民、法人或者其他组织提出公用企业信息公开申请的形式不仅包括书面形式，还可以包括诸如口头提起等众多的申请方式，这是值得充分肯定的。

但是，这里或许有一个问题需要加以明确，即部分申请形式无法固化的问题。信函、电报、传真等形式自然不存在此类担忧。这里主要涉及以口头形式、电话、短信、微信等形式提出申请的如何以法定的形式固定下来的问题。对此，笔者认为，为了避免在是否存在申请、申请提交时间等事项上出现不必要争端，应针对口头形式、电话、短信、微信等形式设置一定的限制条件。具体来说，口头形式的申请应仅限于在公用企业办公场所、服务大厅等地点当面提出，电文形式的申请需要具备电子签章等基本要件。而对于电话等不便于固化的申请方式不应当列为法定申请形式。

2. 形式审查与受理

公用企业接到申请主体的申请后，应当场进行登记，并及时对信息公开申请书的内容是否完备进行审查。基于审查结果的不同，公用企业可以作出不同的处理决定。公用企业甚至可以因信息公开申请书不符合基本要件而拒绝处理申请主体的信息公开申请。这是因为，信息公开申请书是申请主体向信息公开义务主体提交的描述所要获取信息情况的文本材料，如果信息公开申请书不能清楚确定所申请的信息，公用企业将无法履行信息公开的义务。因此，信息公开申请书的基本构成要件成为首先需要探讨的问题。

对于信息公开申请书所应包括的内容，各国信息公开实践中的做法大同小异。一般而言，信息公开申请书主要包括以下内容：①申请主体的姓名或名称、地址、联系方式等基本情况；②申请获取公用企业信息的内容描述；③对公用企业信息的公开形式要求；④当申请获取与自身相关的费用缴纳、医疗卫生等方面信息时，应当出示有效身份证件或其他证明材料；⑤申请信息的理由和利用目的的描述。在通常情况下，第1、2、3项内容为一般申请的基本构成要件，只有具备这三项内容才属于一份合格的信息公开申请书；第4项内容在申请与本人相关的个人信息时才需要提供；第5项内容记载与否并不影响申请主体自身获取信息的实体性权利，因为申请信息公开可以根据任何理由、基于任何目的，也可以没有任何理由、没有任何目的。第⑤项内容是确认费用减免程序[1]、加速程序[2]等其他程序性问题的依据。

当信息公开申请书符合基本构成要件时，公用企业接收之日即视为受理。对于不符合基本构成要件而需要更正或补充的，则应当退回并要求申请主体加以补正。无论是公用企业要求补正信息公开申请书还是拒绝不符合要求的申请，都应当根据不同的情况书面告知申请主体相关理由。当然，对于能够当场作出答复的申请，公用企业应当当场给予答复。

3. 征求意见

在申请公用企业信息公开过程中，当申请主体所申请的信息涉及行政机关或其他人时，依申请公开程序随即进入征求意见程序。这是因为，建立公用企业信息公开制度不但为了满足公众的知情权，也需要维护国家利益和其他人的合法权益。如果未经同意就公开涉及行政机关或其他人的信息，则可能给国家安全、行政机关独

〔1〕 如韩国《公共机关信息公开法》第15条规定："当使用目的是为了维持或促进公共利益时，申请主体可以申请减免其费用。"此条规定也是《公共机关信息公开法》要求申请主体在申请书中写明公开请求理由、目的等事项的缘由。

〔2〕 如美国《联邦信息公开法》在1996年修正案中增加了"加速程序"。加速程序适用于个人生命安全受到现实威胁和申请主体为了传播有关联邦政府活动的紧急信息这两种情况。

立判断权和他人合法权益造成损害。从某种意义上来说，在公开涉及行政机关或其他人的信息前，征求他们的意见是权利保障的又一体现。

涉及一般第三人信息的处理程序比较简单，各国对此并不存在太多争议。通行的做法是，公用企业在向申请主体公开信息之前，应当书面征求第三人的意见，询问其是否同意公开该公用企业信息。如果第三人在合理的期限内未作出答复的，则适用默示拒绝理论，即不答复视为不同意公开。

对于如何处理涉及行政机关的信息公开问题，各国信息公开法鲜有特殊规定。综观各国立法，日本是为数不多对此问题作出了明确规定的国家之一。日本《独立行政法人等拥有信息公开法》中设置了案件移送制度，专门解决涉及行政机关制作的信息公开问题。[1] 在日本，如果申请主体请求公开的法人文书是由行政机关制作的，独立行政法人在与行政机关协商后，可以将信息公开申请移送行政机关。案件移送后，法人文书将视为接受移送行政机关所持有的行政文书，信息公开程序也相应转化为政府信息公开程序。这种程序设计维护了信息公开制度的统一性，避免公用企业越俎代庖，不当公开与行政机关相关的甚至是政府信息，但其却割裂了公用企业和政府信息公开制度的关联性，并且极大限缩了公用企业信息公开的制度效用。

因此，笔者认为，在公用企业信息公开制度构建中，无需引入案件移送制度。对于公用企业持有的与行政机关相关信息的处理问题，完全可以采用与涉及一般第三人信息相同的处理程序，即以书面形式向行政机关征求意见。其理由有二：①有利于节约公开成本，不必因转化为政府信息公开而重新启动另外一套程序；②有利于促进行政机关与公用企业间的内部沟通，使得两者间的内部信息

〔1〕 参见日本《独立行政法人等拥有信息公开法》第13条。

协调机制乃至两种信息公开制度得以优化。

4. 公开信息

对于应当公开的公用企业信息，公用企业应在接到信息公开申请书后的一定期限内作出公开决定。因此，处理时限成为需要探讨的问题。从世界范围看，各国对信息申请的决定期限的规定并不一致。阿塞拜疆《信息获取法》设置了7日的处理时限，这一期间也是目前世界最短的。[1] 除了处理时限的一般性规定外，阿塞拜疆《信息获取法》根据申请获取信息的不同情况，又分别设置了两类特殊处理时限：[2]

第一类是延迟时限。当信息公开义务主体需要大量时间准备信息、确定申请要求或者搜集大量文件时，处理期限可以另外延长7日。这也就意味着信息公开义务主体最长可在14日内作出信息公开与否的决定。

第二类是加速时限。在申请主体需要快速获取信息的情况下，信息公开义务主体应当立即或在24小时内处理该申请。若所需要的信息将被用以防止对生命、健康或者自由的威胁时，信息公开义务主体应当在48小时内向申请主体公开。

显然，规定较短的处理时限，有利于提高公开信息的效率，而且还可以避免公用企业的不当拖延公开行为。但是，这并不意味着处理时限越短就越好。在设置处理时限时需要综合考虑实践现状、信息内容与其他机关或者第三人的关系等多方面因素。具体而言，

〔1〕 其他国家设置的处理时限都要长于阿塞拜疆。如美国《联邦信息公开法》规定的处理时限为10日，韩国《公共机关信息公开法》规定的处理时限为15日，英国《信息公开法》规定的处理时限为20日。而日本设置的处理时限则是世界最长的。根据日本《独立行政法人等拥有信息公开法》第10条的规定，独立行政法人原则上自收到开示请求之日起30日向申请主体公开信息。

〔2〕 参见［加］托比·曼德尔：《信息自由：多国法律比较》，龚文庠等译，社会科学文献出版社2011年版，第58页。

在确定信息公开处理时限时，需要重点考虑以下方面：

（1）根据本国信息公开实践和现有效率规定合理的时限。从英国信息公开实践中统计的数据来看，有些机关能够很好地遵守20日的法定时限，如英国广播公司在2005年收到的申请有90%得到了及时处理。但是，并非所有的公共机关都能达到同样高的遵守标准，有些小型公共机关可能因为缺乏专门的知识和专门人员的支持而遭遇法定时限遵守上的困难。[1] 因此，设置信息公开的处理时限时，需要依据各类公用企业的相关状况及其预计处理申请数量和效率来确定。首先在信息公开法中确定一个适当的处理时限，然后由各类公用企业根据自身情况在这一法定时限内确立本企业的处理时限。当然，公用企业设置的时限可以短于，但不能长于法定时限。

（2）根据申请内容的不同规定特殊的时限。在公用企业信息公开中需要设置两类特殊的处理时限：其一，当公用企业信息数量巨大或不能辨明是否可以全部公开时，应设置分段或部分公开的时限，即对部分公用企业信息作出公开的决定，剩余部分则在一定期限内作出是否公开的决定。这是基于信息可分割性理论作出的处置时限规定。这样一来，公用企业就无法以某一信息中有部分内容不能公开为借口而拒绝公开全部的信息，也不会因无法确定是否能够公开而延误或超出处理时限。其二，当生命、健康、环境或者自由受到威胁或者突发事件爆发等特殊情况出现时，应设置加速或者延迟处理时限。还需要明确的是，无论加速处理时限还是延迟处理时限都应在立法中加以明确规定，公用企业不得违反依法行政原则，不得随意设置或者擅自变更信息公开的处理时限。

---

〔1〕 参见吕艳滨、［英］Megan Patricia Carter：《中欧政府信息公开制度比较研究》，法律出版社2008年版，第379页。

（三）强制公开程序

强制公开程序主要涉及两方面问题：一是程序启动主体问题，即哪些机构可以启动强制公开；二是处理程序的设置问题。

1. 程序启动主体

公用企业的主管部门在日常信息监督中发现公用企业的信息公开违法时，可以直接启动强制公开程序，这自不待言。这里需要探讨的是，信息公开申请主体是否属于程序的启动主体。

因为公用企业信息公开活动与社会公众有着直接的利害关系，所有公用企业应当接受来自社会的监督。当公用企业消极对待申请主体的信息公开请求或者置若罔闻时，可以由存在利害关系的申请主体向公用企业的主管机关提出启动程序的请求，以此推出申请主体享有启动请求权，这种推定在形式上具有正当性。而从信息公开实践来看，申请主体是行政机关获取公用企业信息公开违法事实的重要途径。例如，北京大学教授王锡锌、沈岿、陈端洪向首都高速公路发展有限公司申请信息公开未果后，转而向北京市发改委、北京市交通委等行政机关提出信息公开要求。再如，刘巍在北京市政交通一卡通有限公司拒绝公开信息时，分别向北京市政府法制办、北京市监察局、北京市政府办公厅信息公开办公室邮寄了举报信。在信息公开申请遭受拒绝时，申请主体通常会向公用企业的主管部门提出信息公开请求，以寻求强权行政下的保障或庇护。申请主体请求启动强制公开程序由此蕴含了一定的实践逻辑，也具有一定的合理性。从实践现状及其发展态势来看，赋予申请主体强制公开程序的启动权似乎已经成为“水到渠成”之事。

但是，笔者并不赞成此种推理。尽管在实践中存在大量申请主体请求公用企业的主管部门公开公用企业信息的实例，但这并不意味着申请主体当然享有启动程序的权利。这是因为，除了申请主体获得信息权利容易遭受侵害外，实践中还存在另外一种现象，即一旦申请主体享有启动程序的权利，又可能会基于自身私利的驱使而滥用，甚至有人认为信息公开“正在迅速蜕变为第二个信访制度”[1]，最终使得强制公开程序的启动难逃“被异化”的梦魇。为了避免因申请主体恶意行使权利或者特殊情况可能给公用企业的日常工作和公共服务供给带来困难，需要对申请主体直接启动强制公开程序实行必要的限制。

基于上述分析，强制公开程序的启动主体为公用企业的主管部门较为适宜，但应赋予申请主体程序启动的请求权和请求后程序未启动的救济权。当申请主体获取信息的权利受到公用企业不当侵害时，申请主体可以请求公用企业的主管部门启动强制公开程序，通过强制公开方式间接从公用企业获取所申请的公用企业信息。

2. 处理程序

当强制公开程序启动后，行政机关应当根据信息持有主体的不同作出相应的处理决定。具体来说，行政机关的处理结果主要包括以下三种情况：①对于已持有的公用企业信息，行政机关可以基于公共利益或者申请主体的请求而直接作出公开决定；②对于未持有的公用企业信息，行政机关则要作出公用企业在适当的限期公开的决定，强制公用企业提供相关信息；③对于信息涉及不同公用企业或者第三人的，行政机关应当根据信息形成、制作的主要主体而作出由自己公开或者指定某个公用企业公开的决定。

当然，无论是行政机关自行公开还是强制公用企业公开，都必须以书面形式向当事人说明理由，并充分听取他们的意见。说明理由已经成为现代法治国家的一项基本原则。“给予决定理由是行政正义的一个基本要素……是正常人的正义感所要求的。这也是所有对他人行使权力的人一条健康的戒律。”[2] 如果在听取公用企业对

---

〔1〕 参见林鸿潮：“政府信息公开的诉讼之路堵在何处”，载《法制日报》2008 年 12 月 4 日。

〔2〕［英］威廉·韦德：《行政法》，徐炳等译，中国大百科全书出版社 1997 年版，第 193 页。

其信息不公开行为的辩称过程中，发现公用企业信息不在公开范围内或启动强制公开程序存在错误的，行政机关应当更正错误或停止其他不当行为，立即终止强制公开程序。而对于存在申请主体参与强制公开程序启动的情形，行政机关可以直接拒绝申请主体的程序启动要求，并就终止强制公开程序和公用企业不公开信息行为的原因进行解释说明。

三、公用企业信息公开收费

信息公开会产生一定的费用。[1] 大多数国家信息公开法都规定各式各样的收费制度。从各国法律规定来看，如果维持高昂收费水平，就有可能打消公众提出申请查询信息的愿望，为公众知情权的实现埋下隐患，造成信息公开上的新的不平等。而且费用的确立、减免等问题与公用企业信息公开程序问题息息相关，其是建立一些特殊程序的前置性问题，也是保障程序正义的基础性课题之一。因此，构建合理的收费制度是公用企业信息公开中较为重要的一项内容。

（一）费用制度的价值

"任何自由的实现都是需要支付一定费用的，信息自由权也亦如此。对于信息公开主体而言，有时获取信息权利的落实将会是一项不小的支出，它甚至会比实现其他类型的权利支出更多的费用。"[2] 从我国 31 个省区市的人民政府或人民政府办公厅 2013 年的政府信息公开年度报告来看，2013 年度，这些省区市共收到信

---

〔1〕 有学者把提供信息所发生的费用归纳为四种：信息搜索、准备或审阅信息发生的费用、复制信息或者提供便于获取的信息费用和必要时将信息送达申请主体的费用。参见［加］托比·曼德尔：《信息自由：多国法律比较》，龚文庠等译，社会科学文献出版社 2011 年版，第 191 页。

〔2〕 Atricia M. Wade, "Freedom of Information: A Short Case Study in the Perils and Paybacks of Legislating Democratic Values", *Emory Law Journal*, 33 (1984), 664.

息公开申请 265 441 份。其中 22 个省区市公布了对这 26 万多份申请的回复。全部或部分公开答复的有 142 137 份，占申请总数的 53. 55%。[1] 显然，实施信息公开的费用支出是巨大的。在大多数国家，政府信息公开所产生的费用是由国家财政拨付的，[2] 因此，行政机关大可不必考虑或者担心信息公开开支过大的问题。在政府信息公开实践中，一些行政机关在收费方面也是比较慷慨的。以我国上海市为例，2007 年至 2009 年间，上海市各级行政机关共受理信息公开申请 27 646 件（其中，同意公开和部分公开 15 859 件），共计收取信息公开费用 16 659 元，平均每件申请只收取 1. 05 元。[3] 从以上数据来看，如果政府信息公开背后没有政府财政的支出，面对数以万计的信息公开申请所花费的高额费用，任何一级地方政府无论如何都是无法承担的。

公用企业信息公开与政府信息公开存在较大不同。公用企业特别是民营化后的公用企业无法在信息公开方面获得财政资金的支持，其需要通过其他渠道筹集一部分资金来维持信息公开活动。而就资金筹集渠道而言，向部分信息获取对象收取适当费用不失为一种合理的方式。因此，收取信息获取费用对公用企业和信息公开制度有着重要价值。其价值主要体现在两个方面：

（1）费用制度是公用企业信息公开成本分流的重要途径。只要信息公开存在，必然就会在申请主体和公开主体间产生一定费用。如果不收取任何费用，公用企业就失去了分担和弥补其提供信息所消耗高额成本的一项渠道。这种资金获取渠道的缺失，极有可能加重公用企业的信息公开负担，对尚未被化解的公用企业对信息公开

---

〔1〕 参见庄庆鸿：“26 万多份政府信息公开申请，5 成多得到回复”，载《中国青年报》2014 年 5 月 1 日。

〔2〕 如挪威、保加利亚等国家的法律明确规定公众获取政府信息是完全免费的。

〔3〕 参见李广宇：《政府信息公开司法解释读本》，法律出版社 2011 年版，第 64 页。

的抵触情绪而言无疑是雪上加霜。

（2）免费获取信息可能会加剧恶意申请数量。尽管恶意申请的情况较少见，但这种现象在实践中也是存在的。个别主体频繁恶意的申请不但挫伤了公用企业公开信息的积极性，更为甚者，扰乱了公用企业正常经营秩序，造成公共服务质量和效率的降低。而从成本上钳制恶意申请是解决上述问题的有效方式，也是费用制度得以存在的价值基础。

从某种意义上来说，费用制度对公用企业信息公开有着一定的促进和保障作用。信息公开费用的合理分担成为公用企业信息公开制度中无法回避的问题。

（二）费用的确立方式

费用制度是各国信息公开法中普遍存在的一项制度。各国虽然在处理信息公开收费问题方面有诸多一致性，但在确立收费标准上却体现出了不同特点。从总体上来看，信息公开的收费标准主要有以下三类：

（1）以处理申请的难易程度为标准确立费用。此收费标准是依据信息公开繁琐情况的不同而设立的。英国无疑是适用这一标准的典型代表。英国《信息公开法》设计了两种不同的收费体系：一是适用于一般性申请的收费方式；二是适用于较为复杂申请的收费方式。[1] 对于一般性申请而言，公共机构处理起来比较简单。因此，公共机构只允许收取其所掌握被申请信息的复印费、通知申请主体所产生的通信费，而不得收取审查、检索等人工费。在收到一般性申请后，公共机构应当及时告知申请主体处理信息可能花费的费用，申请主体必须在3个月内按照通知要求交纳费用，否则，公共机构可以以此为由拒绝提供。此外，费用的收取必须遵照国务大臣

〔1〕［加］托比·曼德尔：《信息自由：多国法律比较》，龚文庠等译，社会科学文献出版社2011年版，第164～165页。

制定的规章，而规章中不仅规定了免于付费的特殊情况，还设定了信息公开的最高收费额。对于较为复杂申请而言，公共机构为申请主体提供信息的成本超出合理的限度时，可以收取审查、查找、检索、提取信息所花费的时间成本的费用，具体收费标准为每小时25英镑。公共机构没有义务提供花费超过收费上限的信息，因此，公共机构可以拒绝繁琐的申请。

（2）以信息使用目的为标准确立费用。此收费标准是依据信息用途的不同而设立的。美国是这一标准的代表，美国《联邦信息公开法》对费用收取标准作出了非常详细的规定。该法将信息公开申请主体划分三类：第一类是非商业单位申请主体，如新闻传媒、教育科研等机构。这类申请主体只要出于非商业目的而申请信息，信息公开义务主体就只能收取复印费。第二类是商业用途的申请主体，如企业等经营性组织。该类申请主体需要交纳复印费、查找费和审查费。第三类是公共利益团体申请主体，如公共利益团体和非营利性组织等。针对该类申请主体只收取复印费、查找费，不收取审查费。[1] 美国信息公开依托信息用途和申请主体的不同分别设置不同的收费标准，这体现了信息获取权的公平性要求。实践中，对以商业经营为目的的申请的收费是最多的，这是因为，由从中获得经济利益的申请主体负担较大部分的费用，无论在理论上还是制度设置上都是理所当然的。

（3）以提供信息成本为标准确定费用。世界各国普遍适用此项收费标准。欧洲一些国家在信息公开中就人工服务及提供纸张、磁盘、CD、录影带等载体的费用作出了细致的规定。澳大利亚于1985年成立的联邦法律改革委员会和行政审查委员会专门负责审查用于信息公开的成本和工作负荷，并以此制定信息公开的收费标

---

〔1〕参见周汉华主编：《外国政府信息公开制度比较》，中国法制出版社2003年版，第55页。

准，明确申请处理时间、文件检索、复印、审查等费用的收取数额。[1] 加拿大《获取信息法》规定信息公开申请主体除需要交纳5加元的信息申请费外，还需要交纳基于超出5个小时查找、电脑使用和复制等而产生的其他附加费。

在我国，现行信息公开法律规范也对信息公开的收费原则、收费标准和收费类型等事项作出了规定。[2] 我国确立了对依申请公开进行收费的原则。国家发展改革委、财政部于2008年7月16日发布的《关于行政机关依申请提供政府公开信息收费标准及有关问题的通知》指出："行政机关依公民、法人或者其他组织的书面申请提供本机关主动公开信息范围以外的政府公开信息，可以向申请人收取检索费、复制费、邮寄费，具体收费标准由所在地省、自治区、直辖市价格主管部门会同财政部门按照补偿成本原则制定并向社会公示。国务院各部（委）、各直属机构依申请提供政府公开信息的收费，执行所在地省、自治区、直辖市价格主管部门会同财政部门制定的收费标准。"一些地方政府针对公用企业制定的收费制度也采用了类似方式，例如，《成都市公共企事业单位办事公开实施办法（试行）》规定，公用企业在依申请提供信息过程中可以"收取经政府价格主管部门核准的检索、复制、邮寄等成本费用"。[3]

总体来说，我国仅仅就收费类型进行了笼统的规定，并未细化具体的收费标准。尽管国家发展改革委、财政部《关于行政机关依

〔1〕 参见石国亮：《国外政府信息公开探索与借鉴》，中国言实出版社2011年版，第133～135页。

〔2〕 如《政府信息公开条例》第27条规定："行政机关依申请提供政府信息，除可以收取检索、复制、邮寄等成本费用外，不得收取其他费用。行政机关不得通过其他组织、个人以有偿服务方式提供政府信息。"

〔3〕《成都市公共企事业单位办事公开实施办法（试行）》第20条规定："公共企事业单位依据公民、法人或者其他组织的申请公开相关内容时，可以向申请人收取经政府价格主管部门核准的检索、复制、邮寄等成本费用，不得收取其他费用"。

申请提供政府公开信息收费标准及有关问题的通知》明确了收费标准的制定主体和遵循原则等事项，但又因立法表述不统一，[1] 对“补偿成本原则”等文本的理解偏差，给各地不合理选择收费标准带来了隐患，这极有可能出现擅自收费或超标准收费的现象。因此，在收费制度中确立恰当的收费标准是建设制度的首要任务。

具体来说，公用企业信息公开收费标准的确立，需要注意以下内容：一是制定适用全国的统一收费规则，并对收取费用的范围、标准等事项加以明确。二是区分商业用途和非商业用途，针对出于商业使用目的的信息申请收取更多费用。如美国把信息公开申请主体划分为三类，主要是基于信息用途的考虑。三是结合行业和地域的差异性，分别设置不同的收费标准，使每一类申请主体都对应一定的收费标准。

（三）费用减免的范围

对于依申请公开的公用企业信息，应当设置减收或免收的情况。《政府信息公开条例》将“申请公开政府信息的公民确有经济困难”作费用减免的法定条件。[2] 国家发展改革委、财政部发布的《关于行政机关依申请提供政府公开信息收费标准及有关问题的通知》对“经济困难”作出了解释。该通知将“经济困难”细化为三类：①农村五保供养对象；②城乡居民最低生活保障对象；③领取国家抚恤补助的优抚对象。[3] 显然，我国信息公开费用减

〔1〕 国家发展改革委、财政部《关于行政机关依申请提供政府公开信息收费标准及有关问题的通知》要求向申请主体收取的费用仅有检索费、复制费、邮寄费三种，而《成都市公共企事业单位办事公开实施办法（试行）》却使用“检索、复制、邮寄等成本费用”。由此可见，在我国规范体系中，收费范围仍未形成共识。

〔2〕 参见《政府信息公开条例》第28条。

〔3〕 国家发展改革委、财政部《关于行政机关依申请提供政府公开信息收费标准及有关问题的通知》指出，“农村五保供养对象、城乡居民最低生活保障对象，以及领取国家抚恤补助的优抚对象，凭所在地乡镇人民政府或街道办事处出具的有效证明，经本人申请、行政机关政府信息公开工作机构审核，可以免收相关费用。”

免的范围较窄，仅局限于申请主体经济困难这一类情况。笔者认为，除此经济困难减免之外，还应确立以下三种费用减免情况：

（1）收费成本和信息公开成本不能对等。信息公开收费成本大于提供信息成本，即在收费不经济情况下，可以免除申请费用。这是因为，要求申请主体交付费用，只会造成事实上的费用增加。而在英国，如果出现提供信息的成本超出最高收费额的情况时，公用机构可以拒绝申请主体的申请。对此，笔者持否定态度。尽管此种做法在客观上避免了公共机关经济上损失，但从长远来看，其既不利于信息公开的发展和知情权的保障，也无益于公用企业服务宗旨的实现。因此，在收费不经济或提供信息成本异常巨大的情况下，除了由申请主体恶意造成外，免除或部分免除申请费用才是正确选择。

（2）申请公开与自身相关的信息，主要包括医疗健康、环境、通讯等信息。此类信息不仅与申请主体联系紧密，也是申请主体参与制作或基于申请主体自身一定行为而产生的。从某种意义上讲，如果缺少申请主体的行动，该类信息可能就不会存在。对于要求公开此类信息的，公用企业是不应当收取申请主体任何费用的。

（3）基于公共利益的实现为目的。如果公用企业信息的使用目的是为了促进公共利益，就可以申请减免费用。此类费用减免体现了公用企业信息公开的一种价值取向。公用企业信息公开以实现知情权、促进公共利益为目标，这一目标理应体现在具体制度设计上。一些国家信息公开法对此类费用减免也作出了规定，如韩国《公共机关信息公开法》规定，当信息公开有助于公共利益的实现时，申请主体可以请求减免。[1]

---

〔1〕参见韩国《公共机关信息公开法》第15条。

第七章

公用企业信息公开的责任和救济

"权利、义务与责任"的内在关系上揭示了权利概念的本质内涵，也奠定了权利的道德价值基础。权利对于义务和责任不仅具有道德上的优先性，也存在逻辑上的优先性。[1] 也就是说，在法律创制规则时不仅需要而且应当优先考虑对权利规则与责任归责的创制，而在司法过程中应当以权利救济和权利保障为核心，设置相对完备的权利救济程序，因为没有责任和救济机制保障的权利无法成为真正的权利。如果公用企业违法责任和救济机制含糊不清，无论信息公开法中的权利表述得如何具体、设置得如何严密，该权利可能仅仅属于纸面上的权利，没有实现的现实可能性。基于此，明确公用企业不履行信息公开义务的责任和救济渠道是公用企业信息公开不可或缺的内容。

一、公用企业信息公开的责任追究

研究公用企业信息公开，除了需要探讨信息公开范围、公开方

〔1〕 参见邹晓红、尹奎杰："论权利对义务和责任的优先性"，载《中央民族大学学报（哲学社会科学版）》2010年第1期。

式、公开程序等问题以外，还应当明确公用企业不按法定范围、方式和程序履行公开义务的法律后果。前者是公用企业信息公开的制度基础，后者则是公用企业信息公开的保障。如果缺少责任追究机制，不仅会引起权利或者权力的滥用，公众的知情权也难以获得有效保障，更为重要的是，对于公用企业而言，对其在生产经营、商业秘密保护等方面的正当性权益也会荡然无存，其信息公开的特殊性也就丧失。如何合理地设置公用企业信息公开的责任追究规则也就成为探讨其信息公开制度的不可或缺的内容之一。

（一）公用企业信息公开追究责任的情形

公用企业信息公开中的违法可以分为公开不当和不作为两种形态。公用企业信息公开不当行为主要涉及未按照规定公开，如公开不应公开的信息、不适当公开等，对此种行为的判断较容易；而信息公开不作为不易被察觉，并且监督起来具有一定的困难性。基于此，以下将重点对信息公开不作为加以探讨。

1. 公用企业信息公开不作为

公用企业信息公开不作为，是指信息公开义务主体未按法律规定公开应公开的公用企业信息的行为。公用企业信息公开不作为是不作为行为在信息公开领域的具体体现，其具有不作为的一般特征。在我国，有关不作为的讨论由来已久，[1] 其成果也相当丰富，尤其是对行政不作为内涵的探讨一直没有中断过。基于界分标准的不同，在行政不作为内涵的界定上，出现了“主观抑制说”、“间接作用说”、“被动行为说”、“程序行为说”、“维持现状说”等多种学说。[2]

从历史沿革过程看，行政不作为作为法律术语，由于受政治环

---

〔1〕 张文显教授曾从违法行为的角度对“作为”和“不作为”进行专门研究。参见张文显：《法学基本范畴研究》，中国政法大学出版社 1993 年版，第 152 页。

〔2〕 关于行政不作为的界定，参见叶必丰：“行政不作为略论”，载《法制与社会发展》1996 年第 5 期。

境、经济条件、法治环境等因素影响，在不同历史时期、不同语境中的内涵和外延存在较大差异。这些差异集中反映在形式和实质两类行为区分标准上。

（1）形式行为标准。行政不作为概念形成之初，行政法学界最大限度地继承了法理学上的不作为理论，即以身体的动和静作为区分作为和不作为的标准。[1] 也就是说，行政不作为是指负有作出特定行为义务的行政主体在法定期限内未以“为”的方式做出任何动作或程序性行为的一种违法形态。“只要行政主体作出了一系列的实质性程序行为，即表现出积极的作为行为状态，无论该行为在实体内容上反映的是‘为’或‘不为’，都应该是行政作为，反之，就是行政不作为。”[2]

（2）实质行为标准。在实质行为标准的视野下，行为的外部表象不再是判定行政行为能否构成不作为的唯一标准。在姜明安教授看来，行政不作为是行政主体维护固有形态或不改变现有法律状态的行政行为。[3] 虽然行政主体在行政过程中做出了有作为表现的行为，但由于未达到法定的目的或不符合法定义务要求，该行为应纳入行政不作为的范畴。这就意味着拒绝履行亦是一种行政不作为。因为拒绝的言行是一种方式上有所“为”，但其反映的内容则是“不为”，实质上仍是不作为。[4]

总体来说，形式行为标准和实质行为标准受制于形式法治与实

[1] 在法理学上，不作为是身体的一种静止，表现出不作出一定的动作或动作系列。参见张文显：《法学基本范畴研究》，中国政法大学出版社1993年版，第152页。

[2] 周佑勇：“论行政作为与行政不作为的区别”，载《法商研究》1996年第5期。类似观点可参见张尚鷟主编：《走出低谷的中国行政法学——中国行政法学综述与评价》，中国政法大学出版社1991年版，第547~548页。

[3] 参见姜明安主编：《行政法与行政诉讼法》，北京大学出版社、高等教育出版社2007年版，第182页。

[4] 参见陈小君、方世荣：“具体行政行为几个疑难问题的识别研析”，载《中国法学》1996年第1期。

质法治的影响。形式行为标准将行政不作为仅限于形式不作为的范畴，而实质行为标准则将外部带有“动”的表象但内容上的“不为”也纳入到行政不作为的范畴。显然，两者争议的焦点集中于带有“动”的表象行为的归属上。从比较法的视野来看，一些大陆法系国家和地区从行政诉讼的角度确立了拒绝行为的实质不作为属性，并采取立法的形式予以固定。如1960年《联邦德国行政法院法》第42条第1项规定，公民得起诉……就被拒绝的行政处分或因行政处分被搁置不理者，请求判决作成被拒绝或迟延不作为的行政处分。在法国、日本、中国台湾等国家和地区的行政诉讼法中也存在类似规定。由此可见，大陆法系国家通常是以立法明确实质行为标准的方式来界定行政不作为的，这种界定方式可以避免行政行为概念体系的混乱。

笔者认为，在公用企业信息公开领域，应运用实质行为标准来界定信息公开不作为。也就是说，对公用企业信息公开不作为内涵的认知，不宜囿于信息公开行为的外部表象，而应建立在公用企业所实施行为是否达到法定目的或符合法定义务要求的实质行为标准之上。其主要理由是：

（1）从实质法治的视野来观察，信息公开义务主体的拒绝行为是未履行法定义务的一种具体形态。在某种意义上讲，拒绝行为与怠慢、延迟、不完全甚至完全没有公开并无二致，它们都会对信息公开权利主体的知情权造成损害。因此，应从实质内容层面来认定行为的性质，不能因信息公开义务主体采取“动”的方式来维持“不为”的形态而否定其在实质内容上所表现的不作为状态。

（2）从信息公开实践来分析，实务部门对实质行为标准持赞成态度。最高人民法院2011年公布并施行的《关于审理政府信息公开行政案件若干问题的规定》把“应当公开而拒绝或者部分拒绝公开”列入信息公开过程中的积极不作为（实质上的不作为）形态，并设置了与之相对应的判决形式。[1] 最高人民法院的行为恰恰属于实践对信息公开不作为理论的一次理性抉择。这从另一侧面反映出，实质行为标准在司法实践中存在着强大的生命力。

2. 公用企业信息公开的违法形态

由于我国的公用企业信息公开制度尚处于建造阶段，在实践中经常会发生公用企业不履行信息公开义务的现象，在制度或者规则设置上明确公用企业违反信息公开义务的表现形式尤其必要。公用企业信息公开的违法形态主要有以下几种形式：

（1）完全不公开。完全不公开既包括消极的“不为”，如不予答复、不说明理由，也包括拒绝公开公用企业信息的积极行为，如以口头或者书面形式拒绝申请主体所提出公用企业信息公开要求。如在兰州“自来水危机”事件中，自来水企业在掌握相关情况并展开调查后，仅在企业和有关部门内部公开了相关调查信息，并且自来水企业拒绝了多家媒体的采访请求，放弃向公众公开水质情况信息的机会。[2] 显然，自来水企业内部公开和拒绝行为都属于典型的信息公开不作为行为。

（2）不完全公开。所谓不完全公开，是指公用企业未按申请主体要求提供公用企业信息，仅公开了部分信息的行为。如在“陕西咸阳万名村民诉城关镇政府信息公开案”中，尽管城关镇政府就水帘洞煤炭有限责任公司的经营情况作出了口头答复，但由于答复形式和内容不符合信息公开法的要求，城关镇政府的行为仍构成信息

---

〔1〕 参见江必新主编：《最高人民法院关于审理政府信息公开行政案件若干问题的规定：理解与适用》，中国法制出版社 2011 年版，第 122 页。

〔2〕 参见汤嘉琛：“兰州自来水危机有另一种‘异味’”，载《新京报》2014 年 3 月 12 日。

公开不作为。[1] 当然，违法状态下的不完全公开，以不存在公开不能的情况为前提。也就是说，公用企业在完全拥有申请主体所要求提供的信息时，未按照申请主体的要求全部进行公开，则构成信息公开不作为。该种违法主要存在以下两类：第一类是公用企业故意而为之。公用企业出于某种特殊目的，仅就部分信息向申请主体进行公开，而没有完全履行其信息公开义务。第二类是公用企业并非出于恶意。公用企业认为存在信息公开豁免情况，并遵照信息可分割性原则公开了部分信息，但实际上豁免事项并不成立。

（3）拖延公开。《政府信息公开条例》只规定信息公开义务主体必须“及时”地公开信息，[2] 而未对“迟到公开”的性质问题加以明确。[3] 从行政程序法的角度来说，行政主体必须在一定期限内行使职权，否则就构成行政违法。即便行政主体在期限届满后再行使职权，也要承担法律后果。[4] 按照此理论进行推演，迟到或者拖延的信息公开理应属于不作为。这是因为，公用企业信息公开除了具有行政行为的一般特征之外，亦具有诸多专有特征。其中，对公开企业信息的时效性方面就存在较高要求。信息的存在价值、利用意义与时间联系十分紧密，唯有及时对公用企业信息予以公开，才能发挥信息服务社会的作用，才可能实现公用企业信息本身固有的经济价值。

---

〔1〕 咸阳彬县城关镇一万多名村民在申请公开由村民出资兴建、城关镇政府管理的水帘洞煤炭有限责任公司的经营信息时，城关镇政府在法定时限内仅作出内容笼统的口头答复，而未提供任何书面资料。村民认为城关镇政府的行为构成信息公开不作为，并据此向人民法院提起信息公开诉讼。参见谢勇强：“彬县城关镇村民两纸诉状告镇政府，认为信息不公开行政不作为”，载《华商报》2008 年 10 月 19 日。

〔2〕 参见《政府信息公开条例》第 6 条。

〔3〕 目前学界已存在对信息公开延迟问题的理论探讨，如有学者认为公民、法人或者其他组织有权就延迟公开信息行为向法院提出行政诉讼。参见黄学贤、梁玥：“政府信息公开诉讼受案范围研究”，载《法学评论》2010 年第 2 期。

〔4〕 参见应松年主编：《行政程序法》，法律出版社 2009 年版，第 93 页。

（4）违反公用企业信息公开义务的其他情形。主要包括：未遵照法律要求建立本行业或企业的公用企业信息公开工作制度；公用企业违反保密规定泄露国家秘密及侵犯商业秘密、个人信息权益公开信息；未按照公用企业信息公开收费标准收取或减免费用；违反法律法规规定的其他公用企业信息公开义务的行为。

（二）公用企业信息公开的责任追究形式

信息公开并不因构建了相应的制度就能得到正常有效运行，因为制度的正常运作和知情权的落实需要相应的责任追究机制加以保障。如果缺乏责任追究机制，将会影响公用企业信息公开工作的实施程度与效果。

从域外立法来看，各国信息公开法较少规定公用企业违反信息公开义务的责任问题，特别是完全不公开、不完全公开、拖延公开这三类信息公开不作为的责任问题更是鲜有涉及。由于没有完善的责任规则，公用企业信息公开义务很容易被回避，致使信息公开制度的运行未能达到较为理想的状态。美国信息公开的实践教训为我们提供了一个很好的例证。美国早在1946年的《联邦行政程序法》中就确立了公众知情权，但此项权利在实践中却一直未得到有效的保障，其主要原因是《联邦行政程序法》缺少关于责任追究的规定，致使法律对实践中的信息不公开没有任何威慑力。而美国1966年制定的《联邦信息公开法》同《联邦行政程序法》存在着相似的问题，其结果是，《联邦信息公开法》的实施效果差强人意，远未达到立法所预定的目标。1974年《联邦信息公开法》的第一次修改明确规定了拒绝提供信息的官员应受到行政处分，原有的状态才得以消除。

在我国，在法律规范中设置法律责任已成为一种立法惯式。《政府信息公开条例》专门就违法信息公开义务的责任追究问题进行了规定。[1] 一些国务院部委和地方政府制定的规范性文件也沿袭了《政府信息公开条例》的做法，就公用企业的违法责任追究问题予以明确。[2] 但就总体而言，我国对公用企业不履行信息公开义务的责任规定还不够系统，公用企业不履行义务承担的不利后果存在蜻蜓点水的现象，不足敦促其履行信息公开的义务。因此，需要在公用企业信息公开中建立完善的责任追究体系，以促进公用企业按规定履行信息公开义务。

具体来说，应建立以下责任追究机制：①对不履行公用企业信息公开义务的，由行业协会或政府主管部门责令改正；②情节严重的，对负有责任的公用企业和直接责任人加以处分；③情节特别严重的，撤销经营许可或吊销营业执照，并由政府主管部门或政府委托其他组织接管企业；④构成犯罪的，依法追究刑事责任；⑤造成损失的，负有责任的公用企业和直接责任人应当依法承担赔偿责任。对于造成损失的违法赔偿责任，首先由违法公用企业承担，公用企业可以向相关责任人追偿。

需要特别指出的是，赔偿责任和其他类型的责任属于性质不同的责任形式，不能相抵消。对于不履行信息公开义务的公用企业，除了依法承担赔偿责任外，还应追究公用企业和相关责任人的行政责任；情节严重且造成严重后果的，应当追究刑事责任。

二、公用企业信息公开的现有救济模式

从《政府信息公开条例》的规定来看，信息公开义务主体不仅

---

〔1〕 参见《政府信息公开条例》第35条。

〔2〕 如住房和城乡建设部《供水、供气、供热等公用事业单位信息公开实施办法》第17条规定，公用企业违反法定责任“由行业行政主管部门责令改正；情节严重的，对单位直接负责的主管人员和其他直接责任人员依法给予处罚；构成犯罪的，依法追究刑事责任”。《四川省公共企事业单位办事公开实施办法（试行）》第25条针对公用企业信息公开责任追究形式作出了更为细致的规定。

包括行政机关、法律法规授权组织，还包括公用企业。[1] 但是，公用企业作为信息公开义务主体是否与行政主体具有等同性，对其采取的救济措施与传统行政救济理论是否吻合，这些问题在实践层面有可能会遇到诸多问题。[2] 笔者从典型个案存在的问题对公用企业信息公开救济的现状予以考察，旨在从中发现隐藏于实践背后影响公用企业信息公开救济运行的困境及难题，并为其救济路径提供建设性意见。

（一）公用企业信息公开救济的实践困境

自《政府信息公开条例》实施以来，公众向公用企业申请信息公开的事例并不多见，进入诉讼程序的案件更加凤毛麟角。[3] 上述情况的出现并非是在公用企业信息公开实践中侵犯公民知情权的情况较少发生或者公民申请其公开信息阙如所致，相反，因公用企业适用《政府信息公开条例》的范围和标准不明确，导致公众在公用企业不公开应公开的信息或公开的信息不符合要求时，无法找到有效渠道获取救济。

从申请主体的角度来看，信息公开申请主体在权利保障和救济途径等方面的选择上存在一定的障碍。申请主体在提出信息公开申请后未得到明确答复或者未得到任何答复的情况下，一般不会轻易启动救济程序。例如，在北京大学三位教授申请公开高速公路收费信息案中，三位教授虽然对首都高速公路发展有限公司未给予任何回复以及北京市发改委和北京市交通委未对“机场高速的贷款总额”、“收费资金流向”等信息给予直接答复的做法不满，却事后

---

〔1〕 参见《政府信息公开条例》第9、13、36、37条。

〔2〕 参见杨解君：“《政府信息公开条例》与相关法的协调——现行立法的局限及其完善”，载《江苏社会科学》2012年第5期。

〔3〕 尽管如此，申请公用企业信息公开的事例却极易受社会关注，如首都机场高速公路收费信息公开、自来水水质信息公开、通信计时计费信息公开、公交“一卡通”信息公开等案件屡见报端，受到各媒体的持续关注。

没有申请行政复议或提起行政诉讼。而在南京市民申请公开自来水水质信息案中，南京两位市民分别向全国35家自来水企业提交了关于自来水检测项目及各项检测数据信息的公开申请，在法定期间内仅仅收到了6家自来水企业的回复。针对多家自来水企业违法设置申请障碍甚至不予理睬的行为，两位市民既没有采取进一步的维护权利的其他措施，更未启动任何救济程序。在上述案例中，后者未进行相关维权救济可以理解，而前者的法学教授未进行相应的救济难免使人疑惑不解。这其中虽可能基于种种原因的考量，也可能与公用企业信息公开和救济制度衔接不畅有着直接的勾连。由于公用企业只有行政主管部门而无法律明确的复议机关，致使申请主体的权利遭受侵害时无法行使复议申请权，这无疑从组织机构设置上限缩了救济渠道的选择权。《政府信息公开条例》虽然规定公用企业信息公开申请主体可“参照”第33条“依法申请行政复议或者提起行政诉讼”，但又因救济条款的可操作性不强，再加上有些部门规章和信息公开实施细则未规定救济途径，当事人面对不明的规定往往会观望等待。因此，公用企业信息公开与行政复议、司法救济如何对接应当成为制度完善的重要命题，实践也呼吁理论给予指导，以摆脱制度不完善给实践带来的困惑。

从法院的角度来看，公用企业信息公开诉讼可能会给法院带来一定风险，以至于在司法实践中对《政府信息公开条例》“参照”的适用谨小慎微甚至缩手缩脚，在遭遇此方面的诉讼时还会极力回避或者推脱。《政府信息公开条例》实施初期，有些地方法院对第37条中规定的“参照”适用存有顾虑，担心放宽诉讼受案范围会导致大量公用企业信息公开案件涌入，从而加重法院行政审判负担。[1] 因而，在对“参照”的理解上通常采取保守的解释方法，

---

〔1〕 参见李广宇:《政府信息公开诉讼：理念、方法与案例》，法律出版社2009年版，第44页。

将其解读为缺乏法律和理论依据，借此来摆脱带来的审判负担和可能遭遇的裁判风险。而最高人民法院《关于审理政府信息公开行政案件若干问题的规定》作为规范信息公开诉讼案件的唯一司法解释，也未就存在较大争议的公用企业信息公开的诉讼问题进行说明。[1] 这些做法体现了最高人民法院对此的消极态度，这一消极的立场在一定程度上又强化了各级地方法院排斥接纳公用企业信息公开诉讼的原有想法与做法。基于现实主义的考量，法院此种审慎的做法有一定可取之处，并且在一定时期内能够有效避免信息公开诉讼案件的激增与审判人员、法律储备不足的矛盾，但是，此种刻意的控制以及有意的回避却不值得赞赏，更不值得推广。法院作为法律的实施机关履行着在个案中权威性地表述具体法律的职能，[2] 作为权利保障机关负有着推动立法和理论研究演进和发展的职责，面对公用企业信息公开中的模糊立法，更应当借助于司法裁量权对这一法律问题的解决提供实践力量，而非是根据自身利益考虑及自身需要作出避害的选择。也就是说，法院面对公用企业信息公开诉讼的制度障碍应发挥其表述法律方面的职能来改变甚至扭转因公用企业信息公开配套制度的跟进不及而带来的不利局面，体现其对法律文本表述所具有的最终效力，[3] 而不能也不应采取刻意抑制来躲避现实中的问题。

---

〔1〕《最高人民法院关于审理政府信息公开行政案件若干问题的规定（征求意见稿）》第18条规定："公民、法人或者其他组织认为教育、医疗卫生、计划生育、供水、供电、供气、供热、环保、公共交通等与人民群众利益密切相关的公共企事业单位在提供社会公共服务过程中的信息公开行为侵犯其合法权益，提起诉讼的，参照本规定执行。"此条款为公用企业成为信息公开诉讼的被告提供了直接依据，但最高人民法院在正式发布司法解释时却删除了该条。

〔2〕参见［英］M. J. C. 维尔：《宪政与分权》，苏力译，生活·读书·新知三联书店1997年版，第313页。

〔3〕See Richard W. Murphy, "A 'New' Counter – Marbury: Reconciling Skidmore Deference and Agency Interpretive Freedom", *Administrative Law Review*, 56 (2004).

从目前我国诉讼体系来看，公用企业信息公开诉讼属于行政诉讼法体系之下的一类全新诉讼类型。面对这一全新诉讼类型，行政诉讼法中关于原告与被诉行政行为“有法律上的利害关系”的要求，有可能会成为申请人获取救济权利的隐性障碍，[1] 以至于公用企业信息公开救济如何同现有行政救济体系兼容也就成为公用企业信息公开研究的重要一隅。

（二）公用企业信息公开审查模式的实践尝试

一个以追求社会正义为存在基础的合理的司法官僚阶层可以将立法上的弊害降至可能的最低限度。[2] 从这一意义上来说，在现行法律无法回应实践需求的情况下，有必要充分发挥法院解释法律的功效，进而在促进现行法律良性实施上发挥积极作用。

在我国最近发生的一些案件中，有些基层法院对公用企业信息公开案件作出了一些有益的尝试。如在“王聚才诉中国联合网络通信有限公司南阳分公司不履行信息公开答复职责”中，河南省卧龙区人民法院受理并判决要求被告中国联通南阳分公司限期对信息公开申请作出答复，[3] 这也是全国首例公民诉公用企业信息不公开胜诉的案件。2012 年出现的“葛某诉中国电信案”[4] 且胜诉的案例对推进公用企业信息公开具有特别重要的意义。这两例案件尽管还不具有案件指导的功能，尤其是前案在二审中被河南省南阳市中级人民法院“撤销南阳市卧龙区人民法院（2010）宛龙行初字第

---

〔1〕 赵正群、董妍：“中国大陆首批信息公开诉讼案件论析（2002－2008）”，载《法制与社会发展》2009 年第 6 期。

〔2〕 参见贺卫方：《司法的理念与制度》，中国政法大学出版社 1998 年版，第 3 页。

〔3〕 参见河南省南阳市卧龙区人民法院行政判决书（2010）宛龙行初字第 127 号。

〔4〕 2012 年出现的葛某诉中国电信案与王聚才诉中国联通案相似，在河南郑州葛某要求中国电信公开计时计费的检定证书报告未果后，遂诉至法院并最终胜诉。参见范传贵、辛爽：“郑州消费者诉中国电信信息不公开胜诉”，载《法制日报》2012 年 8 月 27 日。

127 号行政判决以及驳回被上诉人王聚才的诉讼请求”,[1] 仍不失为行政诉讼实践对《政府信息公开条例》第 37 条“参照”适用的范例，可以说，具有一定的标本意义。从一定程度上讲，将公用企业信息公开纳入司法审查的范围，对于推动立法者制定国家法层面的公用企业信息公开法律规范具有十分重要的意义。

就目前而言，尽管进入诉讼的公用企业信息公开案件不多，但通过对仅有的两个案件的考察足以发现法院对公用企业信息公开法律适用问题的诉讼路径选择与持有的态度。上述两家法院均认为，通讯公司属于《政府信息公开条例》第 37 条规定的公用企业，具有信息公开义务主体资格，应该按照《政府信息公开条例》第 13 条的规定公开公民申请的有关公用企业信息。不难发现，法院在适用法律时一方面选择了回避行政法学理论中一直关注的行政主体认定标准及信息公开义务来源问题；另一方面则通过对公用企业信息公开的实践表述拓展了司法审查的适用主体范围。对于公用企业信息公开诉讼的被告资格而言，并未将焦点集中在其归类于行政机关还是隶属非政府组织，只要承担信息公开义务的组织的行为涉及社会公共服务职能，就应以“行政机关”对待，就允许启动行政诉讼

---

〔1〕 中国联通公司南阳分公司不履行信息公开答复职责案的二审法院认为，“鉴于此，本案的诉讼标的应当是上诉人中国联合网络通信有限公司南阳市分公司在规定的期限内对被上诉人王聚才 2009～2010 年度相关的计时计费的检定证书报告信息向申请人王聚才公开。在一审审理期间，上诉人已经告知了被上诉人没有检定证书，无法出示。上诉人依法已经尽到了告知义务。在二审庭审中，上诉人又再次明确告知了被上诉人王聚才工信部每三年检测一次，检测结果由各省通信管理局对外公布。2009～2011 年度工信部检测结果未出来，目前暂没有 2009～2010 年度相关被上诉人王聚才的计时计费检定证书报告信息。上诉人的两次告知行为已经履行了相应的义务，在被上诉人王聚才诉请公开的信息尚未形成的情况下，被上诉人的诉请欠缺受法律保护的必要性与实效性。一审判决没有确认上诉人在法定期限内未答复被上诉人违法，而判处上诉人中国联合网络通信有限公司南阳市分公司在一定期限内向被上诉人王聚才公开由技术监督部门作出的电话计时计费装置的检测合格证书的处理结果不妥，应予纠正。”参见河南省南阳市中级人民法院行政判决书（2011）南行终字第 78 号。

程序。该判决“采用的对适用对象的判断方法，无疑拓展出了新的视角”,[1] 使被告资格由“形式主义”向“实质主义”迈进一大步。

从另一角度来看，法院通过审判活动实质上行使了对公用企业“参照”条例执行的信息公开行为的监督和审查权。由于《政府信息公开条例》和最高人民法院出台的《关于审理政府信息公开行政案件若干问题的规定》中并没有明文规定法院享有此项职权，这种对“参照”的适用和审查可谓是法院在信息公开领域对立法模糊的清晰化。质言之，法院对于公用企业的信息公开行为的审查，无需法律上的明确具体规定，只要在实践层面符合信息公开法制的要求并且具有实际价值和意义即可。在实践中将在组织法上原本不能归入行政机关的公用企业纳入信息公开诉讼范围不仅具有必要性，而且符合保障公民知情权的要求，有利于信息公开实践的良性运行，也彰显了司法推进法治建设的功能。

（三）公用企业信息公开诉讼的程序规则

基于公用企业在我国的特殊性，对其信息公开选择司法审查的途径无论在理论上还是在实践上均具有必要性。由于目前的法律规范没有对法院如何审理公用企业信息公开作出细化规定，也未为相关审查方式及保障措施设置有针对性的程序，致使出现了如何审查是否“参照”、如何在法律规定阙如情形下实现公用企业利益与公民知情权之间平衡，特别是司法审查权一旦被滥用又如何进行救济

[1] 朱芒：“公共企事业单位应如何信息公开”，载《中国法学》2013 年第 2 期。

的问题。[1] 如果这些问题不能够在理论上给予有说服力的解答，极易使公用企业信息公开诉讼陷入进退两难的境地，影响公用企业信息公开制度的有效实施。针对上述问题，笔者对此进行以下探讨。

1. “参照”在司法救济中衡量的现实限度

《政府信息公开条例》第37条规定“参照”执行主要是为了明确公用企业根据自身实际情况实施信息公开义务，使公用企业被视为在公共管理和政府职能社会化背景下，履行公共行政任务的公法人。正是因为这种公法上的义务，公用企业不仅需要遵守相应的信息公开程序，而且还应当接受司法审查和监督。基于前文所述的公用企业的信息公开救济条款的操作性不强以及相关细则救济规定缺失的问题，法院在受理这类案件过程中不可避免要围绕现实对公用企业如何“参照”《政府信息公开条例》进行“职能性的法律解释”。[2] 上述所说的“王聚才诉中国联通案”“葛某诉中国电信案”就是法院结合个案中法律运用进行的一种实用性的实践诠释。在公用企业信息公开制度还不尽完善的现阶段，这种实践诠释路径对于充分保障和救济公众的知情权具有积极作用，由于“职能性的法律解释”毕竟是对《政府信息公开条例》如何在公用企业信息公开领域实施的一种解释，必然要求对法院的该项解释权加以合理控制，以免其脱离保障和救济权利的正确轨道。这就要求法院对公用企业信息公开的司法审查既不能违反行政诉讼法的基本精神，需

〔1〕 有学者认为，对于实践中出现一人提起数十、数百起信息公开诉讼，多人就同一信息反复、多次分别提起诉讼，或是干扰法庭秩序等权利滥用情形，可在现行法律规定框架内，采取严格起诉审查、加重举证负担、掌控程序节奏、强化职权取证、重视化解争议等防范和应对机制，借助于司法裁量权这一“过滤”装置可以防范和应对诉权的滥用。参见侯丹华：“政府信息公开行政诉讼有关问题研究”，载《行政法学研究》2010年第4期。在实践中确实存在少数起诉人出于非理性动机滥用诉求，笔者不否认这种设置司法过滤装置的解决思路，但也应注意司法裁量权可能被滥用的问题。

〔2〕 董皞：《司法解释论》，中国政法大学出版社2007年版，第151页。

要在现行法律体系内寻求“参照”的法律依据和法理支撑，同时还受“以公开为原则，不公开为例外”原则和信息公开相关理念的约束。

基于此，法院除需要履行行政诉讼法所赋予的法定职责外，还应设置对“参照”问题进行说明的特殊程序。在公用企业信息公开案件中，法院针对外界对法律解释的诸多困惑或者不解及公用企业信息公开的特殊性，向当事人（包括公用企业）履行关于是否需要参照、如何参照以及参照依据等问题的理由说明义务。唯有设置此项保障程序，才能促使法院在判定行政机关及公用企业适用“参照”是否合法、是否合理时的裁量权成为保障诉权以及维护公用企业正当利益的善权。

2. 公用企业信息公开诉讼的说明程序

公用企业信息公开诉讼的审查裁量权作为法院拥有的一项重要权力，其自然也存在着被滥用的危险。因此，需要从程序上对其进行必要的规制，以免司法审查权行使不当造成信息公开申请主体以及公用企业正当权益的减损。基于说明对象和诉讼阶段的不同，笔者认为，对此问题至少应在以下方面予以规制：

(1) 案件起诉受理阶段的说明程序。由于信息公开纠纷案件的受理主要是对原告主体资格的审查，原告资格限制条件的认定则成为法院裁量判断的核心内容。对于原告资格的限制，目前存在两种解释路径：广泛性解释和特殊性解释。[1] 在广泛性解释的背景下，申请主体无需具体证明申请的信息与自身需求之间的关系，只要在形式上符合《政府信息公开条例》第13条关于“自身生产、生活、科研等特殊需要”的规定即可；而特殊性解释路径根据公共服务的地域性限制或者特定人员现状情况，设置原告适格条件。在目前实

〔1〕 参见朱芒：“公共企事业单位应如何信息公开”，载《中国法学》2013年第2期。

践中司法救济还不充分的情况下，规定较宽松原告适格条件有益于保障当事人的诉权以及促进信息公开。基于此，笔者认为，可以选择广泛性解释路径。不过，采用广泛的原告适格条件，并不意味着当事人可以申请公开与自身不相关的信息（如通信情况、医疗卫生等信息）或者要求公开涉及国家秘密、商业秘密的信息。因为在公用企业信息公开中，除了坚持最大限度的公开理念外，还需要充分考虑信息公开与权益保护的平衡。对于可能侵害国家秘密、商业秘密和个人信息权益的，法院可以作出不予受理的裁定，但对不适格的当事人需要履行说明义务。

（2）案件审理过程中的说明程序。公用企业的主管部门在细化《政府信息公开条例》第 37 条时需要注意协调公法上的信息公开与私法上的信息公开之间的关系，不应因严格的信息规制而导致公用企业高成本、低产出。[1] 法院在案件审理阶段的审查程序也应遵循此种理念。由于相关公共服务领域的主管部门或者公用企业承担着参照条例并且依据自身特殊实际设置信息公开内容、方式等具体事项的职权，法院在案件审理阶段首先需要对公用企业及其主管部门参照《政府信息公开条例》制定的规则进行审查判断。经审查认定合法且具有相当合理性的规定，可以作为法院说理的依据。具体而言，法院需要结合公用企业及其主管部门制定的规则，针对具体事项履行以下说明义务：①被告是否属于《政府信息公开条例》规范对象的法律依据及具体理由；②申请信息是否属于应由公用企业公开的信息；③公用企业信息是否属于不予公开的范围；④其他需要说明的事项。

（3）设置法院违反说明义务的法律后果。此种程序是法院在起诉受理和审理过程中依法履行说明义务的延伸和保障，也是在法院

[1] 参见高秦伟："对公众获取公用企业信息的法律分析"，载《行政法学研究》2010 年第 4 期。

违法或者不当行使裁量权时赋予当事人的一项救济权利。基于此项程序，对法院没有履行说明义务或者说明不充分的，当事人或者二审法院可以此作为上诉的理由或者发回重审的情形，通过权利保障与审级监督来减少滥用司法审查权的现象。

总的来说，对法院解释法律进行程序限制，可以最大限度地避免司法裁量权对当事人正当权利的过分干预。从法律适用层面看，《政府信息公开条例》规定的公用企业信息公开"参照本条例执行"实质促成了司法实践或者解释推动公用企业信息公开从"墨守明文规定"到"扩张法的外延"的结果。而在实践路径拓宽之后，进一步设置"参照"在司法救济领域具体适用的方式和途径，增加规范司法裁量权的说明程序，则会促使《政府信息公开条例》规定的"参照"在路径选择中能够按照立法的方向转化为实践的力量，进而保证现有公用企业信息公开遵循立法的意图得以有效地实现，其意义不可低估。

三、公用企业信息公开救济机制的构建

建立信息公开制度的国家大多设置了多元化的救济机制，但在具体模式选择上依然存在一定的差异性。"从制度选择角度分析，由于决策者要受身处环境、传统及其偏好等因素的影响，即使面对同一个问题，不同国家在同一历史阶段或同一国家在不同历史时期，所作出的选择都可能不完全相同，制度安排展现出多姿多彩的一面。"[1] 虽然各国的救济渠道呈现多层次、多样性的特征，但不同模式的设计又存在诸多一致性的地方。从总体上来看，主要存在一般救济和专门救济两种救济机制。

（一）行政复议和行政诉讼

行政复议是各国法律体系中普遍存在的一项制度。由于各国在

〔1〕 杨伟东:《政府信息公开主要问题研究》，法律出版社 2013 年版，第 225 页。

历史文化、社会制度等方面存在诸多差异，行政复议制度在名称、内容和程序设计上并不一致。如在法国，行政复议可以向原机关提出（善意救济），也可以向原机关的主管部门提出（层级救济）；而德国行政复议是向行政主管部门提出的申诉。尽管如此，已建立信息公开制度的国家，一般都将行政复议作为一项与行政诉讼并行的重要救济手段。[1] 与其他救济相比，行政复议有周期短、费用低、程序简单、效率高等优势，所以此项救济制度在信息公开中得到了较大发展。[2] 也正是因为行政复议与其他制度相比颇具优势，才被各国立法普遍首选，也成为信息公开制度中使用率最高的一项救济机制。

不过，行政复议制度具有内部性、监督纠错多于权利救济功能及有悖“任何人不得做自己法官”原则等弱点。这一特点在信息公开中同样存在，甚至在一定程度上极易引起公众对行政复议过程和结果的怀疑，给信息公开监督和救济机制的有效性、权威性带来一些消极的影响。这或许是行政复议机制在公用企业信息公开领域的权利救济方面遭遇尴尬的原因。其实，在公用企业信息公开领域所遭遇尴尬远远不止于此。我国《行政复议法》将可以申请复议的情况限定为“侵犯公民、法人或者其他组织合法权益的具体行政行为”。[3] 由于我国法律未明确规定公众享有知情权，公民、法人或者其他组织只能就在公用企业信息公开中的人身权、财产权等法律

〔1〕 如在我国，《政府信息公开条例》第 33 条明确规定公民、法人或者其他组织“可以依法申请行政复议或者提起行政诉讼”。这一规定也表明我国信息公开中同时存在行政复议和行政诉讼这两种救济渠道。

〔2〕 据统计，2008 年至 2011 年，就我国中央政府部门信息公开问题申请行政复议的远多于行政诉讼。其中，2008 年，行政复议案件为 17 件，行政诉讼案件为 0 件；2009 年，行政复议案件为 32 件，行政诉讼案件为 2 件；2010 年，行政复议案件为 150 件，行政诉讼案件为 6 件；2011 年，行政复议案件为 305 件，行政诉讼案件为 8 件。详细数据分析参见杨伟东：《政府信息公开主要问题研究》，法律出版社 2013 年版，第 70 ~ 92 页。

〔3〕 参见我国《行政复议法》第 6 条。

上的权益受到的侵犯申请行政复议，而就当前法律的文本来看，能否以知情权受到不当侵害作为复议理由向相关部门申请救济还是不够明朗。再加上公用企业缺少法律明确的行政复议机关，导致向哪个机关复议成为难题，以至于实践中以知情权受到公用企业侵犯而申请行政复议的案件几乎为零。基于现实的状况，确立行政主管部门来处理公用企业信息公开案件是制定与实施信息公开法时首先需要加以明确的问题。

然而，与行政复议相比，行政诉讼似乎成为一种无奈的选择。因为我国《行政诉讼法》为包括公用企业信息公开案件在内的"其他行政案件"进入行政诉讼预留了空间，[1] 而且在组织架构方面也不存在衔接上的问题，这为公用企业信息公开诉讼提供了选择的渠道。然而，现有的行政主体理论和行政诉讼体系却又成为公用企业信息公开诉讼类型、被告主体资格、证据审查制度等方面问题无法逾越的一项障碍。[2] 由此看来，通过优化和完善现行行政诉讼制度来解决公用企业信息公开的救济问题无疑成为一条最佳途径。

(二) 专门机关救济

基于信息公开的特殊性，除了行政复议和诉讼救济等一般救济模式外，一些国家专门设立了信息公开审查机关或独立的监督专员，通过信息公开审查中立机构来履行监督和救济职能。综观各国信息公开实践，专门机构救济模式主要包括以下两种：

(1) 信息监察专员模式。监察专员制度起源于瑞典。1809 年瑞典《政府组织法》(Instrument of Government) 首创监察专员制

[1] 我国 1989 年《行政诉讼法》第 11 条第 2 款规定："除前款规定外，人民法院受理法律、法规规定可以提起诉讼的其他行政案件。"2014 年修改的《行政诉讼法》第 12 条第 2 款也保留了此规定。

[2] 参见王万华主编：《知情权与政府信息公开制度研究》，中国政法大学出版社 2013 年版，第 265 页。

度。监察专员由议会确立的人员担任，是一项负责调查公众对行政机关不满的制度。瑞典监察专员被世界诸多国家效仿，英国就是其追随者之一。英国信息公开救济体系之中最重要的组成部分就是信息监察专员制度。信息监察专员由英王任命并对议会负责，其有权“监督行政机关执行信息公开条例的情况，收集和报告信息公开的统计数据，对有关信息公开请求提供帮助”。[1] 信息监察专员还拥有受理申请主体申诉、签发强制执行通告等权力。[2] 在英国，信息监察专员是一种重要的监督和救济方式，却不是唯一的渠道。如果对信息监察员所作出的决定不服，当事人可以提出上诉，并且可以遵循司法最终原则，就法律问题上诉至高等法院。[3]

（2）信息委员会或信息公开裁判所模式。推行信息委员会模式较为典型国家为日本。日本的信息委员会处于中立地位，不但有文件调取、屏蔽审查等权力，还具有提供专门咨询的职能。而泰国信息委员会不仅有权要求公共机构提供其所拥有的任何信息，还有权调查任何公共机构的工作场所。如果不遵守信息委员会有关传唤或提供信息的命令可被惩处监禁最长 3 个月及一定数量数额的罚款。[4] 泰国除设立信息委员会以外，还设立了信息公开裁判所，用来解决信息公开领域的行政争议。与泰国相类似，英国也设立了两个专门机构，即在采用信息监察专员救济的基础上设置了信息公开裁判所。英国信息公开裁判所具有救济信息公开主体权利和监督信息监察专员的两项职能。

---

〔1〕 冯国基：《面向 WTO 的中国行政——行政资讯公开法律制度研究》，法律出版社 2002 年版，第 48 页。

〔2〕 参见张越编著：《英国行政法》，中国政法大学出版社 2004 年版，第 528 页。

〔3〕 See John Wadham and Jonathan Grffiths, *Blackstone's Guide to the Freedom of Information Act* 2000, Oxford: Oxford University Press, 2005, pp. 139 ~ 140.

〔4〕 参见［加］托比·曼德尔：《信息自由：多国法律比较》，龚文庠等译，社会科学文献出版社 2011 年版，第 149 页。

总体来说，专门机关救济是基于新生信息公开制度的独特性而产生的，是在传统行政救济制度安排的基础上设置的一项新的监督和救济制度。专门机关救济是信息公开制度的重要特色，也是公用企业公共服务职能和公众知情权实现的保障，它为信息公开的监督救济工作落实提供了支撑。具体而言，专门机关救济主要存在三方面制度价值：一是专门机关高效的审查程序和灵活、快捷的处理方式，有利于提高监督公用企业信息公开实施工作的效率；二是专门机关救济可以借助于自身独立性和专业优势推进公用企业信息公开制度的有效落实；三是为行政复议和行政诉讼等传统救济渠道减压。

从严格意义上来说，我国信息公开中并不存在专门机关的救济模式。尽管《政府信息公开条例》为信息公开工作指定了“政府信息公开工作机构”,[1] 但是该机构并不具备第三方的中立地位。值得注意的是，《政府信息公开条例（专家建议稿）》提出了包括信息委员会在内的一系列新的制度安排,[2] 但正式颁行的《政府信息公开条例》却未采纳这种建议。从域外经验和我国公用企业信息公开实践来看，试图沿用传统思维模式和制度框架来解决公用企业信息公开领域的特殊性问题似乎难以行得通。基于以上原因，笔者认为，在构建我国公用企业信息公开制度过程中，有必要创设一些类似于国外信息委员会的独立审查救济机制，并通过这一新的机构和机制来监督公用企业从信息中衍生出的权力，以此促进公用企业履行公共职能的公正性和公开性，保障公众在公用企业信息公开中的权利得以实现。

---

〔1〕 参见《政府信息公开条例》第4条。

〔2〕 关于信息委员会等机构立法架构的建议，参见周汉华主编：《政府信息公开条例专家建议稿——草案·说明·理由·立法例》，中国法制出版社2003年版，第150～177页。

（三）公用企业信息公开救济机制的整合与创新

在构建公用企业信息公开救济机制时，除了畅通行政复议和行政诉讼制度外，笔者认为，还应针对公用企业信息公开的特殊性，创设一些新的救济途径和监督方式。毕竟，多元化的救济与监督模式更有利于保障公众的知情权，也更有利于推进公用企业信息公开工作的落实。其具体构想为：

（1）整合并完善我国现有的解决信息公开争议的手段。行政复议和行政诉讼作为我国现有的两项行政救济渠道，在架构我国公用企业信息公开的救济模式过程中需要兼顾，对行政复议和行政诉讼中的任何一种救济渠道都不能偏废，需要协调好这两项救济机制，发挥这两项机制在推动公用企业信息公开制度实施过程中的应有功能。

（2）借鉴域外的专门机构救济的经验，在我国设置独立的信息委员会。从保持信息公开救济主体的中立性地位来看，信息委员会在处理信息公开救济、提供咨询等方面具有无法捍卫的优势，且符合我国原有的“政府信息公开工作机构”的体系架构。因此，建立专门机构对信息公开进行救济，在一定程度上可以缓解行政复议和行政诉讼等传统救济运行不畅衍生的问题，而且也易于同时引入适合公用企业信息公开实际的新型规则。

（3）正确处理信息委员会与行政复议、行政诉讼的关系。总体来说，信息公开救济存在三种选择模式：①三种救济机制并列，由当事人选择；②信息委员会优先，申诉程序完成后当事人再寻求行政复议或者行政诉讼；③当事人直接申请行政复议或提起行政诉讼，信息委员会提供咨询意见。对此，笔者认为可以选择第三种模式。以行政复议、行政诉讼作为公用企业信息公开救济的主要渠道契合我国行政救济体系。因为建设信息公开救济体系，并非一味打破重建，而是需要针对公用企业信息公开本身的特殊性，设置有别于传统行政复议和行政诉讼制度的特殊规则，如美国的沃恩索引审查（Vaughn Indexes）[1]、特殊举证责任等。而创设信息委员会可以弥补上述两种救济机构专业性不足的缺陷，并且起到监督公用企业信息公开实施工作的作用。

〔1〕沃恩索引是指行政机关在诉讼过程中，对拒绝公开的文件按照豁免公开的理由，逐一编制的索引。索引对拒绝公开的文件进行详尽地描述和充分地说理，强调豁免公开的文件和豁免理由一一对应，重视对文件进行公开部分与不公开部分的区分分类，是信息公开诉讼中最为常用和重要的制度。该项制度是以美国沃恩诉罗森［Vaughn v. Rosen，484 F. 2d 820（D. C. Cir，1973）］一案命名的。关于沃恩索引的起源及基本内涵的详细介绍，参见许莲丽：《保障公民知情权：政府信息公开诉讼的理论与实践》，中国法制出版社2011年版，第111～124页。

结　语

公用企业信息公开涉及的内容众多、各国制度差异较大，加之学理研究、实践探索和理论认知存在一些分歧，使得我国公用企业信息公开制度有诸多问题亟待探索与研究。在行政主体多元化和公共服务社会化的发展趋势下，建立公用企业信息公开制度是保障公民知情权和公共行政权合法运行的期待，也是完善现有信息公开法制体系的客观需要，更是公用企业现代化的应然性诉求。我国《政府信息公开条例》第37条要求公用企业信息公开"参照"政府信息公开制度执行，基于此，公用企业信息公开制度便成为我国信息公开法律制度的重要组成部分。由于公用企业不同于传统意义上的行政机关，其特殊的社会属性和公共职能使得其信息公开制度的建构具有不同于政府信息公开制度的个性特征。公用企业信息公开除受制于社会公众的基本需求、公共利益的要求等因素外，还应兼顾其企业效率、经济效益以及商业秘密等公用企业作为企业的固有因素。这就意味着公用企业不能完全适用以规范行政机关为核心内容的政府信息公开制度。公用企业信息公开制度既要关注公用企业作为公共服务提供者的信息公开义务，又要注意其作为私人主体时的意志自治空间和特殊性的商业信息保护，保证构建的公用企业信息公开制度符合公用企业固有的本质属性与社会属性。

本书以《政府信息公开条例》规定的"参照执行"作为建构公用企业信息公开制度的逻辑起点，以保障"参照执行"的有效实现作为建构路径的基点，着重围绕公用企业信息公开与政府信息公开的制度共性和特殊性，建构了我国公用企业信息公开制度的基本框架，结合域外信息公开的实践经验与研究成果，在探讨了国家秘密、个人信息、商业自主权与豁免公开关系的基础上对公用企业信息公开原则、主体、范围、方式和程序及责任和救济等问题进行探讨，形成了相对完整的公用企业信息公开制度框架结构体系，旨在为推动公用企业信息公开制度的发展和建立公用企业信息公开制度提供理论论证和制度设计。

尽管本书对公用企业信息公开制度进行较为细致地探索，但因其仅仅对公用企业信息公开的理论问题与制度建构的主要内容进行研究，未在公用企业信息公开制度上提供具体的方案，有些问题有待于进一步深入探讨，也有些问题尚待实践中予以不断尝试，从而暴露出本书在研究上的一些不足，即使是本书研究的问题也有待于接受实践与历史检验。

参考文献

一、中文部分

（一）著作类

1. 龚祥瑞:《比较宪法与行政法》，法律出版社 1985 年版。
2. 王名扬:《法国行政法》，中国政法大学出版社 1989 年版。
3. 张尚鷟主编:《走出低谷的中国行政法学——中国行政法学综述与评价》，中国政法大学出版社 1991 年版。
4. 张文显:《法学基本范畴研究》，中国政法大学出版社 1993 年版。
5. 全国人大常委会法制工作委员会民法室编著:《〈中华人民共和国反不正当竞争法〉释义》，法律出版社 1994 年版。
6. 罗豪才主编:《行政法学》，北京大学出版社 1996 年版。
7. 萧榕主编:《世界著名法典选编（宪法卷）》，中国民主法制出版社 1997 年版。
8. 应松年主编:《行政法学新论》，中国方正出版社 1998 年版。
9. 王俊豪:《英国政府管制体制改革研究》，上海三联书店 1998 年版。
10. 贺卫方:《司法的理念与制度》，中国政法大学出版社 1998 年版。
11. 马林主编:《中国公民人权读本》，经济日报出版社 1998 年版。
12. 周志忍:《当代国外行政改革比较研究》，国家行政学院出版社 1999 年版。
13. 王俊豪主笔:《中国政府管制体制改革研究》，经济科学出版社 1999 年版。

14. 王晓晔:《竞争法研究》，中国法制出版社 1999 年版。
15. 谢鹏程:《公民的基本权利》，中国社会科学出版社 1999 年版。
16. 王万华:《行政程序法研究》，中国法制出版社 2000 年版。
17. 陈新民:《公法学札记》，中国政法大学出版社 2001 年版。
18. 张文显:《法哲学范畴研究》，中国政法大学出版社 2001 年版。
19. 李步云主编:《信息公开制度研究》，湖南大学出版社 2002 年版。
20. 黎军:《行业组织的行政法问题研究》，北京大学出版社 2002 年版。
21. 胡家勇:《一只灵巧的手：论政府转型》，社会科学文献出版社 2002 年版。
22. 周佑勇:《行政法原论》，中国方正出版社 2002 年版。
23. 冯国基:《面向 WTO 的中国行政——行政资讯公开法律制度研究》，法律出版社 2002 年版。
24. 张明杰:《开放的政府——政府信息公开法律制度研究》，中国政法大学出版社 2003 年版。
25. 谢地主编:《政府规制经济学》，高等教育出版社 2003 年版。
26. 薛波主编:《元照英美法词典》，法律出版社 2003 年版。
27. 林淑馨编著:《铁路电信邮政三事业民营化：国外经验与台湾现况》，鼎茂图书出版股份有限公司 2003 年版。
28. 石佑启:《论公共行政与行政法学范式转换》，北京大学出版社 2003 年版。
29. 周汉华主编:《政府信息公开条例专家建议稿——草案·说明·理由·立法例》，中国法制出版社 2003 年版。
30. 张志铭:《法理思考的印迹》，中国政法大学出版社 2003 年版。
31. 周林军:《公共事业管理要论》，人民法院出版社 2004 年版。
32. 刘恒等:《政府信息公开制度》，中国社会科学出版社 2004 年版。
33. 应松年主编:《突发事件应急处理法律制度研究》，国家行政学院出版社 2004 年版。
34. 苏力:《法治及其本土资源》，中国政法大学出版社 2004 年版。
35. 张越编著:《英国行政法》，中国政法大学出版社 2004 年版。

36. 徐亚文:《程序正义论》，山东人民出版社2004年版。
37. 范恒山主编:《事业单位改革：国际经验与中国探索》，中国财政经济出版社2004年版。
38. 叶必丰:《行政法的人文精神》，北京大学出版社2005年版。
39. 中国社会科学院经济研究所微观室:《20世纪90年代中国公有企业的民营化演变》，社会科学文献出版社2005年版。
40. 詹镇荣:《民营化法与管制革新》，元照出版公司2005年版。
41. 余晖、秦虹主编:《公私合作制的中国试验》，上海人民出版社2005年版。
42. 刘杰:《知情权与信息公开法》，清华大学出版社2005年版。
43. 邱小平:《表达自由——美国宪法第一修正案研究》，北京大学出版社2005年版。
44. 周佑勇:《行政法基本原则研究》，武汉大学出版社2005年版。
45. 王名扬:《美国行政法》，中国法制出版社2005年版。
46. 刘飞宇、王丛虎:《多维视角下的行政信息公开研究》，中国人民大学出版社2005年版。
47. 赵鼎新:《社会与政治运动讲义》，社会科学文献出版社2006年版。
48. 周汉华:《中华人民共和国个人信息保护法〈专家建议稿〉及立法研究报告》，法律出版社2006年版。
49. 刘莘主编:《法治政府与行政决策、行政立法》，北京大学出版社2006年版。
50. 杨建顺主编:《比较行政法——方法、规制与程序》，中国人民大学出版社2007年版。
51. 刘戒骄等:《公用事业：竞争、民营与监管》，经济管理出版社2007年版。
52. 曹阳:《网络型公用企业竞争的法律规制》，法律出版社2007年版。
53. 王名扬:《英国行政法》，北京大学出版社2007年版。
54. 敖双红:《公共行政民营化法律问题研究》，法律出版社2007年版。
55. 曹康泰主编:《中华人民共和国政府信息公开条例读本》，人民出版社 2007 年版。
56. 姜明安主编:《行政法与行政诉讼法》，北京大学出版社、高等教育出版社 2007 年版。
57. 向佐群:《政府信息公开制度研究》，知识产权出版社 2007 年版。
58. 蔡志方:《行政救济法新论》，元照出版公司 2007 年版。
59. 董皞:《司法解释论》，中国政法大学出版社 2007 年版。
60. 马英娟:《政府监管机构研究》，北京大学出版社 2007 年版。
61. 刘杰:《日本信息公开法研究》，中国检察出版社 2008 年版。
62. 杨欣:《民营化的行政法学研究》，知识产权出版社 2008 年版。
63. 赵长茂、李东序主编:《市政公用事业市场化改革的依据和路径》，中央党校出版社 2008 年版。
64. 莫于川主编:《中华人民共和国政府信息公开条例释义》，中国法制出版社 2008 年版。
65. 颜海:《政府信息公开理论与实践》，武汉大学出版社 2008 年版。
66. 齐爱民、张万洪主编:《电子化政府与政府信息公开法研究》，武汉大学出版社 2008 年版。
67. 莫于川、林鸿潮主编:《政府信息公开条例实施指南》，中国法制出版社 2008 年版。
68. 吕艳滨、[英] Megan Patricia Carter:《中欧政府信息公开制度比较研究》，法律出版社 2008 年版。
69. 蔡定剑主编:《公众参与：风险社会的制度建设》，法律出版社 2009 年版。
70. 邢鸿飞、徐金海:《公用事业法原论》，中国方正出版社 2009 年版。
71. 翁岳生编:《行政法》，中国法制出版社 2009 年版。
72. 马怀德主编:《行政诉讼原理》，法律出版社 2009 年版。
73. 刘飞:《德国公法权利救济制度》，北京大学出版社 2009 年版。
74. 任进:《行政组织法研究》，国家行政学院出版社 2009 年版。
75. 余凌云:《行政自由裁量论》，中国人民公安大学出版社 2009 年版。
76. 应松年主编:《行政程序法》，法律出版社 2009 年版。

77. 张龙:《行政知情权的法理研究》，北京大学出版社 2010 年版。
78. 王少辉:《迈向阳光政府——我国政府信息公开制度研究》，武汉大学出版社 2010 年版。
79. 齐爱民:《信息法原论——信息法的产生与体系化》，武汉大学出版社 2010 年版。
80. 石国亮:《国外政府信息公开探索与借鉴》，中国言实出版社 2011 年版。
81. 江必新主编:《最高人民法院关于审理政府信息公开行政案件若干问题的规定：理解与适用》，中国法制出版社 2011 年版。
82. 肖登辉:《行政法中的个人信息保护问题探究》，湖北长江出版集团、湖北人民出版社 2011 年版。
83. 许莲丽:《保障公民知情权：政府信息公开诉讼的理论与实践》，中国法制出版社 2011 年版。
84. 何海波:《行政诉讼法》，法律出版社 2011 年版。
85. 乔丽娜、李鹏编著:《政府信息公开工作制度与实施》，中国人事出版社 2011 年版。
86. 李广宇:《政府信息公开司法解释读本》，法律出版社 2011 年版。
87. 李嘉娜:《市政公用事业监管的行政法研究》，中国政法大学出版社 2012 年版。
88. 马怀德主编:《公立高校信息公开研究》，中国法制出版社 2012 年版。
89. 郭媛媛:《公开与透明：国有大企业信息披露制度研究》，经济管理出版社 2012 年版。
90. 陆幸福:《知情权的中国实践：以政府信息公开与司法公开为考察对象》，法律出版社 2012 年版。
91. 纪建文:《知情权：从制度到社会控制》，法律出版社 2012 年版。
92. 季卫东:《法律程序的意义》，中国法制出版社 2012 年版。
93. 王万华主编:《知情权与政府信息公开制度研究》，中国政法大学出版社 2013 年版。

94. 杨伟东:《政府信息公开主要问题研究》，法律出版社 2013 年版。
95. 李广宇:《政府信息公开判例百选》，人民法院出版社 2013 年版。
96. 段尧清:《政府信息公开：价值、公平与满意度》，中国社会科学出版社 2013 年版。
97. 肖卫兵:《中国信息公开改革新解：从信息流通角度》，上海社会科学院出版社 2013 年版。
98. ［日］美浓部达吉:《公法与私法》，黄冯明译，商务印书馆 1937 年版。
99. ［英］洛克:《政府论》，叶启芳、瞿菊农译，商务印书馆 1964 年版。
100. ［美］阿尔温·托夫勒:《第三次浪潮》，朱志焱、潘琪、张焱译，生活·读书·新知三联书店 1983 年版。
101. ［英］约翰·格林伍德、戴维·威尔逊:《英国行政管理》，汪淑钧译，商务印书馆 1991 年版。
102. ［日］和田英夫:《现代行政法》，倪健民、潘世圣译，中国广播电视出版社 1993 年版。
103. ［美］道格拉斯·诺斯:《制度、制度变迁与经济绩效》，刘守英译，上海三联书店 1994 年版。
104. ［美］科恩:《论民主》，聂崇信、朱秀贤译，商务印书馆 1994 年版。
105. ［法］孟德斯鸠:《论法的精神》，张雁深译，商务印书馆 1995 年版。
106. ［英］迈克尔·里杰斯特:《危机公关》，陈向阳、陈宁译，复旦大学出版社 1995 年版。
107. ［美］戴维·奥斯本、特德·盖布勒:《改革政府——企业精神如何改革着公营部门》，上海市政协编译组、东方编译所译，上海译文出版社 1996 年版。
108. ［美］路易斯·亨金:《权利的时代》，信春鹰等译，知识出版社 1997 年版。

109. [英] 威廉·韦德:《行政法》，徐炳等译，中国大百科全书出版社 1997 年版。
110. [美] 罗纳德·德沃金:《认真对待权利》，信春鹰等译，中国大百科全书出版社 1998 年版。
111. [法] 阿尔芒·比扎凯:《公有部门与私有化》，张新木译，商务印书馆 1998 年版。
112. [美] 本杰明·卡多佐:《司法过程的性质》，苏力译，商务印书馆 1998 年版。
113. [德] 哈贝马斯:《公共领域的结构转型》，曹卫东等译，学林出版社 1999 年版。
114. [美] 丹尼尔·F. 史普博:《管制与市场》，余辉等译，上海三联书店、上海人民出版社 1999 年版。
115. [美] 博登海默:《法理学：法律哲学与法律方法》，邓正来译，中国政法大学出版社 1999 年版。
116. [法] 克罗齐埃:《被封锁的社会》，狄玉明、刘培龙译，商务印书馆 1999 年版。
117. [德] 哈特穆特·毛雷尔:《行政法学总论》，高家伟译，法律出版社 2000 年版。
118. [德] 奥托·迈耶:《德国行政法》，刘飞译，商务印书馆 2002 年版。
119. [英] 戴维·M. 纽伯里:《网络产业的重组与规制》，何玉梅译，人民邮电出版社 2002 年版。
120. [德] 汉斯·J. 沃尔夫、奥托·巴霍夫、罗尔夫·施托贝尔:《行政法》，高家伟译，商务印书馆 2003 年版。
121. [美] E. S. 萨瓦斯:《民营化与公私部门的伙伴关系》，周志忍等译，中国人民大学出版社 2002 年版。
122. [美] 古德诺:《比较行政法》，白作霖译，中国政法大学出版社 2006 年版。
123. [美] 理查德·A. 波斯纳:《正义/司法的经济学》，苏力译，中国政法大学出版社 2002 年版。
124. [美] 罗杰·理若·米勒、丹尼尔·K. 本杰明、道格拉斯·C. 诺斯:《公共问题经济学》，楼尊译，上海财经大学出版社 2002 年版。
125. [美] 伯尔曼:《法律与宗教》，梁治平译，中国政法大学出版社 2003 年版。
126. [英] 卡罗尔·哈洛、理查德·罗林斯:《法律与行政》，杨伟东等译，商务印书馆 2004 年版。
127. [美] 约翰·亨利·梅利曼:《大陆法系》，顾培东、禄正平译，法律出版社 2004 年版。
128. [美] 珍妮特·V. 登哈特、罗伯特·B. 登哈特:《新公共服务：服务，而不是掌舵》，丁煌译，中国人民大学出版社 2004 年版。
129. [美] 弗里德曼:《选择的共和国：法律、权威与文化》，高鸿钧等译，清华大学出版社 2005 年版。
130. [德] 乌尔里希·贝克:《风险社会》，何博闻译，译林出版社 2004 年版。
131. [美] 杰瑞·L. 马肖:《行政国的正当程序》，沈岿译，高等教育出版社 2005 年版。
132. [日] 芦部信喜:《宪法》，林来梵等译，北京大学出版社 2006 年版。
133. [德] 乌茨·施利斯基:《经济公法》，喻文光译，法律出版社 2006 年版。
134. [日] 盐野宏:《行政组织法》，杨建顺译，北京大学出版社 2008 年版。
135. [德] 罗尔夫·施托贝尔:《经济宪法与经济行政法》，谢立斌译，商务印书馆 2008 年版。
136. [韩] 金东熙:《行政法》，赵峰译，中国人民大学出版社 2008 年版。
137. [日] 大桥洋一:《行政法学的结构性变革》，吕艳滨译，中国人民大学出版社 2008 年版。

138. ［日］米丸恒治：《私人行政——法的统制的比较研究》，洪英、王丹红、凌维慈译，中国人民大学出版社 2010 年版。

139. ［美］伯纳德·施瓦茨：《美国法律史》，王军等译，法律出版社 2011 年版。

140. ［加］托比·曼德尔：《信息自由：多国法律比较》，龚文庠等译，社会科学文献出版社 2011 年版。

141. ［美］J. 格里高利·西达克、丹尼尔·F. 史普博：《美国公用事业的竞争转型：放松管制与管制契约》，宋华琳等译，世纪出版集团、上海人民出版社 2012 年版。

（二）论文期刊类

1. 宋小卫："略论我国公民的知情权"，载《法律科学》1994 年第 5 期。

2. 钱家骏："英国对公用事业的管制"，载《中国工业经济》1995 年第 9 期。

3. 陈小君、方世荣："具体行政行为几个疑难问题的识别研析"，载《中国法学》1996 年第 1 期。

4. 周佑勇："论行政作为与行政不作为的区别"，载《法商研究》1996 年第 5 期。

5. 叶必丰："行政不作为略论"，载《法制与社会发展》1996 年第 5 期。

6. 陈爱娥："公营事业民营化之合法性与合理性"，载《月旦法学杂志》1998 年 5 月总第 36 期。

7. 文明："试论欧洲民营化的背景、效果与教训——以英国为重点的考察"，载《浙江社会科学》1998 年第 6 期。

8. 董炯："政府管制研究——美国行政法学发展新趋势评介"，载《行政法学研究》1998 年第 4 期。

9. 曹炳洲："美国公用事业价格管制与借鉴"，载《中国物价》1999 年第 4 期。

10. 王文宇："公用事业管制与竞争理念之变革——以电信与电业法制为例"，载《台大法学论丛》2000年第4期。
11. 马树才、袁国敏、韩云虹："公用事业改革的方向与对策"，载《辽宁大学学报（哲学社会科学版）》2000年第5期。
12. 鲁篱："公用企业垄断问题研究"，载《中国法学》2000年第5期。
13. 沈岿："重构行政主体范式的尝试"，载《法律科学》2000年第6期。
14. 李可："原则和规则的若干问题"，载《法学研究》2001年第5期。
15. 林喆："论私权保护和公共责任观念的建立"，载《政治与法律》2001年第6期。
16. 范姜真微："政府信息公开与个人隐私之保护"，载《法令月刊》2001年第5期。
17. 王学辉："对行政法学基础理论的思考"，载《西南政法大学学报》2002年第3期。
18. 蒋学基："美国社区非政府组织的运行情况及启示"，载《浙江社会科学》2002年第4期。
19. 李俊江、马颋："英国公有企业改革的绩效、问题及其对我国的启示"，载《吉林大学社会科学学报》2002年第5期。
20. 周汉华："美国政府信息公开制度"，载《环球法律评论》2002年第3期。
21. 朱芒："开放型政府的法律理念和实践（上）——日本信息公开制度"，载《环球法律评论》2002年第3期。
22. 朱芒："开放型政府的法律理念和实践（下）——日本的信息公开制度"，载《环球法律评论》2002年第4期。
23. 周伟："中国公共信息公开法律制度的特点、问题与发展"，载《行政法学研究》2002年第4期。
24. 周汉华："起草《政府信息公开条例》（专家建议稿）的基本考虑"，载《法学研究》2002年第6期。
25. 史际春："公用事业引入竞争机制与'反垄断法'"，载《法学家》

2002 年第 6 期。
26. 陈爱娥：“国家角色变迁下的行政任务”，载《月旦法学教室》2003 年第 3 期。
27. 郭道晖：“知情权与信息公开制度”，载《江海学刊》2003 年第 1 期。
28. 汪习根、陈焱光：“论知情权”，载《法制与社会发展》2003 年第 2 期。
29. 关保英：“行政主体信息义务的行政法理析解”，载《法律科学》2003 年第 2 期。
30. 刘莘、吕艳滨：“政府信息公开研究”，载《政法论坛》2003 年第 2 期。
31. 周汉华：“中国的政府信息化及其面临的实践问题”，载《经济社会体制比较》2003 年第 2 期。
32. 乌尔里希·贝克：“从工业社会到风险社会（上篇）——关于人类生存、社会结构和生态启蒙等问题的思考”，王武龙译，载《马克思主义与现实》2003 年第 3 期。
33. 颜海娜：“论公民知情权的宪法确认”，载《国家行政学院学报》2003 年第 5 期。
34. 曹丽萍：“从‘非典’谈突发公共卫生事件信息公开”，载《中国公共卫生》2003 年第 7 期。
35. 袁曙宏、苏西刚：“论社团罚”，载《法学研究》2003 年第 5 期。
36. 印永华等：“美加‘8·14’大停电事故初步分析以及应吸取的教训”，载《电网技术》2003 年第 10 期。
37. 史际春、肖竹：“公用事业民营化及其相关法律问题研究”，载《北京大学学报（哲学社会科学版）》2004 年第 4 期。
38. 《行政公开制度研究》课题组：“中华人民共和国行政公开法（专家建议稿）”，载《云南大学学报（法学版）》2004 年第 6 期。
39. 王晓晔：“公用企业滥用优势地位行为的法律管制”，载《法学杂志》2005 年第 1 期。

40. 范恒山：“关于事业单位改革的思考”，载《学习月刊》2005 年第 1 期。
41. 郭朋：“公用事业民营化的行政法思考”，载《山东师范大学学报(人文社会科学版)》2005 年第 1 期。
42. 郭朋：“论行政分权与行政主体多元化问题——兼论公用事业企业之行政主体的法律地位”，载《齐鲁学刊》2005 年第 5 期。
43. 章志远：“公共行政民营化的行政法学思考”，载《政治与法律》2005 年第 5 期。
44. 朱立新、宋华琳：“现代行政法学的建构与政府规制研究的兴起”，载《法律科学》2005 年第 5 期。
45. 章志远：“信息公开诉讼运作规则研究”，载《苏州大学学报》2006 年第 3 期。
46. 冯鸿光：“国有企业信息公开立法初探”，载《中山大学学报论丛》2006 年第 4 期。
47. 袁曙宏：“服务型政府呼唤公法转型——论通过公法变革优化公共服务”，载《中国法学》2006 年第 3 期。
48. 黎军：“论司法对行业自治的介入”，载《中国法学》2006 年第 4 期。
49. 杨海坤、郭朋：“公用事业民营化管制与公共利益保护”，载《当代法学》2006 年第 5 期。
50. 周佑勇：“公共行政组织的法律规制”，载《北方法学》2007 年第 1 期。
51. 钱铮：“东京电力曝‘家丑’：数据造假隐瞒核电站故障”，载《新华每日电讯》2007 年 2 月 2 日。
52. 陶品竹：“公共服务理论与行政法学的转型”，载《西南政法大学学报》2007 年第 4 期。
53. ［美］贺诗礼：“一个美国学者眼中的中国政府信息公开制度”，载《中国改革》2007 年第 4 期。
54. 江必新、梁凤云：“政府信息公开与行政诉讼”，载《法学研究》

2007年第5期。
55. 王勇："政府信息公开制度的基本原则"，载《科技与法律》2007年第5期。
56. 程伟杰："日本政府信息公开制度的主要内容与思考"，载《河南图书馆学刊》2007年第6期。
57. 陈福智："关于《政府信息公开条例》的几个问题（上）"，载《中国行政管理》2007年第11期。
58. 唐要家："试析政府管制的行政过程与控制机制"，载《天津社会科学》2008年第4期。
59. 朱雨晨："公共企事业单位也是法定信息公开主体"，载《法制日报》2008年5月11日。
60. 余凌云："对行政法案例研究方法的思考"，载《浙江学刊》2008年第6期。
61. 金明大："十堰'公交民营化'尴尬谢幕"，载《中国城市经济》2008年第6期。
62. 郭爱娣："三教授不满意答复内容"，载《京华时报》2008年6月25日。
63. 焦红艳："政府信息公开遭遇'国家秘密'瓶颈"，载《法制日报》2008年6月29日。
64. 章剑生："知情权及其保障——以《政府信息公开条例》为例"，载《中国法学》2008年第4期。
65. 谢勇强："彬县城关镇村民两纸诉状告镇政府，认为信息不公开行政不作为"，载《华商报》2008年10月19日。
66. 林鸿潮："政府信息公开的诉讼之路堵在何处"，载《法制日报》2008年12月4日。
67. 张红菊："英国信息公开制度及其特点"，载《中国监察》2009年第2期。
68. 贺红梅、周定平："论突发事件应付的信息公开原则"，载《政法学刊》2009年第2期。

69. 王春业:“突发公共事件中谣言传播与政府信息公开”,载《政法论丛》2009年第2期。

70. 刘飞:“试论民营化对中国行政法制之挑战——民营化浪潮下的行政法思考”,载《中国法学》2009年第2期。

71. 章志远:“民营化、规制改革与新行政法的兴起——从公交民营化的受挫切入”,载《中国法学》2009年第2期。

72. 江必新、李广宇:“政府信息公开行政诉讼若干问题探讨”,载《政治与法律》2009年第3期。

73. 丁世洁:“政府信息公开制度构建研究”,载《河南社会科学》2009年第2期。

74. 王锡锌:“政府信息公开语境中的‘国家秘密’探讨”,载《政治与法律》2009年第3期。

75. 莫于川:“政府信息公开法的基本理念、立法目的和指导原则再检讨——兼从年度报告看政府信息公开法的基本理念、立法目的和指导原则的实现情形”,载《河南省政法管理干部学院学报》2009年第6期。

76. 郭泰和:“我国安全事故中政府责任与企业责任承担问题研究——以山西‘溃坝事件’、河北‘三鹿奶粉事件’与深圳‘火灾事故’为中心”,载《中国司法》2009年第6期。

77. 李玉梅:“论政府在企业信息公开中的多重身份及权责”,载《海南大学学报(人文社会科学版)》2009年第6期。

78. 邢鸿飞、徐金海:“论公用事业的法律调整:法域归属与理念定位”,载《法学杂志》2009年第8期。

79. 许莲丽:“论政府信息主动公开的行政诉讼”,载《河北法学》2009年第10期。

80. 湛中乐、苏宇:“论政府信息公开排除范围的界定”,载《行政法学研究》2009年第4期。

81. 高秦伟:“私人主体的信息公开义务:美国法上的观察”,载《中外法学》2010年第1期。

82. 曹代学等："四川省公共企事业单位办事公开调研报告"，载《中共四川省委省级机关党校学报》2010 年第 2 期。
83. 邹晓红、尹奎杰："论权利对义务和责任的优先性"，载《中央民族大学学报（哲学社会科学版）》2010 年第 1 期。
84. 杨伟东、张艳蕊："政府信息公开范围探讨"，载《山东科技大学学报（社会科学版）》2010 年第 2 期。
85. 冯果、辛易龙："公用企业社会责任论纲——基于法学的维度"，载《社会科学》2010 年第 2 期。
86. 王玉林："《政府信息公开条例》立法目的的解读——是保障知情权抑或其他?"，载《云南大学学报》2010 年第 3 期。
87. 丁洪先："新闻发布会只有 160 秒不如别开"，载《新京报》2010 年 4 月 5 日。
88. 黄学贤、梁玥："政府信息公开诉讼受案范围研究"，载《法学评论》2010 年第 2 期。
89. 李文钊、董克用："中国事业单位改革：理念与政策建议"，载《中国人民大学学报》2010 年第 5 期。
90. 裴婷婷："论政府信息公开原则"，载《行政与法》2010 年第 5 期。
91. 李牧："论公民信息申请权的实现障碍及其克服途径"，载《法学评论》2010 年第 4 期。
92. 马怀德："《行政诉讼法》存在的问题及修改建议"，载《法学论坛》2010 年第 5 期。
93. 张冰："企业信息公开法律规定分析"，载《黄河科技大学学报》2010 年第 5 期。
94. 侯丹华："政府信息公开行政诉讼有关问题研究"，载《行政法学研究》2010 年第 4 期。
95. 高秦伟："对公众获取公用企业信息的法律分析"，载《行政法学研究》2010 年第 4 期。
96. 高秦伟："私人主体的行政法义务?"，载《中国法学》2011 年第 1 期。

97. 曹锦秋、狄荣："论行业协会的自治权及其限制"，载《辽宁大学学报（哲学社会科学版）》2011 年第 1 期。
98. 李金兆、徐忠波、董亮："成都市公共企事业单位办事网上公开实践与研究"，载《中国信息界》2011 年第 2 期。
99. 卢超："民营化时代下的信息公开义务——基于公用事业民营化的解读"，载《行政法学研究》2011 年第 2 期。
100. 张莉莉、王建文："公用企业基本法立法的逻辑证成与基本结构"，载《南京社会科学》2011 年第 10 期。
101. 郑艳馨："论公用企业的界定"，载《社会科学家》2011 年第 10 期。
102. 郑艳馨："论公用企业滥用垄断力行为"，载《河北法学》2011 年第 11 期。
103. 陶品竹："公共企事业单位信息公开的范围及适用"，载《法制与社会》2011 年第 32 期。
104. 王玉林："政府信息不予公开规则的分析——以《政府信息公开条例》为例"，载《理论月刊》2011 年第 12 期。
105. 黄全："我国政府信息公开立法的两种风格——基于《政府信息公开条例》与地方规范的文本分析与比较"，载《政法学刊》2011 年第 6 期。
106. 黄学贤、雷娟："《政府信息公开条例》立法目的之检讨"，载《浙江学刊》2012 年第 1 期。
107. 郑艳馨："英国公用企业管制制度及其借鉴"，载《宁夏社会科学》2012 年第 2 期。
108. 余瀛波："北京一市民申请公开交通一卡通押金信息"，载《法制日报》2012 年 3 月 21 日。
109. 魏铭言、温薷："市民再递申请，十问'一卡通'"，载《新京报》2012 年 3 月 29 日。
110. 张建："事业单位信息公开制度初探"，载《上海政法学院学报（法治论丛）》2012 年第 4 期。

111. 蒋红珍："从'知的需要'到'知的权利'：政府信息依申请公开制度的困境及其超越"，载《政法论坛》2012 年第 6 期。
112. 万静："南京市民申请水质信息公开频频遇阻"，载《法制日报》2012 年 7 月 26 日。
113. 朱芒："公共企事业单位应如何信息公开"，载《中国法学》2013 年第 2 期。
114. 黄学贤、吴志红："对公用企业公、私法人法律身份的思考"，载《江海学刊》2013 年第 2 期。
115. 兰江："要求信息公开遭拒，自贡一市民状告发改委"，载《华西都市报》2013 年 2 月 20 日。
116. 华峰："电信企业属于信息公开单位范围"，载《河南法制报》2013 年 3 月 8 日。
117. 王军："美国信息自由法上'行政机关'之认定标准——基于判例的视角"，载《行政法学研究》2013 年第 2 期。
118. 李建伟："中国企业立法体系的改革和重构"，载《暨南学报（哲学社会科学版）》2013 年第 6 期。
119. 徐隽、吴天添："信息公开，公共企事业单位须照办"，载《人民日报》2013 年 8 月 21 日。
120. 成协中："高校信息公开义务的展开与个案解读——以复旦大学教师职称评审案为例"，载《行政法学研究》2013 年第 3 期。
121. 王敬波："阳光下的阴影：美国信息公开例外条款的司法实践"，载《比较法研究》2013 年第 5 期。
122. 汤嘉琛："兰州自来水危机有另一种'异味'"，载《新京报》2014 年 3 月 12 日。
123. 邓敏贞："论公用事业消费者的权利——基于公私合作背景的考察"，载《河北法学》2014 年第 4 期。
124. 庄庆鸿："26 万多份政府信息公开申请，5 成多得到回复"，载《中国青年报》2014 年 5 月 1 日。
125. 余凌云："政府信息公开的若干问题——基于 315 起案件的分析"，

载《中外法学》2014 年第 4 期。

（三）论文集

1. 许宗力：“论行政任务的民营化”，载《当代公法新论：翁岳生教授七秩诞辰祝寿论文集》（中），元照出版有限公司 2002 年版。
2. 法治斌：“迎接行政资讯公开时代的来临”，载杨解君编：《行政契约与政府信息公开——2001 年海峡两岸行政法学术研讨会实录》，东南大学出版社 2002 年版。
3. 韩大元：“论基本权利效力”，载王利明主编：《判解研究》（2003 年第 1 辑），人民法院出版社 2003 年版。
4. 彭亚楠：“谁才有资格违宪——美国宪法的政府行为理论”，载赵晓力主编：《思想与社会 · 宪法与公民》（第 4 辑），世纪出版集团、上海人民出版社 2004 年版。
5. 祁欢：“公共服务的概念及其发展对反垄断法豁免制度的影响”，载北京市法学会国际法学研究会编：《国际法学论丛》（第 5 卷），中国方正出版社 2007 年版。
6. 凌维慈：“政府信息公开的义务主体”，载季卫东主编：《交大法学》（第 2 卷），上海交通大学出版社 2011 年版。
7. 石龙潭：“日本的信息公开制度：回顾、现状与展望”，载王贵松主编：《宪政与行政法治评论》（第 6 卷），中国人民大学出版社 2012 年版。
8. [美] 乔迪 · 弗里曼：“私人团体、公共职能和新行政法”，晏坤译，载《北大法律评论》（第 5 卷），法律出版社 2003 年版。

（四）学位论文类

1. 周林军：《美国公用事业管制法律制度改革及对我国的启迪》，西南政法大学 2003 年博士学位论文。
2. 王勇：《政府信息公开论》，中国政法大学 2005 年博士学位论文。
3. 郭朋：《民营化背景下公用事业规制研究》，苏州大学 2006 年博士学位论文。
4. 周建东：《“公共性”视野下的政府信息公开研究》，山东大学 2007

年博士学位论文。
5. 黄兰:《公用企业信息公开的法律分析》，暨南大学 2011 年硕士学位论文。
6. 王冰:《论公用企业的信息公开——〈政府信息公开条例〉第 37 条评述》，浙江工商大学 2013 年硕士学位论文。
7. 朱麒达:《论公用企业的信息公开》，南京师范大学 2013 年硕士学位论文。

二、外文部分

1. James C. Bonbright, *Principles of Public Utility Rates*, New York: Columbia University Press, 1961.
2. Keith M. Howe, *Public Utility Economics and Finance*, New Jersey: Prenice Hall, 1982.
3. Thomas K. McCraw, *Prophets of Regulation*, Cambridge: Harvard University Press, 1984.
4. Jerry L. Mashaw, *Due Process in the Administrative State*, New Haven: Yale University Press, 1985.
5. V. V. Ramanadham, *Privatisation: A Global Perspective*, London: Routledge, 1993.
6. Mark Amstrong, Simon Cowan, John Vickers, *Regulatory Reform: Economic Analysis and British Experiences*, Cambridge: Massachusetts Institute of Technology Press, 1994.
7. Cosmo Graham, *Regulating Public Utilities: A Legal and Constitutional Approach*, Oxford: Hart Publishing, 2000.
8. Lief Carter, Christine Harrington, *Administrative Law and Politics*, Massachusetts: Addison Wesley Longman, Inc., 2000.
9. Andrew Nicol QC, Gavin Millar QC, Andrew Sharland, *Media Law and Human Rights*, London: Blackstone Press Limited, 2001.
10. Philip Coppel, *Information Right*, London: Sweet & Maxwell Press,

2004.

11. John Wadham and Jonathan Grffiths, *Blackstone's Guide to the Freedom of Information Act 2000*, Oxford: Oxford University Press, 2005.
12. A. C. L. Davies, *The Public Law of Government Contracts*, Oxford: Oxford University Press, 2008.
13. Paul Craig, *Administrative Law*, London: Sweet & Maxwell, 2008.
14. Stanley L. Tromp, *Fallen Behind: Canada's Access to Information Act in the World Context*, 2008.
15. Ann H. Wion, "The Definition of 'Agency Records' under the Freedom of Information Act", *Stanford Law Review*, 31 (1979).
16. Stephen S. Madsen, "Protecting Confidential Business Information from Federal Agency Disclosure after Chrysler Corp. v. Brown", *Columbia Law Review*, 80 (1980).
17. Atricia M. Wade, "Freedom of Information: A Short Case Study in the Perils and Paybacks of Legislating Democratic Values", *Emory Law Journal*, 33 (1984).
18. Christopher Edley JR., "The Governance Crisis, Legal Theory, and Political Ideology", *Duke Law Journal*, 3 (1991).
19. Bernard Schwartz, "Some Crucial Issues in Administrative Law", *Tulsa Law Journal*, 28 (1993).
20. Fred H. Cate, D. Annette Fields, James K. McBain, "The Right to Privacy and The Public's Right to Know: the Central Purpose of the Freedom of Information Act", *Administrative Law Review*, 46 (1994).
21. Daphne Barak - Erez, "A State Action Doctrine for an Age of Privatization", *Syracuse Law Review*, 45 (1995).
22. Joseph P. Tomain, Sidney A. Shapiro, "Analyzing Government Regulation", *Administrative Law Review*, 49 (1997).
23. Craig D. Feiser, "Privatization and the Freedom of Information Act: An Analysis of Public Access to Private Entities Under Federal Law", *Fed-*

eral Communications Law Journal, 52 (1999).

24. Jody Freeman, "Private Parties, Public Functions and the New Administrative Law", *Administrative Law Review*, 52 (2000).
25. Craig D. Feiser, "Protecting the Public's Right to Know: The Debate over Privatization and Access to Government Information under State Law", *Florida State University Law Review*, 27 (2000).
26. Richard W. Murphy, "A 'New' Counter – Marbury: Reconciling Skidmore Deference and Agency Interpretive Freedom", *Administrative Law Review*, 56 (2004).
27. John M. Ackerman, Irma E. Sandoval – Ballesteros, "The Global Explosion of Freedom of Information Laws", *Administrative Law Review*, 58 (2006).

后 记

本书是在我博士学位论文的基础上修改而成的。当最终改定时，窗外已是繁星满天，更深人静。漫漫长夜里，回顾这三年的求学路，不禁万千感慨。冬春更迭，随着中国政法大学研究生院旧图书馆的推倒重建，我也为最后一段宝贵的学生生涯画上句号。现今，看着自己第一部学术著作即将付梓，心里反而多了些许诚恐。尽管倾注了无数日夜的心血，为之付出了不少艰辛和努力，但由于学识和眼界有限，难免有疏漏和遗憾。即便如此，这本书是我三年博士学业成果的见证和总结，更凝结了太多人的关心、支持和帮助。借此机会，向他们表示由衷的感谢。

感谢我的导师王万华教授。她从论文选题、提纲的确定到论文的写作都给予了我悉心的指导，博士学位论文的完成以及本书得以出版，无不凝聚着王老师的心血。恩师睿智严谨的治学态度、孜孜不倦的学术追求、厚德载物的处事风范，令我非常钦佩，也是我终生学习的榜样。感谢中国政法大学马怀德教授、朱维究教授、薛刚凌教授、何兵教授、王敬波教授、刘善春教授、林鸿潮副教授，北京行政学院金国坤教授，中央财经大学高秦伟教授在我博士学位论文开题和答辩过程中给予的肯定和宝贵建议，此书也是在他们的点拨和指导下得以修改和完善的。

感谢中国政法大学刘飞教授，国家行政学院杨伟东教授，中央财经大学刘双舟教授、许冰梅副教授多年来给予的支持和帮助，也感谢北京市怀柔区人民法院李振甫副院长、张建军副主任一直以来的提携和关怀，以及在学习和工作中提供的诸多便利。同时，感谢何磊博士、胡宝岭博士、吴园林博士、乌兰那日苏博士、崔俊杰博士在学习、生活中给予的鼓励和帮助，与他们的相处，充实而愉悦。

最后，要感谢我的家人，是他们的期望、激励促使我积极进取，不断前行。多年来，我的父亲母亲为我付出了许多，而我为他们做的很少，这让我深感愧疚。特别感谢妻子徐康莉女士给予我的理解、包容和无私的爱，让我时刻体味到生活的温馨幸福。如果本书能够作为一份礼物，我希望献给他们。

郭泰和

2015 年 2 月 5 日

图书在版编目（CIP）数据

公用企业信息公开研究/郭泰和著.—北京：中国政法大学出版社，2015.7
ISBN 978-7-5620-6058-1

Ⅰ.①公…　Ⅱ.①郭…　Ⅲ.①企业管理－信息管理－研究－中国
Ⅳ.①F279.23

中国版本图书馆CIP数据核字(2015)第152846号

出版者　中国政法大学出版社
地　址　北京市海淀区西土城路 25 号
邮寄地址　北京 100088 信箱 8034 分箱　邮编 100088
网　址　http://www.cuplpress.com（网络实名：中国政法大学出版社）
电　话　010-58908289(编辑部)　58908334(邮购部)
承　印　固安华明印业有限公司
开　本　880mm×1230mm　1/32
印　张　10
字　数　260 千字
版　次　2015 年 7 月第 1 版
印　次　2015 年 7 月第 1 次印刷
定　价　38.00 元